KB192943

첫 마음으로
걷는 길

첫 마음으로 걷는 길

지은이 | 서정오
초판 발행 | 2022. 11. 16
등록번호 | 제1988-000080호
등록된 곳 | 서울특별시 용산구 서빙고로 65길 38
발행처 | 사단법인 두란노서원
영업부 | 2078-3352 FAX | 080-749-3705
출판부 | 2078-3331

책값은 뒤표지에 있습니다.
ISBN 978-89-531-4358-6 03230

독자의 의견을 기다립니다.
tpress@duranno.com www.duranno.com

두란노서원은 바울 사도가 3차 전도여행 때 에베소에서 성령 받은 제자들을 따로 세워 하나님의 말씀으로 양육하던 장소입니다. 사도행전 19장 8-20절의 정신에 따라 첫째 목회자를 돕는 사역과 평신도를 훈련시키는 사역, 둘째 세계선교(TIM)와 문서선교(단행본·잡지) 사역, 셋째 예수문화 및 경배와 찬양 사역, 그리고 가정·상담 사역 등을 감당하고 있습니다. 1980년 12월 22일에 창립된 두란노서원은 주님 오실 때까지 이 사역들을 계속할 것입니다.

주와
함께
끝까지

첫 마음으로 걷는 길

서정오
지음

두란노

차례

믿음의 순례 길을 함께 걷는 모든 이들에게
그리고 그동안 함께 동행해 주신 모든 이들에게

"부모가 된다는 것은 죄인이 된다는 것"

아주 오래전 읽었던 선배 목사님의 시 한 구절을 요즘 새삼 묵상합니다. 철없는 나이에 결혼해서 부모가 되었으니, 두 딸들을 키운답시고 실수 정도가 아니라, 죄를 지은 적이 많습니다. 그래서 하나님의 은혜 안에서 잘 자라 준 딸들에게 고맙고, 미안하고 부끄럽고 민망하기 그지없습니다. 모태 신앙인이었던 아내와 달리, 저는 모태 불교 신자였다가 고등학교 2학년이 돼서야 교회에 발을 들여놓았습니다. 그리 어설펐던 초신자가 겁도 없이 목회의 길에 들어서서 이제 40여 년 목회를 마무리 지으며 돌아보니, 그동안 나 같은 어설픈 목사와 함께 신앙생활을 해 온 모든 성도들에게 딸들에게처럼 고맙고 미안하고 부끄럽고 민망한 마음을 품게 되는 것이 솔직한 심정입니다. 그래서 요즘은 입버릇처럼 뇌며 다닙니다.

"목사가 된다는 것은 죄인이 된다는 것이다."

'은퇴'는 '물러나 숨는 것이 아니라, 타이어를 갈아 끼우고 다시 달리는 것'이라고들 합니다. 그래도 인생의 한 단락을 지으면서 그동안 함께 고생했던 이들께 지난날의 부족과 부끄러움에 용서를 빌며 아주 작은 선물이라도 준비하는 것이 좋을 것 같아, 지난 몇 년 동안 동숭교회 강단에서 했던 설교문 몇 개를 다듬어 부끄러움을 무릅쓰고 이렇게 펴내게 되었습니다. 부디 읽으시면서, 지난날 저질렀던 저의 실수와 허물을 용서해 주시고, 사랑하는 우리 주님을 닮아 가기 위해 함께 재출발하는 기회를 삼았으면 좋겠습니다.

개신교 영성 훈련의 구체적인 방향을 제시해 준 리처드 포스터는 《영적 훈련과 성장》생명의말씀사 서문에서 고백했습니다.

"나도 초보자일 뿐입니다."

《묵상 기도》IVP라는 책을 쓰면서 기도에 관한 단행본만 500여 권을 읽었고, 이에 더해 어떤 종류의 기도도 직접 체험해 보지 않고는 책에 쓰지 않았다고 한 그가, '나도 초보자일 뿐'이라고 말합니다. 그만큼 우리가 나아가는 영성 훈련의 길은 신비와 모험으로 가득 찬 미지의 세계입니다. 어찌 영성 훈련이라는 한 분야만 그러하겠습니까? 인생 그 자체가, 우리 그리스도인의 믿음의 여정 자체가 그렇지 않겠습니까?

믿음의 길을 걸어 순례 길을 가는 우리는 모두가 날마다 초보자일 수밖에 없습니다. 저 역시 그러하니 감히 무슨 말을 자신 있게 주장하거나 돕겠다고 나설 수 있겠습니까? 그저 다만, 제 나름대로 은총 안에서 허락해 주신 하나님의 말씀을 붙잡고 몸부림치며 살아왔던 삶에 대한 고백을 나눌 뿐입니다. 믿음의 순례 길을 안내하는 '도사'나 '구루'가 아니라, 한 걸음 먼저 걸어온 삶에 대한 '초보적인 고백'으로 이 글을 썼습니다. 이 글을 읽는 모든 분들이 하나님의 은혜로 잘못된 부분은 고쳐 읽고, 혹시 주님의 분명한 뜻을 발견한다면 그 뜻을 따라 남은 삶을 복 되게 살게 되기를 간절한 마음으로 기도합니다.

41년의 목회를 마무리하면서
동숭교회 서정오 목사 올림

1,

긴 경주의 시작

홍해 앞에서

히브리서 기자는 홍해를 건넌 이스라엘 백성에 대해 증언한다. "믿음으로 그들은 홍해를 육지같이 건넜으나"_히 11:29. 하지만 출애굽기에는 두려워 떨며 공포에 질렸던 이스라엘 백성 역시 그려져 있다. "이스라엘 자손이 심히 두려워하여 여호와께 부르짖고 그들이 또 모세에게 이르되 애굽에 매장지가 없어서 당신이 우리를 이끌어 내어 이 광야에서 죽게 하느냐 … 애굽 사람을 섬기는 것이 광야에서 죽는 것보다 낫겠노라"_출 14:10-12. 그들은 심히 두려워했고, 여호와께 두려움으로 부르짖었고, 모세를 원망했다. 하지만 그랬던 그들이 나중에는 히브리서의 증언처럼 믿음으로 홍해를 육지처럼 건넜다. 그 비결은 무엇일까?

잠잠하라

"모세가 백성에게 이르되 너희는 두려워하지 말고 가만히 서서 여호와께서 오늘 너희를 위하여 행하시는 구원을 보라 너희가 오늘 본 애굽 사람을 영원히 다시 보지 아니하리라 여호와께서 너희를 위하여 싸우시리니 너희는 가만히 있을지니라"_출 14:13-14. 모세는 "가만히 서서", "가만히 있을지니라"라고 두 번이나 강조했다. 요동하지 말고 조용히 서서 하나님이 일하시는 것을 지켜보라는 것이었다. 놀랍게도 하나님의 사람 모세가 선포한 하나님의 말씀을 들은 후 이스라엘 백성은 아주 잠잠해졌다. 그 후 그들이 두려워했거나 부르짖었거나 원망했다는 기록이 없다. 그렇다. 그들도 처음에는 위기 앞에서 놀랐다. 두려워 떨며 하나님께 울부짖고 지도자를 원망하기도 했다. 하지만 하나님의 말씀을 듣는 순간, 정신을 차렸다. "잠잠하라" 하시니, 잠잠했다. "가만히 있으라" 하시니, 가만히 있었다.

예상치 못했던 어려움을 만나면 대부분의 사람들은 어떻게든 살아 보려고 발버둥 친다. 이 사람, 저 사람 만나 사정도 해 보고, 수단 방법 다 동원해 도움을 받으려 한다. 하지만 그렇게 뛰고 달리다 보면 문제는 더 꼬이고 기진맥진해 더욱 절망하게 된다. 물에 빠지면 너 나 할 것 없이 살겠다고 열심히 허우적거리지만, 그럴수록 힘만 빠지는 것과 같다. 그래서 물에 빠지면 오히려 몸에 힘을 빼고 가만히 있어야 한다. 그러면 저절로 뜨게 되어 있다.

마찬가지로 위기를 만났을 때 이리 뛰고 저리 뛰는 것은 어리석은 일이다. 살겠다고 날뛰면 날뛸수록 하나님도 힘드시다. 내가 날뛸수록 하나님의 도움의 손길에 더욱 방해만 되기 때문이다. 그래서 위기를 만나면 오히려 가만히 있어야 한다. 하나님이 일하시도록 조용히 물러나 지켜보며 기다려야 한다. 그것이 바로 나도 살고, 나를 도우시는 하나님께도 협력하는 길이다. 미숙한 사람은 위기 앞에서 쓸데없이 수선만 피우지만, 성숙한 사람은 위기를 만나면 잠잠히 기다릴 줄 안다. 이렇게 위기를 만났을 때 '하나님 앞에서 입 다물고 잠잠히 있기'를 배우는 것, 그것을 우리 신앙의 선배들은 침묵 훈련과 고독 훈련이라 했다. 이 둘이 영성 훈련의 기본 중의 기본이다.

위기를 만났을 때 입을 다물라. 물러나 하나님을 바라보는 법을 배우라. 세상 풍파가 요란하게 불어올 때에는 잠시 피하여 하나님 품안에서 쉬는 법을 배우라. "나의 영혼아 잠잠히 하나님만 바라라 무릇 나의 소망이 그로부터 나오는도다"_시 62:5.

혹시 인생길이 홍해로 막혀 버렸는가? 남들 따라 나서서 날뛰지 말라. 두려워하지도 말라. 고삐 풀린 망아지처럼 뛰어다니지 말라. 누구도 원망하지 말고, 차분히 마음을 가라앉히고, 주님께 문제를 내어 드리며 인도하심을 구하라. 입을 다물고 마음의 귀를 열어 하나님의 세미한 음성 듣기를 사모하라. 내가 할 수 있는 일이 아무것도 없다고 느끼는 그 순간이야말로, 이제는 하나님이 일하실 시간임을 기억하라. 하나님이 말씀하신다. "잠잠하라. 그리하여 내가 하나님 됨을 알지어다"_시 46:10.

들으라

위기 앞에서 이스라엘 백성은 잠시 두려움에 싸여 있었지만, 하나님의 말씀을 듣고 정신을 차렸다. 하나님의 말씀은 우리로 하여금 정신을 차리게 한다. 하나님의 말씀은 절망하는 우리에게 희망을 주고 용기를 회복시킨다. 이스라엘 백성이 입을 다물고 잠잠히 있어야 했던 이유가 바로 여기 있다. 잠잠히 있어야 비로소 하나님의 음성을 들을 수 있기 때문이다. 우리가 쉬지 않고 말하는 한, 하나님의 말씀은 들리지 않는다. 우리가 쉬지 않고 일하는 한, 하나님은 우리를 위해 일하실 수 없다. 그래서 우리는 하나님의 음성을 듣기 위하여 때때로 입을 다물어야 한다. 하나님이 우리를 위해 일하시도록 때때로 우리 손을 놓아야 한다.

이스라엘 백성이 잠잠히 있을 때 말씀이 들려왔다. "너희는 두려워하지 말고 가만히 서서 여호와께서 오늘 너희를 위하여 행하시는 구원을 보라 너희가 오늘 본 애굽 사람을 영원히 다시 보지 아니하리라"_출 14:13. 이 말씀이 들린 순간, 그들에게 다시 희망이 생겼다. 두려움이 물러가고 다시 일어설 수 있는 용기가 되살아났다. 믿음이 어디에서 생기는가? "믿음은 들음에서 나며 들음은 그리스도의 말씀으로 말미암았느니라"_롬 10:17. 믿음은 하나님의 말씀을 들음에서 난다. 살아 계신 하나님의 말씀을 듣는 자마다 힘을 얻을 것이다. 말씀을 붙잡는 자마다 용기를 회복하게 될 것이다.

하나님의 음성을 듣기 위해 입을 다무는 침묵 훈련을 시작하자. 하나님의 음성을 듣기 위해 홀로 있는 고독 훈련, 기록된 말씀을 통해서 살아 계신 주님을 만나는 QT 훈련을 계속하자. 어린 사무엘이 하나님의 음성을 듣기 위해 했던 그 기도를 시작하자. "말씀하옵소서 주의 종이 듣겠나이다"_삼상 3:10. 달라스 윌라드Dallas Willard는 《하나님의 음성》IVP에서 이렇게 말했다. "하나님은 말씀하십니다. 누구든지 마음의 귀를 열면 하나님의 음성을 들을 수 있습니다. 하지만 훈련이 필요합니다."

달라스 윌라드가 추천사를 쓴 린 페인Leanne Payne의 책 《듣는 기도》죠
이선교회에 실린 이야기다. 페인이 친구들과 주님의 음성을 듣는 훈련을
하는 동안, 친구 코니에게 특별한 일이 일어났다. CCM 가수이자 예배
인도자였던 코니는 찬양을 하기로 약속한 장소로 가는 도중 잠시 슈
퍼마켓에 들렀다. 물건을 가지고 계산대를 향하는데, 갑자기 마음속에
서 음성이 들렸다. '잠깐! 뒤로 돌아가.' 코니가 순종하여 돌아선 순간,
계산대 앞에서 끔찍한 소동이 벌어졌다. 한 남자가 돈을 요구하며 점
원에게 총을 겨누고 있었던 것이다. 만일 그 음성을 듣지 않았더라면
코니는 점원과 강도 사이에 끼어 큰일 날 뻔했다.

오늘에도 하나님이 우리에게 말씀하신다는 사실을 믿는가? 그렇다
면 그 음성 듣기를 사모하자. 마음을 집중해 듣는 훈련을 시작하자. 사
람 사이에서도 딴생각을 하다 보면 상대의 말을 알아듣지 못할 때가
있듯이, 하나님의 음성도 딴 생각을 하면 들리지 않는다. 집중해야 들
린다. 훈련해야 들린다. 하나님 앞에 마음을 열고 집중해서 듣도록 노
력하라. 세미하게 들려주시는 주님의 음성을 듣게 될 것이다. "너희는
귀를 기울이고 내게로 나아와 들으라 그리하면 너희의 영혼이 살리
라"_사55:3.

앞으로 나아가라

이스라엘 백성은 어떻게 홍해를 마른 땅처럼 걸었을까? "가라"는 하나
님의 명령에 토 달지 않고 무조건 순종했기 때문이다. "여호와께서 모
세에게 이르시되 너는 어찌하여 내게 부르짖느냐 이스라엘 자손에게

명령하여 앞으로 나아가게 하고 지팡이를 들고 손을 바다 위로 내밀어 그것이 갈라지게 하라 이스라엘 자손이 바다 가운데서 마른 땅으로 행하리라"_출 14:15-16. 아직 홍해가 갈라지지 않았지만, 갈라질 것을 믿고 믿음으로 나아가라는 것이다. 이스라엘 백성은 그 명령을 따라 넘실거리는 파도를 향해 믿음으로 전진했다.

순서를 보라. "가라"고 명하신 후에, 백성들이 홍해를 향해 걸어 들어갈 때에야 비로소 홍해가 갈라졌다. 명령 앞에 절대 순종이 열쇠다. 신앙생활에 있어서 가장 중요한 것은 순종인데, 순종은 믿음의 열매다. 믿지 못하면 순종할 수 없다.

하나님의 전능하심을 믿는가? 하나님의 약속은 반드시 성취될 줄 믿는가? 그렇다면 조건을 따지지 말고 순종하라. 오직 믿음으로 전진하라. 아브라함은 75세의 연로한 나이에 어디로 갈지도 모르면서 토 달지 않고 모험의 길을 떠났다. 모세는 도망자의 신분에도 불구하고 하나님의 명령 앞에 애굽으로 향했다. 이스라엘 백성은 넘실거리는 검푸른 바닷물을 향해 믿음의 발걸음을 내디뎠다. 순종은 신앙생활의 알파요 오메가다. 복종할 줄 모르는 군인은 군인이 아니듯, 순종할 줄 모르는 성도는 성도가 아니다. 순종하지 않는 그리스도인은 아무것도 약속받을 수도, 기약할 수도 없다. 순종만이 하나님이 나의 하나님이 되시고, 내가 하나님의 자녀가 되었다는 표다.

혹시 오늘 예상치 못했던 인생의 홍해 앞에서 절망하고 있는가? 진퇴양난, 나아갈 수도 물러날 수도 없는 코너에 몰려 낙심하고 있는가? 마음을 비우고 조용히 세미한 하나님의 음성 듣기를 사모하라. 사방이 막혔는데 앞으로 가라고만 하시는가? 넘실거리는 홍해를 향해 걸음을 내디더라. 하나님이 보내신 바람이 불어와 길이 열려 홍해를 마른 땅처럼 건너게 될 것이다.

미국의 작가 캐더린 마샬Catherine Marshall의 남편 피터 마샬Peter Marshall이 해군사관학교 군목으로 가던 날, 사관학교 교정에서 한 교관이 신입생들에게 사관학교 수칙에 대해 설명하는 것을 들었다. "여러분들은 이 15가지 수칙을 반드시 기억하고 따라야 한다. 그러나 당장 이 15가지를 다 기억하지 못해도 걱정하지 마라. 지금 당장은 제군들을 가르칠 교관의 지시에 매 순간 복종하겠다는 결심만 확고하면 된다. 알겠나!" 그 순간 피터 마샬은 마음속으로 다짐했다. '그래, 내가 주님의 모든 교훈을 다 기억하지 못해도 된다. 날마다 나를 인도하시는 그분의 지시에 순종하겠다는 결심만 확고하면 된다. 나는 매 순간 나를 인도하시는 하나님께 순종하리라.' 그렇다. 우리가 성경의 모든 진리를 다 기억하지 못해도 괜찮다. 다만, 매 순간 살아 계신 주님의 인도하심 앞에 순종하리라는 결심만 확고하면 된다. 그다음에는 성령께서 인도해 주실 것이다.

나는 고등학교 교사로 봉직하던 중 하나님의 부르심을 듣고 사표를 냈다. 퇴직금 전액을 어머님께 생활비로 드린 후, 다음 생활비에 대해서는 그 어떤 약속도 못 드리고 빈손으로 신학교에 입학했다. 에스더선교회의 지원으로 등록금은 냈지만, 주머니에는 학교 선배가 책 사보라며 건네준 돈 20,000원밖에 없었다. 그 돈으로 기숙사에 들어가 베개, 이불을 사고 나머지로는 모두 식권을 샀다. 금식도 하고 굶기도하면서 식권을 아꼈건만, 어느덧 달랑 두 장밖에 남지 않았다. 그렇게 하나님은 나를 코너로 몰고 계셨다. 신학교 7층 기도 탑에서 많이 기도했다. "주님, 왜 나같이 가난한 놈을 부르셨습니까? 이렇게 굶으며 3년을 살 수는 없잖아요. 여기서 그만둘까요?" 하지만 주님은 대답이 없으셨다. 그렇게 처절하게 절망하던 바로 그날, 하나님의 은혜로 한경직 목사 기념 장학금을 받게 되어 나는 다시 연명할 수 있었고, 그렇게 시작된 사명의 길이 오늘에 이르렀다.

나는 분명하고 똑똑하게 고백할 수 있다. 하나님은 살아 계신다. 그분의 약속은 결코 변하지 않는다. 오늘날에도 인생의 홍해 앞에서 하나님은 우리를 그냥 내버려 두지 않으실 것을 믿는다. 그러므로 가만히 있어 그 음성 듣기를 사모하라. 그리고 그 약속을 믿고 전진하라. 아무것도 보이지 않아도 앞으로 나아가라. 하나님이 함께하실 것이다. 홍해를 갈라 주실 것이다.

"두려워하지 말라 내가 너와 함께함이라 놀라지 말라 나는 네 하나님이 됨이라 내가 너를 굳세게 하리라 참으로 너를 도와주리라 참으로 나의 의로운 오른손으로 너를 붙들리라"_사 41:10.

떡 없던 떡집에서

행복의 파랑새는 어디 있을까?

정말 이해할 수 없는 것 한 가지가 있다. 하나님은 인생들을 복되게 지으셨고, 불행하게 살고 싶은 사람도 하나 없는데, 왜 세상에는 행복하다는 사람보다 불행하다는 사람이 더 많을까? 도대체 행복은 어디에 있는 것일까? 모리스 마테를링크Maurice Maeterlinck의 동화《파랑새》에서 주인공 치르치르와 미치르는 행복의 파랑새를 찾아 온 세상을 방황하지만, 오랜 방황 끝에 결국 행복의 파랑새는 처음부터 자기 집에 있었다는 사실을 깨닫게 된다.

룻기 1장은 이렇게 시작한다. "사사들이 치리하던 때에 그 땅에 흉년이 드니라 유다 베들레헴에 한 사람이 그의 아내와 두 아들을 데리고 모압 지방에 가서 거류하였는데 그 사람의 이름은 엘리멜렉이요"_룻 1:1-2. '베들레헴'은 '떡집'이란 뜻이요, 베들레헴의 또 다른 이름인 '에브랏'_창 48:7은 '풍성하다'라는 뜻이다.

그렇게 풍성해야 할 베들레헴에 흉년이 들었다. 떡집에 떡이 떨어졌다. 떡 없는 떡집, 빵 없는 빵집, 밥 한 그릇 없는 가정이 된 것이다. 더이상 여기 살 수 없다고 생각한 엘리멜렉은 훌훌 털고 미련 없이 베들레헴을 떠났다. 하나님의 언약 아래에서 배고프게 살기보다는, 버림받은 이방에서라도 배부르게 살고 싶었던 것이다. 1절을 아무리 주의 깊게 읽어 봐도, 이 말씀 속에는 깊은 고민이 없다. 흉년이 드니까 본능적으로 약속의 땅, 하나님의 언약의 집을 훌쩍 떠나 모압으로 간 것이다. 1장 21절 "내가 풍족하게 나갔더니"라는 나오미의 고백에서 알 수 있듯이, 먹을 것이 없어 할 수 없이 모압으로 간 것이 아니었다. 삶이 아무리 어려워도 인생에는 결코 포기해서는 안 될 것들이 있는 법이다. 에서가 팥죽 한 그릇에 장자의 명분을 내놓는 어리석은 선택을 했듯, 엘리멜렉도 잠깐의 시련 때문에 베들레헴을 떠났다. 에서와 같이 어리석은 선택을 한 것이다.

　'엘리멜렉'은 '나의 하나님은 왕이시다'라는 뜻이다. 이 이름에는 다음과 같은 신앙고백이 담겨 있다. "내가 믿는 하나님이 나의 왕이시다. 나는 하나님 나라의 백성이다. 나는 하나님께 충성을 다할 것이다. 그 명령을 지키며 살 것이다." 하지만 엘리멜렉은 자기 이름의 고백과는 달리 하나님의 백성 되기를 포기했다. 모압 사람이 되어 불신의 땅 모압으로 떠났다. 잠깐의 시련을 견디지 못해 생명의 떡집 베들레헴을 떠났다. 배고픈 베들레헴보다는 차라리 배부른 모압을 선택한 것이다.

　아우구스티누스 Aurelius Augustinus 는 《하나님의 도성》CH북스 에서 이렇게 말했다. "고통은 동일하나 고통을 당하는 사람은 동일하지 않다. 악한 사람은 고통을 당하면 하나님을 비방하지만, 선한 사람은 같은 고통 속에서 하나님을 찬양한다. 무슨 고통을 당하느냐가 문제가 아니라 어떻게 당하느냐가 문제다. 똑같은 미풍이 불지만 오물은 더러운 냄새를 풍기고 거룩한 기름은 향기로운 냄새를 풍긴다."

인생이라면 누구나 고통과 시련을 겪으며 살아간다. 고통은 동일하지만 어떤 이에게는 고통이 성공과 성숙의 밑거름이 되고, 어떤 이에게는 실패와 핑곗거리가 된다. 똑같은 시련과 역경 속에서도 어떤 이는 성숙하지만, 어떤 이는 그렇지 못하다. 똑같은 실패를 만나도 어떤 이는 새로운 성공을 위해 결단하지만, 어떤 이는 인생을 포기한다. 결국 성공이냐 실패냐, 성숙이냐 미숙이냐는 선택의 문제다. 엘리멜렉은 시련을 만나 도피를 선택했다. 믿음의 길보다는 육신적 안일을 선택했다. 언약의 약속보다는 빵을 선택했다. 약속의 땅보다는 타락한 이방의 땅을 선택했다. 결과는 어찌 되었는가? 10년이 못 돼 그 이방 땅에서 자신도, 두 아들마저도 죽고 만다. 첫아들의 이름 '말론'은 '질병', 둘째 아들의 이름 '기룐'은 '끝장'이란 뜻인데, 그들은 이름 그대로 '질병'으로 '끝장'나 버렸다. 한 번의 잘못된 선택이 가져온 처절한 비극이었다. 살러 갔는데, 죽었다. 성공하러 갔는데, 실패했다. 흉년을 피하여 잘 먹고 잘살려고 갔는데, 더 어려워졌다. 잘살아 보겠다고, 돈 좀 모아 보겠다고, 좀 더 행복하게 살아 보겠다고 떡집 베들레헴을 떠났는데, 남은 것은 세 과부의 한숨과 탄식뿐이었다.

오늘날 신앙인들이 왜 실패하는가? 하나님을 믿는 백성이 역경을 이겨 내지 못하는 이유가 무엇인가? 시련의 날에 하나님의 약속 안에 머물며 도우심을 구하기보다는 세상적, 인간적 꾀와 술수를 의지하기 때문이다.

북왕국 이스라엘이 쳐들어왔을 때 유다 왕 아사는 하나님을 의지하기보다 아람 왕에게 도움을 청했다. 그때 하나님이 선지자를 보내 책망하셨다. "여호와의 눈은 온 땅을 두루 감찰하사 전심으로 자기에게 향하는 자들을 위하여 능력을 베푸시나니 이 일은 왕이 망령되이 행하였은즉 이후부터는 왕에게 전쟁이 있으리이다"_대하 16:9. 하지만 그런 책망을 듣고도 아사 왕은 달라지지 않았다. "아사가 왕이 된 지 삼십구 년에 그의 발이 병들어 매우 위독했으나 병이 있을 때에 그가 여호와께 구하지 아니하고 의원들에게 구하였더라 아사가 왕위에 있은 지 사십일 년 후에 죽어 그의 조상들과 함께 누우매"_대하 16:12-13. 죽을병이 든 마지막 순간에도 아사 왕은 하나님을 찾지 않았고, 결국 3년 만에 죽고 말았다.

역경을 만났을 때 무엇을 의지하는가? 고난의 시절에 누구를 부르는가? 인생의 마지막 순간에 누구를 바라보는가? 어려운 때일수록 언약의 말씀을 붙잡으라. 시련의 광야를 만날수록 더욱 하나님을 찾으라. 당장은 풍성한 것 같지 않아도 약속의 땅 베들레헴을 떠나지 말라. 반드시 하나님이 도와주실 것이다.

호두나무 과수원 주인이 하나님께 구했다. "하나님, 딱 일 년만이라도 제 맘대로 날씨를 조정할 수 있게 해 주십시오." 하나님이 허락하셨다. 그래서 과수원 주인은 호두나무에 가장 좋게 날씨를 조정했다.

햇볕이 필요할 때 햇볕을 쪼이고, 비가 필요하면 비를 내렸다. 강한 바람도 불지 못하게 하고, 천둥도 치지 못하게 했다. 그렇게 한여름을 보내고 가을이 와서 추수를 했더니 보기 드문 대풍이었다. 그런데 막상 추수해서 호두들을 살펴보니 알맹이가 하나도 없는 빈 껍데기뿐이었다. 과수원 주인이 하나님께 항의했다. "아니, 하나님, 도대체 어찌 된 일입니까?" 하나님이 대답하셨다. "시련 없이는 알맹이가 들지 않는 법이란다. 폭풍우를 맞고, 가뭄에 바싹 타들어 갈 때에야 껍데기 속 영혼이 깨어나 알맹이가 여무는 법이지. 그런데 너는 그저 좋은 날씨만 허락했기에, 빈 껍데기 호두만 만든 것이다."

기억하라. 시련이 없으면 알맹이가 차지 않는다. 하나님은 시련과 역경을 통해 우리를 속이 꽉 찬 사람, 깨어 있는 영성의 사람이 되게 하신다. 시련을 만날 때 두려워하지 말고 담대하라. 주께서 도우실 것이다.

하나님께로 돌아가라

나오미는 실로 복된 여인이었다. 태어나자마자 아버지는 너무 기뻐서 그녀의 이름을 '나오미', 즉 '나의 기쁨'이라고 지었다. 나오미는 행복한 가정에서 태어나 떡이 풍성한 집 베들레헴에서 자랐고, '나의 하나님은 왕이시다'라는 뜻을 가진 이름의 하나님을 잘 믿는 남편과 결혼했다. 한마디로, 더 바랄 것 없이 복 받은 여인이었다. 그런데 시련과 고통을 만났다. 흉년이 들어 남편을 따라 모압 땅으로 피신했을 뿐인데 남편과 두 아들을 모두 잃고 말았다. "내가 풍족하게 나갔더니 여호와께서 내게 비어 돌아오게 하셨느니라"_룻 1:21. 나오미는 그 이름 뜻이 '기쁨'이었으나, 이젠 슬픔의 주인공이 되었다.

의지했던 모든 것이 사라진 지금, 나오미는 결단해야 했다. '여기 그 대로 머물 것인가, 아니면 이제라도 약속의 땅 베들레헴으로 돌아갈 것인가?' 실패로 얼룩진 초라한 모습으로 고향을 찾아가기는 죽어도 싫었지만, 이제라도 하나님의 품으로 돌아가 고향 땅에 묻히고 싶었 다. 그래서 두 며느리에게 자유를 주었다. 실수를 인정하는 것은 쉬운 일이 아니지만, 늦게라도 실패를 인정하고 다시 시작하는 것이 회복의 첫걸음이다.

"승패병가지상사"勝敗兵家之常事라는 당 헌종憲宗의 말이 있다. 전쟁터에 서 이기고 지는 것은 늘 있는 일이라는 뜻이다. 인생에서 진정한 성공 자는 한 번도 실패하지 않은 사람이 아니라, 수많은 실패의 쓰라린 고 통을 통해 새로운 성공의 터를 다져 온 사람이다. 인생에 있어서 진짜 실패는 실패 그 자체가 아니라, 실패를 인정하지 않고 고집스럽게 실 패의 현장에 머물며 절망하는 것이다.

탕자는 자신의 허물을 깨달았을 때 분연히 일어나 아버지께로 달려 갔다. "내가 하늘과 아버지께 죄를 지었사오니 지금부터는 아버지의 아들이라 일컬음을 감당하지 못하겠나이다"_눅 15:21. 나오미도 자신의 잘못을 깨달았을 때 분연히 일어나 하나님이 복 주신 약속의 땅 베들 레헴으로 돌아갔다.

혹시 실패했는가? 주저앉아 머물러 있지 말라. 자리를 박차고 다시 일어나라. 하나님을 의지하기보다 세상적 술수, 어쭙잖은 내 잔꾀를 의지했던 것을 회개하며 하늘의 지혜를 구하라. 실패의 원인을 돌아보며, 성령의 은혜를 구하라. 내 눈에는 길이 안 보여도, 하나님이 우리의 앞길을 인도하실 것이다. "오라 우리가 여호와께로 돌아가자 여호와께서 우리를 찢으셨으나 도로 낫게 하실 것이요 우리를 치셨으나 싸매어 주실 것임이라 여호와께서 이틀 후에 우리를 살리시며 셋째 날에 우리를 일으키시리니 우리가 그의 앞에서 살리라"_호 6:1-2. 하나님께로 돌아가자. 우리가 하나님께 돌아가기만 하면, 하나님은 우리를 도로 낫게 하실 것이다. 싸매어 주실 것이고 다시 살려 주실 것이다. 마침내 그 앞에서 우리가 안연히 살게 될 것이다.

더불어 함께

떡집 베들레헴으로 돌아가기로 결단한 나오미에게는 두 며느리가 있었다. 맏며느리 '오르바'의 이름 뜻은 '예쁜 영양'인데, 양처럼 예쁘고 매력이 넘치는 여인이었던 것 같다. 하지만 남편은 죽고 늙은 시어머니가 돌아가고자 하는 이스라엘은 이방 여인이 살기에 쉽지 않은 곳, 한마디로 희망이 없어 보이는 길이었다. 그래서 오르바는 눈물을 뿌리며 돌아섰다. 비교적 안정된 고향 땅에 머물기로 선택한 것은 냉엄한 현실에서 택할 수 있는 최선의 길이었다.

하지만 둘째 며느리 룻은 상식적으로 도저히 할 수 없는 선택을 했다. 모압 여인이 유대 땅에서 살아가는 것은 지극히 위험한 일이었다. 신명기 23장 3절은 이렇게 말한다. "암몬 사람과 모압 사람은 여호와의 총회에 들어오지 못하리니 그들에게 속한 자는 십 대뿐 아니라 영원히 여호와의 총회에 들어오지 못하리라." 모압 여인 룻은 시어머니를 따라 모압 사람은 십 대뿐 아니라 영원히 못 들어온다는 그 땅으로 가겠다고 선언한 것이다.

성경 66권 중 여성의 이름으로 된 책은 룻기와 에스더 두 권이다. 에스더는 유대인이고 고귀한 왕후였지만, 룻은 이방인인 모압 여자인 데다 아들도 없는 청상과부였다. 여러 면에서 대조적이지만, 두 여인에게는 공통점이 하나 있다. 일사각오의 신앙이다. "죽으면 죽으리이다"_에 4:16. "죽는 일 외에 어머니를 떠나면 여호와께서 내게 벌을 내리시고 더 내리시기를 원하나이다"_룻 1:17.

룻기는 단순히 효성을 가르치는 도덕책이 아니다. 저주받은 모압 여인까지도 받아 주시는 하나님의 무한하신 사랑에 대한 노래다. 버림받은 청상과부라도 차별 없이 들어 쓰시어 이루어 가시는 하나님의 구원 역사에 대한 선포다. 그래서 룻기 1장은 '죽고, 죽고, 죽고'로 시작하지만, 4장은 '낳고, 낳고, 낳고'로 끝을 맺는다. 룻기 1장은 흉년이 든 베들레헴을 탈출하는 것으로 시작하지만, 4장은 추수로 풍성해진 베들레헴의 결혼 잔치로 끝맺는다.

이런 이유 때문에, 룻기에 나오는 두 여인은 단지 시어머니와 며느리의 관계가 아니다. 살아 계신 여호와 하나님을 함께 모시고 순례 길을 동행하는 신앙의 동반자요, 함께 고난을 짊어지고 가다가 하나님의 축복을 함께 누리는 동반자다. 이런 점에서 룻의 이름 뜻이 '우정'인 것도 그리 놀랍지 않다.

행복의 파랑새는 어디 있는가? 떠나기 전 베들레헴에는 분명히 없었다. 그래서 찾아간 모압 땅에도 행복의 파랑새는 없었다. 그러면 다시 돌아온 베들레헴에는 있었는가? 아니, 없었다. 풍성한 떡집 베들레헴에 돌아왔다고 해서 저절로 행복의 파랑새가 날아든 것은 아니었다. 예비된 사람들을 만나야 했다. 언약의 공동체 안에서 역사하시는 하나님을 만나야 했다. 하나님의 백성들 속에서 함께 더불어 어우러져야 했다. 참된 행복은 특정한 장소에 있는 것이 아니다. 복의 근원이신 하나님과 그 백성들을 만나 함께 어울려 사는 삶에 있다.

만날 사람을 만났는가? 그와 같이 고와 낙을 함께하며 동행하고 있는가? 복의 근원이신 하나님이 주신 가장 큰 약속은 많은 재물이나 권력, 출세가 아니다. "내가 너희와 영원히 함께하겠다"는 약속이다. 이 약속, '임마누엘 하나님'이야말로 세상 어떤 것보다 더 놀라운 축복임을 믿는가? 진정한 행복은 우리를 죽도록 사랑하시는 하나님을 만나, 그 복을 주시는 믿음의 공동체 안에서 더불어 함께 사랑하며 순례의 길을 같이 가는 데 있다.

영원히 들어오지 못한다던 이스라엘 회중에 모압 여인 룻이 들어왔다. 단지 회중에 든 것뿐 아니라 이스라엘 역사 최고의 왕 다윗의 증조할머니가 되고, 메시아로 오시는 예수님의 족보에 등장하는 영광스러운 여인이 되었다. 하나님은 결코 실수하지 않으신다. 하나님께 소망을 두는 모든 자를 축복하신다. "여호와의 눈은 온 땅을 두루 감찰하사 전심으로 자기에게 향하는 자들을 위하여 능력을 베푸시나니"_대하 16:9.

십자가 위에서

광야에서 목이 말랐던 이스라엘 백성은 불평했다. 민수기 20장 3절부터 5절까지 계속된 그들의 불평은 한마디로 마실 물이 없다는 것이었다. 인간은 물 없이 살 수 없다. 어머니 배 속에 있을 때도 양수 속에 있었고, 태어난 후에도 몸의 70% 이상이 물로 이루어져 있다. 밥은 40일 이상 먹지 않고도 견딜 수 있지만, 물을 마시지 않고는 단 며칠도 살 수 없다. 물은 하나님이 우리 인생들에게 주신, 생명 보존에 없어선 안 될 중요한 요소다. 그래서 하나님은 이스라엘 백성의 과격하고 불손한 말에도 진노하지 않고 반석을 깨뜨리셨고, 솟아난 생수를 모두 흡족하게 마시게 하셨다. "모세가 그의 손을 들어 그의 지팡이로 반석을 두 번 치니 물이 많이 솟아나오므로 회중과 그들의 짐승이 마시니라"_민 20:11.

이스라엘 백성은 광야에서 일어난 이 놀라운 기적을 기념하면서 매년 장막절 때마다 물 축제를 벌였다. 장막절 마지막 날, 성전에서 남쪽으로 약 4km 떨어진 실로암 못까지 백성들이 도열한 가운데 제사장들은 금주전자를 들고 실로암에서 물을 길어 성전 뜰에 마련된 제단에 부었다. 그때 백성들은 시편 115편, 118편을 노래하면서 광야 반석에서 물을 내신 하나님을 찬양했다.

요한복음 7장을 보면, 그런 물 축제의 한복판에서 예수님이 외치셨다. "누구든지 목마르거든 내게로 와서 마시라 나를 믿는 자는 성경에 이름과 같이 그 배에서 생수의 강이 흘러나오리라"_요 7:37-38. 메마른 광야 한복판에서 목마른 사람들에게 하신 말씀이 아니다. 실로암 샘물로 물 축제를 하고 있는 군중에게, 예수님은 "목마른 사람들아, 내게 와서 마시라"고 말씀하셨다. 이상하지 않은가? 어쩌면 군중 속 몇 사람은 '여기엔 목마른 사람이 아무도 없는데'라며 의아하게 여겼을지도 모른다.

이렇게 이상한 장면이 요한복음에 한 번 더 나온다. 사마리아 수가 성 우물가에 물 길으러 온 여인에게 예수님은 물 좀 달라 부탁하셨다. 그러고는 다시 말씀하셨다. "네가 만일 하나님의 선물과 또 네게 물 좀 달라 하는 이가 누구인 줄 알았더라면 네가 그에게 구하였을 것이요 그가 생수를 네게 주었으리라"_요 4:10. 여인이 얼마나 어리둥절했을까? 좀 전에는 물 좀 달라 하더니, 이제는 생수를 주겠다 한다. 여인도 많이 헷갈렸을 것이다. 하지만 주님은 분명히 물 축제 현장에서와 우물가에서 "누구든지 목마르거든 내게 와서 마시라"고 말씀하셨다.

누구든지 목마르거든

예수님이 말씀하신 의도는 아주 분명했다. 예수님은 한순간 육신의 갈증을 채워 줄 물 한 바가지를 말씀하신 것이 아니라, 영혼의 갈증을 풀고, 인생의 목적과 의미를 깨닫게 해 줄 영생의 물을 가리키신 것이다. 실로 우리 인생들은 목마른 것이 참 많다. 돈과 명예와 권력에 목마르고, 쾌락과 안락과 인기에 목마르다. 하지만 그런 목마름은 바닷물을 마시는 것 같아서 마시면 마실수록 더욱더 목마른 법이다. 가지면 더 많이 가지고 싶고, 오르면 더 높이 오르고 싶고, 쾌락은 더 강한 쾌락을 부른다.

블레즈 파스칼Blaise Pascal이 《팡세》에서 말한 것처럼, 하나님은 우리 인생을 지으실 때 마음속에 큰 빈 공간 하나를 지으셨다. 그 공간은 오직 영원이신 하나님만으로 채울 수 있는데, 인생들은 그것을 찰나적인 돈, 명예, 세상 권력, 쾌락으로 채우려 하기에 노력하면 할수록 더욱 큰 공허를 느끼게 된다. 그럼에도 너 나 할 것 없이 모든 인생은 채울 수 없는 그 공간을 채워 보려고 세월과 젊음과 돈을 낭비한다. 그러다가 결국 제풀에 못 이겨 절망과 좌절에 무너져 내리고 만다. 그래서 예수님은 수가성 여인에게 "이 물을 마시는 자마다 다시 목마르려니와 내가 주는 물을 마시는 자는 영원히 목마르지 아니하리니 내가 주는 물은 그 속에서 영생하도록 솟아나는 샘물이 되리라"_요 4:13-14라고 말씀하신 것이다.

요즘 무엇에 목마른가? 무엇에 갈증을 느끼는가? 채워질 수 없는 마음의 공허를 찰나적인 것들로 채우려고 언제까지 헛된 노력을 계속할 것인가? 시편 기자는 노래했다. "하나님이여 사슴이 시냇물을 찾기에 갈급함같이 내 영혼이 주를 찾기에 갈급하니이다 내 영혼이 하나님 곧 살아 계시는 하나님을 갈망하나니 내가 어느 때에 나아가서 하나님의 얼굴을 뵈올까 사람들이 종일 내게 하는 말이 네 하나님이 어디 있느뇨 하오니 내 눈물이 주야로 내 음식이 되었도다"_시 42:1-3.

사슴은 깨끗한 짐승이어서 신선하고 맑은 물을 좋아한다. 게다가 다른 짐승보다 비교적 물을 많이 마신다. 그래서 팔레스타인의 건기에 사슴들은 고지의 옹달샘을 찾아 온 산을 헤매게 되고, 그런 이유 때문에 성경에서 사슴은 하나님을 찾는 거룩한 목마름을 표현하는 신성한 동물이 되었다. 사슴 같은 거룩한 목마름이 우리 마음에 있기를 바란다. 참 소망이신 주님을 갈망하는 간절한 소원이 마음속에 불타기를 기도한다.

내게 와서

예수님은 왜 장막절 물 축제 때 "목마른 자들은 다 내게 오라"고 부르셨을까? 예수님은 왜 수가성 여인에게 물 좀 달라 하시고는 다시 "네게 물 좀 달라 하는 이가 누구인 줄 알았더라면 네가 그에게 구하였을 것이요 그가 생수를 네게 주었으리라"_요 4:10라고 수수께끼 같은 말씀을 하셨을까?

그 이유를 예수님은 요한복음 6장 55절에서 말씀하셨다. "내 살은 참된 양식이요 내 피는 참된 음료로다." 예수님이 우리가 먹고 영생할 하늘 양식이요, 신령한 음료이기 때문이라는 것이다. 주님은 이어서 말씀하셨다. "내 살을 먹고 내 피를 마시는 자는 내 안에 거하고 나도 그의 안에 거하나니 살아 계신 아버지께서 나를 보내시매 내가 아버지로 말미암아 사는 것같이 나를 먹는 그 사람도 나로 말미암아 살리라"_요 6:56-57. 예수님이야말로 하늘로부터 내려오신, 우리가 먹고 영생하는 하늘 양식이요, 우리 영혼을 살리는 신령한 영생수이시다.

사도 바울도 편지에서 같은 말씀을 전했다. "형제들아 나는 너희가 알지 못하기를 원하지 아니하노니 우리 조상들이 다 구름 아래에 있고 바다 가운데로 지나며 모세에게 속하여 다 구름과 바다에서 세례를 받고 다 같은 신령한 음식을 먹으며 다 같은 신령한 음료를 마셨으니 이는 그들을 따르는 신령한 반석으로부터 마셨으매 그 반석은 곧 그리스도시라"_고전 10:1-4. 메마른 광야에서 쪼개져 생명수를 냈던 그 반석이 바로 당신의 몸을 쪼개 보혈을 흘려 우리에게 영생을 주시는 그리스도 예수시라는 말이다. 십자가에 높이 달려 죽으시면서 찢어지신 예수님의 육체로부터 흘러나온 보혈이 바로 그 생수다. 그 보혈을 믿고 주 앞에 나아갈 때 우리의 모든 허물과 죄를 용서받고, 그때 죽을 수밖에 없었던 우리 영혼과 육체가 살아나, 하늘 아버지께서 예비하신 영원한 가나안 땅, 천국에 가서 영생을 누린다는 의미다.

윌리엄 바클레이William Barclay는 요한복음 7장 37절에 기록된 예수님의 말씀을 다음과 같이 풀었다. "너희는 지금 육신의 갈증을 채우는 물을 주신 하나님께 감사하고 있다만, 그러나 누구든지 너희 영혼에 갈증을 채우길 원한다면 나에게로 오라. 내게 와서 영원히 마르지 않는 생수를 마셔라." 아더 핑크Arthur Pink도 말했다. "자기의 불결함을 깨닫고 깨끗해지기를 원하는 죄인에게, 죄의 끔찍한 무게에 짓눌려 살면서 하나님의 온전한 용서를 바라는 사람에게, 자신의 연약함과 무력함을 자각하고 온전한 힘과 구원을 갈망하는 이에게, 두려움과 불신을 벗어나 평화와 안식을 찾기를 간절히 원하는 사람에게 주님은 지금도 말씀하십니다. '다 내게로 오라.'"

아더 핑크의 말처럼, 죄를 깨닫고 깨끗해지기를 바라는가? 죄의 무게에 눌려 하나님의 온전한 용서를 바라는가? 무력함과 연약함을 자각하면서, 하나님의 온전한 힘과 구원을 갈망하는가? 두려움과 불신, 염려와 공포에서 벗어나 참된 평화와 안식을 간절히 원하는가? 주님의 말씀을 들으라. "다 내게로 오라."

예수님이 메마른 광야 인생길에서 당신의 몸을 쪼개 우리에게 생수를 공급해 주시는 반석이심을 믿으라. 예수님은 광야 인생길을 살아가는 우리 모두에게 주어진 하나님의 선물이시다. 예수님은 그 어떤 문제에 대해서도 온전한 해결책을 가지고 계신 전능하신 하나님이시다. 다윗의 노래처럼, 예수님은 어떤 폭풍과 비바람도 넉넉히 피할 든든한 반석이요, 산성이시다. 하나님이 날마다 우리에게 내려 주시는 하늘의 만나요, 날마다 우리 영혼에 생수를 내주시는 반석이시다. 고린도전서 10장 4절에 "그들을 따르는 신령한 반석"이라는 말씀이 나오는데, 여기서 '따르는'은 동행한다는 말로, 광야 어디든 동행하며 생수를 공급하는 반석이란 뜻이다. 메마른 광야 어디든지 생수를 공급하는 반석이 따라다닌다면 무엇을 걱정하겠는가?

사실, 광야 인생길을 가는 우리의 문제는 복잡한 것 같아도 해답은 의외로 간단하다. 피조물 된 우리에게는 모든 것이 다 복잡해 보여도 창조주이신 하나님께는 모두 간단한 문제이기 때문이다. 어렸을 때 장난감을 가지고 놀다가 망가뜨렸는데 아무리 고쳐 보려고 해도 고칠 수가 없었다. 하지만 아버지에게 가져갔더니 금방 고쳐 주셨다. 내겐 복잡해 보여도 아버지에게는 간단했다. 변화산 아래 귀신 들린 아들을 데려왔던 아버지가 "무엇을 하실 수 있거든 우리를 불쌍히 여기사 도와주옵소서"막 9:22라고 외칠 때 주님은 말씀하셨다. "할 수 있거든이 무슨 말이냐 믿는 자에게는 능히 하지 못할 일이 없느니라"막 9:23. 창조주 하나님께 불가능한 일이 어디 있겠는가? 히브리서 기자는 이렇게 말했다. "그러므로 우리는 긍휼하심을 받고 때를 따라 돕는 은혜를 얻기 위하여 은혜의 보좌 앞에 담대히 나아갈 것이니라"히 4:16.

주저하지 말고 두 손 들고 하나님께 나아가라. 모든 것이 끝나 버린 것 같은 순간에도, 하나님께는 여전히 희망이 있음을 믿으라. 성경을 보면 예수님께 나아갔던 사람들은 모두 자신들의 목마름을 해결 받았다. 인정에 목말랐던 여리고의 세리장 삭개오는 예수님을 만난 순간, 돈의 목마름과 인정의 갈증으로부터 자유함을 얻었다. 그래서 불의한 돈을 다 내어놓고 구원의 은총을 경험했다눅 19:8-9. 사랑에 목말랐던 사마리아 수가성 여인은 영생의 주인이신 예수님을 만나 단번에 그 갈증을 씻고 수치심과 열등감으로 두려워했던 온 동네 사람들 앞에 나아가 담대히 외쳤다. "와서 보라 이는 그리스도가 아니냐"_요 4:29. 진리에 목말랐던 이스라엘 최대의 지성인 니고데모는 예수님을 만난 순간, 그 많은 지식과 지혜와 율법 준수로도 채울 수 없었던 마음의 공허를 채우고 거듭나서 여생을 온전한 자족 가운데 살게 되었다.

주님은 우리에게 말씀하신다. "나를 믿는 자는 성경에 이름과 같이 그 배에서 생수의 강이 흘러나오리라"_요 7:38. 물은 가득 차야만 넘쳐 흐를 수 있는 법이다. 생수의 강이 내게서 흘러넘치기 위해서는 먼저 내 속을 그분으로 가득 채워야 한다. 영생수를 마시고 또 마셔서 내 속이 예수님으로 가득 찰 때 비로소 생수의 강이 흘러넘치게 될 것이다. 예수님의 인격, 예수님의 사랑, 예수님의 능력, 예수님의 영이 내 속에 온전히 채워질 때, 예수님의 인격, 사랑, 능력이 내게서 차고도 넘쳐 날 것이다.

반석이신 예수님을 날마다 목마르게 찾으라. 날마다 불타는 마음으로 주님을 온전히 모셔 들이라. 그분의 임재로 말미암아 공허했던 심령이 채워지고 채워져서 그 임재에서 흘러나오는 생수의 강물이 가정에, 직장에, 발길 닿는 온 세상에 흘러넘치기를 기도한다. 우리 배에서 솟아난 그 생수의 강물로 내가 살고, 가족이 살고, 주변 모든 사람이 살아나기를, 우리 배에서 솟아난 생수의 강물로 이 땅이 생명의 땅이 되고 축복의 근원이 되기를 바란다.

일어나 함께 가자

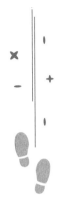

아가서The song of songs에는 솔로몬 왕과 산골 처녀의 사랑 노래만 있고, '하나님'이란 말이 한 번도 나오지 않는다. 그럼에도 성경에 아가서가 포함된 이유는 솔로몬과 시골 처녀의 이야기가 단순히 솔로몬 왕의 일화가 아니라, 볼품없는 시골 처녀 같은 우리를 조건 없이 사랑하신 예수님의 사랑 이야기이기 때문이다.

내 사랑아, 내 어여쁜 자야

이 아름다운 사랑 노래에서 듣는 주님의 첫 번째 음성은 "내 사랑아, 내 어여쁜 자야"다. 솔로몬 왕은 궁벽한 시골의 한 산골 처녀를 사랑하여 포도밭에서 일하느라 햇볕에 까맣게 그을린 볼품없는 그녀에게 고백했다. "내 사랑아 너는 어여쁘고 어여쁘다 네 눈이 비둘기 같구나 나의 사랑하는 자야 너는 어여쁘고 화창하다"_아 1:15-16. 솔로몬 왕은 예루살렘의 그 많은 아름다운 아가씨를 제쳐 놓고 어떻게 볼품없는 산골 처녀를 사랑하게 됐을까? 그 이유는 간단하다. 사랑에 눈이 멀어서다. 사랑에 눈이 멀면 못생긴 얼굴도 잘생겨 보이고, 남들이 아무리 뭐라 해도 들리지 않는다. 사랑은 제정신을 잃는 것이다. 사랑하면 계산하지 않는다. 신분이나 조건이나 실속을 따지고 있다면, 사랑하는 것이 아니다. 사랑은 모든 것을 다 뛰어넘는다.

세상에 똑똑하고 잘난 사람들, 많이 배우고, 많이 가지고, 많이 성공한 사람들이 수없이 많은데도 예수님은 못나고 열심도 재주도 없고 실수투성이인 내게 와서 말씀하셨다. "내 사랑아, 너는 어여쁘고 어여쁘다." 말도 안 되는 이야기다. 그야말로 예수님이 사랑에 눈이 머신 것이다. 내 추한 허물과 잘못, 부끄러운 모습에 대해 눈을 가리신 것이다. 그런 것들은 아예 돌아보지도 않고 조건 없이 사랑하신 것이다. 은혜다. 헤아릴 수 없는, 한없는 은혜다.

술람미 산골 처녀가 언감생심 어떻게 솔로몬 왕에게 사랑을 받을 수 있을까? 그런데 왕이 친히 와서 "나의 사랑, 내 어여쁜 자야 일어나서 함께 가자"_아 2:10고 불렀다. 은혜다. 하나님의 사랑을 받을 자격이 내게는 전혀 없었다. 하나님의 사랑을 받을 이유나 조건도 없었다. 그런데 그분이 나를 찾아와 일방적으로 사랑하신 것이다. "우리가 아직 죄인 되었을 때에 그리스도께서 우리를 위하여 죽으심으로 하나님께서 우리에 대한 자기의 사랑을 확증하셨느니라"_롬 5:8. 우리가 착하게 살 때, 예수께서 우리를 위해 죽으신 것이 아니다. 우리가 하나님의 마음에 들 만큼 거룩하고 성결하게 살 때, 예수께서 우리의 화목 제물이 되어 십자가에 달리신 것이 아니다. 우리가 아직 죄인이었을 때, 내 마음대로 죄짓고, 내 멋대로 살면서 하나님 아버지의 마음을 아프게 할 그때, 하나님은 우리를 얼마나 사랑하는지를 보여 주기 위해 하나밖에 없는 아들을 십자가에 못 박아 속죄 제물로 죽이셨다.

은혜란 받을 만한 가치가 없는데도 주어지는 것이다. 은혜란 공짜로 받는 것이다. 예수님은 세상 먼지와 쓰레기를 온몸과 마음에 뒤집어쓴 나를 바라보면서도 "내 사랑, 내 어여쁜 자야"라고 부르신다. "내가 너를 사랑한다"고 고백하신다. 조건 없는 사랑, 지난 우리의 허물과 죄는 돌아보지도 않고 조건 없이 사랑하시는 그 사랑, 아가페의 사랑이다. 이것이 주님이 우리를 사랑하시는 사랑이다. 은혜, 은혜, 한없는 은혜다.

세상에서 가장 어리석은 사람이 누구인가? "저는 그런 사랑, 받을 자격이 없어요." 하면서 사랑을과 은혜를 거절하는 사람이다. 은혜는 그냥 은혜로 받는 것이다. 먼저 찾아와 사랑을 고백하시는 하나님 앞에서 그냥 "아멘" 하고 받으면 된다. 자격 없지만, 그 사랑 앞에 엎드려 감사하며 기쁨으로 살아가자. 그러면 된다. 나 같은 것을 사랑하셔서 찾아오신 하나님께 대한 가장 지혜로운 결단이다. 주님도 그것을 원하신다.

삶이 아무리 절망적인 상황이라 해도, 우리를 지으신 창조주 하나님이 우리를 사랑하신다는 것, 지금 이 순간에도 여전히 우리를 돌보고 계신다는 것을 우리는 결코 잊지 말아야 한다. 살면서 어떤 시련과 역경을 만난다 해도 하나님의 사랑과 돌보심을 기억하면서 오뚝이처럼 다시, 또다시 일어나기를 기도한다.

겨울도 지나고 비도 그쳤고

아가서에서 들리는 주님의 두 번째 음성이다. "내 사랑하는 자의 목소리 로구나 보라 그가 산에서 달리고 작은 산을 빨리 넘어오는구나"_아 2:8. 솔로몬 왕이 술람미 여인을 만나기 위해 달려온 길은 평탄한 길이 아 니었다. 여기 적어도 두 개의 산이 언급되어 있지만, 어찌 산이 두 개 만 있었을까? 그저 수많은 산, 셀 수 없이 많은 난관을 시적으로 표현 한 것뿐이다. 솔로몬이 사랑하는 여인을 만나러 오는 길은 산을 몇 개 나 넘어야 하는 고난의 길이었다. 큰 산을 달렸고, 작은 산을 뛰어넘 었다. 그런데도 힘들어하지 않았다. 사랑하기 때문이었다. 이어지는 11절에선 "겨울도 지나고 비도 그쳤고"라고 말한다. 솔로몬 왕은 사랑 하는 여인을 만나러 오는 길에서 눈보라가 몰아치는 겨울도 만났다. 한여름 폭풍우도 만났다. 그러나 그 모든 시련이 그 길을 막지는 못했 다. 사랑하기 때문이었다.

예수께서 우리를 구원하러 오신 길도 결코 쉬운 길이 아니었다. 하 나님이 사람이 되셔야 했다. 죽으셔야 했다. 죽되 가장 비천한 살인 강도의 모습으로 죽으셔야 했다. 엄청난 자기희생과 고통의 길이었 다. 수많은 오해와 비웃음과 채찍질과 침 뱉음을 받는 길이었다. 그럼 에도 오직 하나, 나를 사랑하시는 그 사랑 때문에 참고 달려오신 것 이다.

1950년 한국전쟁이 일어난 해 성탄절 밤, 남편이 군대에 가서 집에 홀로 남은 만삭의 부인이 하나 있었다. 밤중에 산기를 느낀 부인은 친 절하게 대해 주던 선교사 부부를 찾아 나섰다. 산길은 하얗게 눈으로 덮였다. 선교사의 집으로 가려면 산기슭을 내려와 다리를 건너야 했다. 부인은 기를 쓰면서 다리까지 왔으나 진통이 너무 심해져서 더 나아갈 수가 없었다. 다리 밑으로 기어 내려가 나무판자 위에 예쁜 아이를 낳았다. 아기를 덮어 줄 것이라고는 입고 있는 치마와 저고리뿐이었다. 부인은 자기 옷을 벗어 아기를 감싸고, 옆에 흩어져 있는 가마니를 끌어다 찬바람을 막아 주고는 기진하여 쓰러져 버렸다.

다음 날 아침, 선교사 부부가 여인의 집에 성탄 선물을 주려 지프를 타고 다리를 건너다 차가 고장 났다. 고장 난 차를 고치다가 다리 밑에서 새어 나오는 아기 울음소리를 들었다. 다리 밑으로 내려갔더니 갓난아기가 치마에 싸인 채 울고 있는데, 곁에는 산모가 얼어 죽어 있었다. 선교사 부부는 그 아이를 데려다 아들처럼 키웠다.

아이는 커 가면서 자신의 내력을 물었지만, 선교사 부부는 대답을 하지 않다가 열두 번째 생일을 맞이한 성탄절에 이 사실을 알려 주었다. 열두 살 소년은 엄마 무덤에 달려가서 엎드려 통곡했다. 무릎을 꿇고 기도하더니 옷을 벗었다. 차디찬 엄마의 무덤에 자기 옷을 덮으며 벌거벗은 몸으로 떨며 울부짖었다. "엄마, 그때 엄마는 나보다 훨씬 더 추웠지요?"

이 이야기를 《실용 예화 사전 I》쿰란출판사에 전해 쓴 장자옥 목사는 다음과 같이 글을 맺었다. "저는 이 이야기를 읽을 때마다 눈시울을 적십니다. 동시에 나 같은 놈 살리겠다고 십자가 위에서 발가벗겨 죽으신 예수님을 생각합니다. 내가 아직 죄인이었을 때, 미처 죄가 무엇인지조차 깨닫지 못하던 그때, 주님은 머리에 가시관 쓰고, 손발에 못 박히고, 십자가에서 피 흘려 죽었습니다."

예수께서 우리를 구원하러 오신 길은 결코 쉬운 길이 아니었다. 태어나 누울 자리조차 없어 냄새나는 마구간 말구유에 누워 계셨다. 수많은 모욕과 비웃음과 채찍질과 침 뱉음을 받으셨다. 한마디로, 당신 자신을 온전히 비우고 벗겨서 가장 비천한 모습으로 죽으셨다. 그 사랑을 잊지 말아야 한다. 그 은혜를 기억해야 한다. 그 십자가를 바라보며 우리 또한 그렇게 용서하며 사랑해야 한다. 우리 모두가 그렇게 주님처럼 모든 이를 용서하고 사랑하기를 기도한다.

일어나 함께 가자

아가서에서 들리는 주님의 세 번째 음성은 "일어나 함께 가자"다. "나의 사랑하는 자가 내게 말하여 이르기를 나의 사랑, 내 어여쁜 자야 일어나서 함께 가자 겨울도 지나고 비도 그쳤고 지면에는 꽃이 피고 새가 노래할 때가 이르렀는데 비둘기의 소리가 우리 땅에 들리는구나 무화과나무에는 푸른 열매가 익었고 포도나무는 꽃을 피워 향기를 토하는구나 나의 사랑, 나의 어여쁜 자야 일어나서 함께 가자"_아 2:10-13. 겨울이 지나고, 비도 그쳤고, 꽃이 피고, 새가 노래한다. 완연한 봄이다. 비둘기 소리가 들리고, 무화과나무에 열매가 익고, 포도나무 꽃이 향기를 토한다. 추위에 움츠렸던 몸과 마음이 기지개를 켜는 아름다운 봄날에 사랑하는 이의 음성이 들린다. "나의 사랑, 내 어여쁜 자야, 일어나서 함께 가자."

사랑하는 이와 함께 가는 길이라면 행복할 수밖에 없다. 더구나 감히 우러러볼 수조차 없던 분이 찾아와 "함께 가자" 하시니, 이보다 더 큰 기쁨도 없을 것이다. 하지만 예수께서 "함께 가자" 부르시는 그 초청을 낭만적으로만 들을 수는 없다. 왜냐하면 그 길에는 언제나 꽃길만 있는 것이 아니기 때문이다. 사랑으로 함께 가는 길에는 방해꾼도 많고, 지불해야 할 대가도 많다. 그 길은 희생과 인내와 참을성을 필요로 한다.

예수님께서는 잡혀가기 전 겟세마네 동산에서 제자들에게 말씀하셨다. "일어나라 함께 가자 보라 나를 파는 자가 가까이 왔느니라"_마 26:46. 아가서 2장 본문에 나온 말씀과 똑같은 말씀이다. 그렇다. 예수님과 동행하는 길은 마냥 즐거운 소풍 길이 아니다. 오히려 고난과 시련의 가시밭길이다. 십자가를 지는 길이다. 그런데도 예수님은 왜 그런 길로 일어나 함께 가자고 우리를 부르시는가? 바로 그 길만이 사는 길이기 때문이다. 궁극적으로 그 길만이 영광의 길이기 때문이다. "좁은 문으로 들어가라 멸망으로 인도하는 문은 크고 그 길이 넓어 그리로 들어가는 자가 많고 생명으로 인도하는 문은 좁고 길이 협착하여 찾는 자가 적음이라"_마 7:13-14.

십자가 없이는 영광도, 면류관도 없다No Cross, No Crown. 고난의 길을 걸은 자만이 영광의 길을 걷게 될 것이다. 그래서 주님은 우리에게 당신과 함께 고난의 길을 걸어 영광의 나라에 들어가자고 초청하시는 것이다. 예수님은 우리 뒤에서 "돌격 앞으로!"를 외치며 우리를 떠밀지 않으신다. 그렇다고 우리를 내버려 두고 당신 혼자 앞서가 버리지도 않으신다. 언제나 손 내밀어 함께 가자고 부르신다. "일어나서 함께 가자." 세상 끝날까지 항상 함께하겠다고 약속하신 임마누엘 하나님이시다. "볼지어다 내가 세상 끝날까지 너희와 항상 함께 있으리라"_마 28:20.

오늘 이 순간에도 한 치 앞을 내다볼 수 없는 혼란의 와중에서 주님이 우리를 부르신다. "일어나라, 함께 가자." 어떻게 하겠는가? 주님의 부르심에 어떻게 대답하겠는가? "오늘 밤에 너희가 다 나를 버리리라"_마 26:31라고 말씀하신 주님 앞에서 베드로는 큰소리치며 장담하여 말했다. "모두 주를 버릴지라도 나는 결코 버리지 않겠나이다"_마 26:33. 하지만 바로 그날 밤 베드로는 주님을 저주하면서까지 부인했다. 실로 뼈아픈 실패였다. 하지만 그 뼈아픈 실패로 인하여 베드로는 새벽 닭 울 때마다 마음을 다지고 다져서 오히려 남은 평생을 주님과 온전히 동행할 수 있었다.

한두 번 실패했다고 망하는 것은 아니다. 다시 일어서면 된다. 다시 결심하면 된다. 혹시 지난날 실패했더라도 낙심하지 말자. 다시 결심하고 결심하자. 이 글을 읽는 당신도 베드로처럼 인생 마지막 순간까지 주님과 동행하기를 기도한다.

나사로가 죽었을 때, 예수님께서는 그를 살리러 유대로 가자고 말씀하셨다. 그때 제자들은 바리새인들이 이를 갈며 기다리는 유대로 절대 갈 수 없다며 강력하게 주님을 말렸다. 하지만 당시 가장 믿음이 없어 보였던 도마가 나서서 외쳤다. "우리도 주와 함께 죽으러 가자"_요 11:16. 죽고자 하는 자는 살고, 살고자 하는 자는 죽는다. 죽기를 각오하고 주님과 함께 주어진 길을 걸어갈 때 우리 앞에 구원의 길이 열릴 것이다. 우리를 통해 하나님이 영광을 받으실 것이다. 복된 세상, 밝고 따뜻한 세상이 될 것이다.

2,

급수대

주님만 의지하여

광야의 은혜

민수기는 히브리어 성경 제목이 "베미드바르"광야에서, במדבר로, 이스라엘 백성이 시내산에서 가나안 땅까지 가는 동안 광야 한복판에서 겪은 사건들에 대한 기록이다. 낮에는 태양의 열기가 작렬하고, 밤에는 혹독한 추위가 몰아치는 메마른 땅이 바로 광야다. 광야는 목마름과 배고픔, 독사와 전갈이 숨어 생명을 위협하는 죽음의 땅이다. 그런데 왜 하나님은 그런 메마른 죽음의 땅, 광야로 당신 백성을 인도하셨을까? 왜 다윗은 그토록 오랜 세월 광야를 헤매야 했고, 엘리야는 광야 가시덤불 로뎀 나무 그늘에서 죽여 달라 울부짖어야 했을까? 왜 세례 요한은 광야에서 외치는 자의 소리가 되었으며, 왜 예수님은 불같은 유대 광야에서 40일을 금식하셔야만 했을까? 부활의 주님을 만난 청년 사울은 왜 아라비아 광야로 나가야 했을까? 하나님은 왜 우리를 광야로 몰아내실까?

광야는 참된 나를 만날 수 있는 곳

광야는 참된 나를 만날 수 있는 곳이기에 하나님은 우리를 광야로 몰아내신다. 현대 영성신학의 아버지 토머스 머튼Thomas Merton은 "현대인들은 사회적으로 강요된 착각, 일그러진 자아상을 가지고 살아가고 있다"고 말했다. 도시인들은 많은 착각 속에서 살아간다. 좋은 차를 타면 힘 있는 사람, 좋은 옷을 입으면 인격도 좋은 사람이라고 착각하고, 명함에 그럴듯한 직함을 찍어 놓으면 인품도 그런 것처럼 착각하고, 박사 학위를 받으면 그 삶이 박사급인 것처럼 착각하고, TV나 영화에서 인기가 좀 있으면 세상에 자기밖에 없는 것처럼 착각하고, 그래서 음주운전을 하고도 뻔뻔하고, 술집에서도 깡패 두목처럼 아무하고나 마구 다툰다.

그런데 이런 착각은 광야에 나가는 순간, 산산이 부서진다. 한마디로, 광야는 인간이 별것 아님을 깨닫는 곳이다. 광야에서는 훈장이나 졸업장, 학연이나 지연이 통하지 않는다. 메마른 광야 한복판에서 인간은 연약하다 못해 아주 무력하다. 들풀 속에 숨어 사는 들쥐만도 못하고, 토끼 한 마리만 한 생존 능력도 없다. 그래서 광야에서 우리는 우리의 실체를 깨닫는다. 내가 얼마나 약한지, 내가 가진 소유와 직함이 얼마나 별 볼 일 없는지 알게 된다. 광야는 나를 꾸미고 있는 모든 것이 벗겨지고, 내 속에 있는 모든 욕망, 교만, 탐욕, 거짓이 낱낱이 드러나는 곳이다. 그런 이유 때문에 성령은 때때로 우리를 광야로 몰아내신다. "광야에서 네 참모습을 발견하라. 네 주제를 똑바로 알아라. 너는 결코 창조주도, 전능한 하나님도 아니다. 너는 기껏해야 70-80년 이 세상에 머물다가 갈 연약한 피조물이다"라고 말씀하시는 것이다.

자신의 외모에 속지 말라. 자신의 직함이나 소유에도 속지 말라. 나의 참모습을 발견하기 위해 조용한 장소, 나름의 광야를 찾으라. 내 곁을 꾸미고 있던 모든 장식품을 떼어 버리고 새벽을 깨우며 십자가 앞으로 나아가라. 인생이 복잡한 것처럼 보여도 본질로 돌아가면 아주 간단하다. 사람들이 인생을 복잡하게 만들어서 복잡해 보일 뿐, 욕심을 못 버리고 교만과 자존심을 꺾지 않고 타인과의 은원을 풀지 않아 복잡해졌을 뿐, 사실 사람이 한평생 살아간다는 것은 아주 간단하다. '인생은 빈손 들고 왔다가 빈손 들고 가는 것'이다. 아무리 건강해도 우리는 언젠가 죽는다. 영원히 살지 못한다. 태어날 때 벌거숭이로 온 것처럼, 또한 떠날 때도 그렇게 떠날 것이다. 이렇게 간단한 것이 우리 인생이다. 그것을 절실히 깨닫는 곳이 바로 광야다. 영성가 헨리 나우웬Henri J. M. Nouwen은 《마음의 길》두란노에서 광야로 나아가는 고독 훈련을 "거짓 자아가 죽고 참 자아가 태어나는 곳"이라 했다. "변화의 용광로"라고도 했다.

오래전 응급실에 실려 죽음의 문턱까지 갔던 분을 만난 적이 있다. 죽음의 순간을 겪은 후 그분은 삶의 태도가 180도로 달라져 있었다. 전에는 오로지 '어떻게 하면 신 나게 살까?'만이 관심사였지만 이젠 '언제 죽을지 모르는 단 한 번의 인생, 어떻게 하면 부끄럽지 않게 살 수 있을까?'로 바뀐 것이다. 죽음의 문턱에 가서야 인생의 의미를 깨닫는 것은 너무 늦다. 죽음의 순간을 맛보지 않고도 자신의 참모습을 발견하기 바란다.

광야는 사랑의 하나님을 만날 수 있는 곳

왜 성령이 우리를 광야로 몰아내시는가? 광야는 사랑의 하나님을 만날 수 있는 곳이기 때문이다. 히브리어로 광야는 '미드바르'멤(나라)+다바르(말하다)으로, '하나님의 말씀이 있는 곳'이라는 뜻이다. 광야는 세상 잡소리가 들리지 않아 온전히 하나님의 말씀만 들리는 곳이다. 그 말씀의 거울 앞에서 거짓 자아가 죽고 참 자아가 살아나는 곳이다. 그래서 광야는 죽음과 부활의 자리다. 광야는 어떤 방해도 없이 하나님을 일대일로 온전히 만날 수 있는 복된 만남의 자리다.

이윤재 목사는 《사랑은 어디에서 오는가》시냇가에심은나무 "유다 광야에서" 중에 다음과 같이 썼다. "광야는 우리에게 무엇인가? 단지 사람이 살지 않는 버림받은 땅이 아니다. 온전히 고독한 곳, 다만 외로운 곳이 아니라 자신의 실체가 드러나는 침묵의 섬이다. 아무것도 없이 벌거벗고 그곳에 서면 우리의 거짓된 자아가 폭로된다. 진정한 고독 없이는 진정한 자기 발견도 없고, 진정한 자기 발견 없이는 진정한 영적 삶도 없다. 모든 경건, 모든 기도, 모든 각성이 다 이 고독에서 나온다."

한 수도자가 항아리에 물을 가득 붓고 "무엇이 보입니까?"라고 묻자 사람들은 "아무것도 보이지 않습니다"라고 대답했다. 한참 후에 수도사가 "무엇이 보입니까?"라고 다시 물었더니, 이번에는 사람들이 대답했다. "우리 얼굴이 보입니다."

문명 도시 안에는 모든 것이 넘쳐 나기 때문에 내가 가난하다고 느끼지만, 광야로 나가면 내가 너무 많이 가지고 있고 그마저도 거의 쓸데없음을 깨닫는다. 문명 도시 안에서는 잘난 사람들이 너무 많기 때문에 내가 초라하게 느껴지지만, 광야로 나가면 오직 나밖에 없기 때문에 내가 얼마나 소중한 존재인지를 깨닫는다. 이런 점에서 우리는 때때로 아무도 없고 아무것도 없는 광야로 나가 우리 자신을 찾아야 한다. 물건 많고 사람 많은 백화점보다는 아무도 없는 산과 골짜기, 나와 하나님만 계신 곳으로 나가야 한다. 잡소리가 들리지 않고 오직 그분의 음성만 들을 수 있는 이 시대의 광야, 조용한 골방을 찾아야 한다. 그곳에서 우리는 살아 계신 하나님을 만나게 될 것이다. 살아 계신 하나님의 음성을 들을 것이다.

하나님은 당신의 백성이 세상의 찰나적인 것에 목매고 사는 것이 안타까우셨다. 짝퉁의 유혹에 넘어가 사기를 당하고, 인생을 저당 잡혀 살아가는 것을 차마 보실 수가 없었다. 그래서 사기꾼들에게 속아 몸 팔러 도망가 버린 아내를 찾아 나선 호세아 선지자처럼, 하나님은 우리를 찾아오며 결심하셨다. "그러므로 내가 가시로 그 길을 막으며 담을 쌓아 그로 그 길세상으로 돌아갈 길을 찾지 못하게 하리니"_호 2:6. "그러므로 보라 내가 그를 타일러 거친 들로 데리고 가서 말로 위로하고 거기서 비로소 그의 포도원을 그에게 주고 아골 골짜기로 소망의 문을 삼아 주리니"_호 2:14-15.

우리는 세상 재미에 푹 빠져 인생의 주인이신 하나님에 대해선 관심이 없었다. 온 천지에 죄가 차고 넘치는 세상에서, 죄 조금 지었다고 호들갑 떨 것 없다며 대충 살았다. 구원도 영생도 마음에 와닿지 않았고, 하나님이 나 같은 것을 사랑하신다는 말도, 그래서 외아들을 죽인 대가로 내게 천국을 선물하신다는 말도 믿을 수 없었다. 그저 눈앞에 보이는 세상만 바라보며 부와 명예만을 추구하면서 살았다. 그런데 여호와 하나님은 그런 우리를 찾아오사 말씀하신다. "내가 너를 납치하여 광야로 몰아내리라. 아무도 없고 아무것도 없는 그곳에서, 오직 나밖에 만날 수 없는 그곳에서 내가 너를 사랑하리라. 그 후에야 비로소 네가 잃어버렸던 것들을 되돌려 회복시켜 주리라." 이것이 호세아서의 핵심 메시지다.

요즘 메마른 광야에 내몰린 것 같은가? 경제적으로, 인간적으로 고통과 시련의 바람을 맞으며 광야 한복판에 서 있는 것 같은가? 광야는 저주가 아니다. 광야는 배신당하신 사랑의 하나님이 나를 기다리고 계시는 만남의 장소다. 잃어버렸던 약속을 회복 받고 주께서 허락하셨던 축복을 되찾는 곳이다. 그러므로 이제 하나님을 향해 마음의 문을 열라. 나를 사랑하셔서 그 사랑을 고백하려고 광야로 끌고 나오신 그 하나님 만나기를 갈망하라. 그 광야, 그 고독 속에서 나만을 온전히 기다리시는 그 하나님을 만나기를 기도한다.

광야는 하나님의 기적으로 충만해지는 곳

왜 하나님은 우리를 광야로 몰아내시는가? 광야는 하나님의 기적으로 충만해지는 곳이기 때문이다. 광야는 아무것도 없고, 어떤 것도 할 수 없는 곳이다. 씨를 뿌릴 수도 추수를 할 수도 없고, 식량이나 옷도 구할 수 없는 가난과 절망, 죽음의 땅이다. 하지만 그렇기 때문에 오히려 광야는 하나님의 기적이 충만하게 역사하는 곳이기도 하다. 아무것도 없기 때문에 오히려 하나님을 의지할 수밖에 없고, 그렇기에 하나님의 기적이 충만하게 나타날 수 있는 곳, 무에서 유를 창조하시고 불가능한 것을 가능케 하시는 하나님이 함께하시기에 하루, 이틀, 40일이 아니라 40년도 죽지 않고 넉넉히 살 수 있는 곳이 바로 광야다.

모세는 신명기에서 다음과 같이 선언했다. "네 하나님 여호와께서 이 사십 년 동안에 네게 광야 길을 걷게 하신 것을 기억하라 이는 너를 낮추시며 너를 시험하사 네 마음이 어떠한지 그 명령을 지키는지 지키지 않는지 알려 하심이라 너를 낮추시며 너를 주리게 하시며 또 너도 알지 못하며 네 조상들도 알지 못하던 만나를 네게 먹이신 것은 사람이 떡으로만 사는 것이 아니요 여호와의 입에서 나오는 모든 말씀으로 사는 줄을 네가 알게 하려 하심이니라 이 사십 년 동안에 네 의복이 해어지지 아니하였고 네 발이 부르트지 아니하였느니라"_신 8:2-4.

다윗은 하나님을 목자로 삼고 평생을 살았기에 감히 외쳤다. "여호와는 나의 목자시니 내게 부족함이 없으리로다"_시 23:1. 광야를 두려워하지 말자. 먹고 입고 쓰고 사는 것이 부족하다고 근심하지 말자. 하나님이 내 목자가 되셔서 나를 인도하기만 하신다면 그 어떤 죽음의 골짜기에서도, 광야 한복판에서도 하늘의 만나로 배부를 것이다. 반석에서 터진 생수로 목마르지 않을 것이다. 광야는 나 자신의 실존, 참된 나를 만나는 곳, 광야는 사랑의 하나님을 온전히 만날 수 있는 곳, 광야는 하나님의 기적으로 충만해지는 은혜의 자리다. 성령이 끌어가시는 광야를 사모하라. 나를 비우고 하나님의 거룩하신 성령으로 충만케 되기를 갈망하라. 시간을 내어 거짓된 나를 부수고, 십자가 앞에 엎드려 살아 계신 하나님을 만나기를 기도하라.

메마른 사막을 지나던 나그네가 황금이 묻힌 곳을 발견했다. 주머니마다 황금으로 가득 채우고, 물 주머니의 물까지 쏟아 버리고 거기에도 황금을 가득 채웠다. 그런데 그렇게 황금을 짊어진 나그네는 가도 가도 마실 물을 찾을 수가 없었다. 햇볕은 뜨겁게 내리쪼이고 목은 갈증으로 타들어 갔다. 죽을힘으로 가다 저 멀리 한 사람이 물주머니를 손에 쥐고 앉아 있는 모습을 보았다. 달려가며 "물 좀 주시오!"라고 외쳤다. 그런데 가까이 가 보니 그 사람은 이미 죽었고, 그가 손에 쥐고 있는 물주머니에는 물이 아닌 황금만 가득 들어 있었다. 나그네는 울부짖었다. "겨우 황금 쪼가리란 말인가? 물, 물, 물!"

광야 같은 세상 한복판에서 사람들은 황금을 찾는다. 가끔 황금 몇 덩이를 얻고 기뻐하며, 그것을 담기 위해 생수통의 물까지 쏟아 버리며 성공에 도취되지만, 얼마 못 가 광야 인생길에서 정말로 소중한 것은 황금이 아니라는 사실을 깨닫게 된다. 귀중한 황금도 메마른 광야에서 목말라 죽어 가는 사람에게는 물 한 모금만 못하다. 세상에서 정말 소중한 것이 무엇인가? 정말 이 순간 내게 꼭 필요한 것, 없어서는 안 될 것이 무엇인가? 메마른 사막 같은 인생 광야 길에서 황금보다 더 소중한 인생의 참된 가치를 발견하게 되기를 바란다. 하늘의 만나와 반석에서 터지는 생수로 우리 영혼이 충만해지기를 바란다. "하나님을 가까이하라 그리하면 너희를 가까이하시리라"_약 4:8.

닮아 감의 은혜

이스라엘 백성은 출애굽 40년 만에 약속의 땅 가나안이 보이는 요단 강 동편, 모압 땅에 이르렀다. 그들을 인도했던 모세는 죽고, 가나안 땅을 정복하는 막중한 임무를 모세의 수종자 여호수아가 맡았다. 다른 번역에서는 '시종', '부관', '종'이라 번역된 '수종자'란 주인을 따라다니며 잔심부름을 하는 사람, 주인 곁에서 시중드는 사람follower이다. 이처럼 잔심부름을 하던 수종자 여호수아가 졸지에 수백만 백성을 이끄는 지도자가 됐다. 여기에 중요한 교훈이 있다. 하나님은 섬기는 자follower를 들어 지도자leader로 세우신다는 것이다.

여호수아는 40년간 한결같이 모세를 섬겼다. 모세가 기도하는 모습을 보며 기도를 배웠고, 모세가 하나님 앞에 순종하는 모습을 보면서 순종을 배웠다. 모세가 자기 실력이나 재주가 아니라, 하나님만 온전히 의지하는 모습을 보면서 하나님만 의지하는 삶을 배웠다. 여호수아는 이스라엘 백성을 인도하기 위해 유명 신학교를 졸업하지 않았다. 오직 40년 동안 하나님의 사람 모세와 함께 더불어 살면서 모세처럼 생각하고, 모세처럼 기도하고, 모세처럼 순종하는 삶을 몸에 익힌 것이다. 40년 동안 모세를 섬기며 자신도 모르게 모세를 닮아 간 여호수아를 하나님은 가나안 정복의 막중한 일을 감당할 지도자로 세우신 것이다.

기독교 신앙은 단순한 지식을 배우거나 진리를 깨우치는 것이 아니다. 삶의 현장에서 섬김을 통해 배우는 실천적 삶이다. 성경을 공부하고 교리를 배운다고 예수님의 제자가 되는 것이 아니다. 함께 더불어 살며 서로 섬기면서 예수님을 닮아 가야 하는 사람이 신앙인이다.

함께하면 닮는 법

사랑하는 이와 함께하면 그를 닮고, 예수님과 함께하면 예수님을 닮는다. 처음에는 닮은 데가 하나도 없고, 도저히 닮을 것 같지 않아도 1년 살고, 2년 살고, 10년 살다 보면 생각이 닮고, 말하는 것이 닮고, 습관이 닮는다. 이런 이유 때문에 우리는 '누구와 함께하는가? 누구와 함께 사는가?'를 조심해야 한다. 속 좁은 사람과 살면 속 좁은 사람이 되고, 꿈이 있는 사람과 함께하면 내게도 꿈이 생긴다. 노름하는 친구를 자꾸 만나면 노름꾼이 될 확률이 높고, 남 헐뜯고 흉보는 사람을 가까이하면 그와 비슷해진다. "지혜로운 자와 동행하면 지혜를 얻고 미련한 자와 사귀면 해를 받느니라"_잠 13:20. 대장부와 함께 있으면 대장부가 되고, 졸장부와 함께 있으면 졸장부가 된다. 그러므로 좋은 신앙의 대장부를 만나기 바란다. 아름다운 신앙의 모델을 만나기 바란다. 아름다운 신앙의 선배들을 만나 그들을 섬기면서 복된 지도자로 성숙하기를 간절히 바란다.

혹시 내 주위에는 그럴 만한 사람이 없다고 생각하는가? 그 생각 자체가 교만일 수 있다. 세상에 완벽한 사람은 단 한 사람도 없다. 모두 약점이 있다. 모세도 약점이 있었다. 그래서 이스라엘 백성은 그 틈을 보고 기회만 있으면 모세에게 대들었다. 약점과 흠을 찾기 시작하면 우리가 본받을 만한 모델은 이 세상에 존재하지 않는다. 그러므로 누구를 보든 그 사람의 장점만을 보며 그 장점을 닮고자 노력해야 한다. 너그러운 사람을 보면서 긍휼과 공감을 배우고, 기도 잘하는 사람을 보며 기도를 배우라. 사랑이 많은 이를 보며 사랑하는 삶을 닮고, 전도 잘하는 사람을 보며 전도하는 삶을 닮도록 노력하라. 봉사 잘하는 사람을 보면서 그 봉사의 삶을 배우며 닮기를 갈망해 보라. 머지않아 존경받는 신앙의 모델, 신앙의 장부가 될 것이고, 하나님이 기뻐하시는 하나님의 사람이 될 것이다.

한 마을 뒷산에 인자하게 생긴 얼굴 모양의 바위가 있었다. 언젠가 그 바위의 얼굴을 닮은 인물이 나타나 마을을 살기 좋은 곳으로 만들 것이라는 전설이 전해졌다. 수많은 사람이 큰 바위 얼굴과 닮았다며 그 마을에 와서 지도자가 되기를 원했다. 정치가, 박사, 돈 많은 부자, 유명 인사가 와서 좋은 마을로 만들어 주겠다고 호언장담했지만, 그들은 한결같이 실망만 남겨 놓고 마을을 떠났다. 그래서 전설은 전설일 뿐이라며 마을 사람들이 포기하던 어느 날이었다. 그 마을에서 태어나 자라 한평생 마을을 떠나지 않고 사는 한 어른을 바라보며 아이들이 외쳤다. "큰 바위 얼굴이다!" 마을 사람들이 올려다보니, 정말 바위와 꼭 닮은 얼굴이었다. 그 사람을 지도자로 모시니, 전설대로 아름답고 평화로운 마을이 되었다.

너새니얼 호손Nathaniel Hawthorne의 단편 소설《큰 바위 얼굴》의 줄거리다. 그는 어떻게 큰 바위 얼굴이 되었는가? 어려서부터 아침저녁으로 큰 바위 얼굴을 바라보며 살았고, 그런 지도자를 기다리고 사모하며 하루하루 살다 보니 그 얼굴을 닮게 된 것이다. 좋아하면 닮는다. 사랑하면 닮는다. 존경하면 닮는다.

혹시 주변에서 모세나 여호수아 같은 위대한 신앙의 모델은 찾을 수 없을지 모른다. 하지만 모세보다, 여호수아처럼 더 위대하신 분이 우리와 항상 함께 계신다는 사실을 알고 있는가? 우리를 사랑하시되 끝까지, 죽도록 사랑하신 예수 그리스도시다. 우리가 만일 우리 마음의 눈을 열고 아침저녁으로 그분을 바라본다면, 그분의 음성을 사모하는 마음으로 듣는다면, 그분을 좋아하고 사랑하고 존경한다면, 우리는 얼마 안 되어 그분을 닮은 작은 예수들이 될 것이다. 영원한 큰 바위 얼굴이신 예수님을 바라보라. 오늘보다는 내일, 내일보다는 모레 점점 더 주님을 닮아 가서 후배들에게 아름다운 모델이 되기를 기도한다.

기도의 리더십

수종자 여호수아가 모세를 섬기며 닮아 간 것은 첫째, 기도다. 모세는 레위 지파 여인인 어머니에게서 기도를 배웠다. 기도하는 법, 기도하는 습관, 기도하는 삶을 훈련받았다. 호렙산 불타는 떨기나무에서 하나님을 만난 후에는 더욱 깊은 기도를 배웠다. 기도는 말로만 주절거리는 것이 아니라, 살아 계신 하나님과 만나는 교제임을 깨달았다. "사람이 자기의 친구와 이야기함같이 여호와께서는 모세와 대면하여 말씀하시며"_출 33:11상. "그와는 내가 대면하여 명백히 말하고 은밀한 말로 하지 아니하며"_민 12:8.

실로 모세는 위대한 기도의 사람이었다. 모세의 위대함은 모두 기도하는 삶에서부터 나왔다. 그런데 이처럼 모세가 기도하는 현장에는 언제나 여호수아가 함께 있었음을 발견하게 된다_출 33:11하. 이스라엘 백성 중 어느 누구도 회막을 떠나지 않고 모세의 기도 자리를 지키던 눈의 아들 청년 여호수아를 눈여겨보지 않았고, 심지어 모세도 그를 관심 있게 지켜보지 않았던 것 같지만, 그를 눈여겨보시는 한 분이 계셨다. 여호와 하나님이시다. "여호와께서 모세에게 이르시되 눈의 아들 여호수아는 그 안에 영이 머무는 자니 너는 데려다가 그에게 안수하고 그를 제사장 엘르아살과 온 회중 앞에 세우고 그들의 목전에서 그에게 위탁하여 네 존귀를 그에게 돌려 이스라엘 자손의 온 회중을 그에게 복종하게 하라"_민 27:18-20.

여호수아는 하나님도 인정하신 '그 안에 영이 머무는 자'였다. 성령 충만한 사람, 성령과 매 순간 교통하는 기도의 사람이었다. 어떻게 그렇게 되었는가? 기도하는 모세를 찰거머리처럼 따라붙어 수종하다 보니 자신도 기도하는 사람이 되어 있었던 것이다. 이제 앞으로 누구 곁에 있겠는가? 성령의 사람 옆에 있으면 성령 충만하게 된다. 모세에게 기도를 배운 여호수아는 새벽을 깨우며 기도했다. 요단강을 건너기 전에 새벽에 일어났다_수 3:1. 여리고 성을 무너뜨리기 위해 새벽에 일찍 일어났다_수 6:12. 온 이스라엘을 패배하게 했던 범죄자 아간을 찾아낼 때도 새벽에 일어났다_수 7:16. 아이 성을 치러 올라갈 때 역시 새벽에 일어났다_수 8:10. 아이 성 싸움에서 패배한 후 그 실패의 바닥에서도 여호수아는 티끌을 뒤집어쓰고 저물도록 기도했다_수 7:6.

오늘날 많은 성도가 남들이 기도하는 것에 관심이 없다. 심지어 교회의 영적 지도자들조차도 예전처럼 기도하는 사람들을 눈여겨보지 않는다. 하지만 은밀한 중에 보시는 하나님 아버지께서는 새벽을 깨우며 기도하는 사람들을 눈여겨보신다. 역경을 만나 엎드려 울부짖는 당신의 자녀들의 기도 소리에 귀를 기울이시고, 그 신음을 들으시고, 그 사정과 형편과 소원을 기억하며 응답하신다_마 7:7-11. 아무리 바빠도 기도를 잊지 말라. 기도하는 사람들과 만나고, 기도를 배우고, 기도로 서로를 섬기라. 하늘 문을 열고 부어 주시는 하나님의 풍성한 은혜를 받아 누리기를 기도한다.

섬김의 리더십

모세를 섬기면서 수종자 여호수아가 닮아 간 것은 둘째, 섬김의 리더십이다. 모세는 40년 애굽의 궁궐에서 세상 정치를 제대로 배운 정치가였다. 그것도 모자라 하나님은 미디안 광야에서 40년 동안 그에게 혹된 영적 훈련을 시키셨다. 그렇게 80년을 수련한 모세였음에도 불구하고 모세오경 속 모세는 군림하는 왕이 아니라, 하나님과 그 백성 사이에서 철저히 섬기는 섬김의 종이다. 모세는 하나님의 종으로 하나님을 섬기고, 이스라엘 백성의 종으로 백성을 섬겼다. 출애굽기, 민수기, 신명기, 그 어디에서도 모세는 자신의 권위나 권세를 주장한 적이 없다. 하나님의 말씀을 대언할 때는 권위 있게 그 말씀을 선포했지만, 왕처럼 군림하는 모습은 성경 어디에도 없다. 이스라엘 백성은 모세를 왕처럼 대하지 않았고, 개인 대 개인으로 대했다. 마음에 들지 않으면 돌로 치려고 달려든 적도 여러 번이었다. 한마디로, 모세는 이스라엘 백성의 왕이 아니라 그들을 섬기는 영적 지도자였다. 40년 동안 그 모습을 지켜본 여호수아도 세상 왕같이 통치하는 리더십이 아니라, 종이 되어 섬기는 종의 리더십을 배웠다.

세상에 스스로 남의 종이 되고 싶어 하는 사람은 아무도 없다. 누구든지 군림하고, 높아지고 싶어 한다. 손가락 하나로 여러 사람을 부리는 사람이 큰 사람이라고 존경한다. 하지만 우리 예수님은 하나님의 보좌를 버리고 이 땅에 내려와 섬기고 또 섬기시다가 종국에는 대속 제물이 되어 십자가에서 죽으셨다.

예수께서 십자가를 지러 예루살렘으로 올라가시던 여리고 언덕에서, 야고보와 요한은 "주의 영광 중에서 우리를 하나는 주의 우편에, 하나는 좌편에 앉게 하여 주옵소서"막 10:37라고 구했다. 그런 그들에게 예수님은 "내가 마시는 잔을 너희가 마실 수 있느냐?" 하고 되물으셨다_막 10:38. 야고보와 요한은 예수님이 마시려는 잔이 무엇인지 알지 못했다. 하나님의 백성이 추구해야 할 삶의 가치와 섬김의 리더십이 무엇인지 상상조차 못했다. 그저 예수님이 권력을 잡으시면 한자리 차지하는 것만이 그들의 꿈이었다. 오늘날에도 얼마나 많은 그리스도인이 그렇게 착각하며 살고 있는지 모른다. 그들을 향해 주님은 오늘도 물으신다. "내가 마시는 잔을 너희가 마실 수 있느냐?"

영성신학자 헨리 나우웬은 어린 시절 해군 장교나 신부가 되는 것이 꿈이었다. 이유는 둘 다 제복이 멋있기 때문이었다. 외삼촌이 신부였는데, 어렸을 때 성찬을 베푸는 모습이 멋있어서 '나도 외삼촌처럼 멋있는 신부가 되고 싶다'는 꿈을 꾸었고, 결국 평생을 신부로 살았다. 그러던 그는 죽기 10년 전, 예수님의 이 말씀이 마음에 깊이 울려 《이 잔을 들겠느냐》바오로딸라는 책을 썼다.

어린 헨리 나우웬도 몰랐고, 야고보와 요한도 몰랐지만, 예수님의 잔은 세상 만민을 위해 당신 자신이 제물이 되는 섬김과 희생의 잔이었다. "너희 안에 이 마음을 품으라 곧 그리스도 예수의 마음이니 그는 근본 하나님의 본체시나 하나님과 동등됨을 취할 것으로 여기지 아니하시고 오히려 자기를 비워 종의 형체를 가지사 사람들과 같이 되셨고 사람의 모양으로 나타나사 자기를 낮추시고 죽기까지 복종하셨으니 곧 십자가에 죽으심이라 이러므로 하나님이 그를 지극히 높여 모든 이름 위에 뛰어난 이름을 주사 하늘에 있는 자들과 땅에 있는 자들과 땅 아래에 있는 자들로 모든 무릎을 예수의 이름에 꿇게 하시고 모든 입으로 예수 그리스도를 주라 시인하여 하나님 아버지께 영광을 돌리게 하셨느니라"_빌 2:5-11.

한없이 낮아지신 예수님을, 하늘 아버지께서는 한없이 높여 주셨다. 죽기까지 낮아지신 주님께 모든 이름 위에 뛰어난 이름을 주시고, 모든 무릎이 그분 앞에 꿇게 하셨다. 이것이 바로 섬김으로 높아지는 비결이요, 섬김의 리더십이다. 이것이 바로 모세를 닮아 여호수아가 지도자가 되고, 예수님을 닮아 우리가 성숙한 지도자가 되는 비결이다.

한없이 자신을 낮추어 종처럼 사셨던 주님을 깊이 생각하자. 인간 말종인 죄수들 한가운데서 속죄 제물이 되어 죽으셨던 주님을 깊이 묵상하자. 모세처럼, 여호수아처럼, 주님처럼 철저히 나를 낮추어 남을 섬기는 종으로 남은 삶을 살고자 노력하자. 때가 되면 하나님이 한없이 높여 주실 것이다. 낮아짐으로 오히려 높아지는 멋진 신앙인들이 되기를 간절히 기도한다.

말씀의 은혜

인생에서 가장 중요한 것

이태형 씨가 17명의 사람들을 인터뷰하고 《인생에서 가장 소중한 것》 쌤앤파커스이란 책을 썼는데, 저자는 모두에게 똑같은 질문을 했다. "당신 인생에서 가장 소중한 것이 무엇입니까?"

오랜 세월 고생해서 통일 왕국을 세운 다윗에게는 해야 할 일들이 많았다. 정치, 경제, 국방, 교육 등 어느 것 하나 중요하지 않은 것이 없었지만, 다윗은 무엇보다 먼저 하나님의 법궤를 찾아 예루살렘으로 모시려 했다. 다시 말해, 다윗은 건국의 기초를 정치나 경제, 교육이나 외교, 국방에 두지 않고, 여호와 하나님과 맺은 언약에 두려 한 것이다.

이스라엘 백성은 본래 하나님과 언약을 맺은 백성인데, 그 언약의 가시적인 표가 법궤였다. 그래서 이스라엘 백성에게 가장 중요한 것은 언약의 표요, 하나님의 임재의 상징인 법궤였다. 한마디로 법궤는 그들의 존재의 뿌리요, 삶의 중심이요, 하나님의 기적을 경험하는 은혜의 자리였다. 그래서 그들은 시내산에서 하나님과 언약을 맺은 후 법궤를 떠나 살아 본 적이 없었다. 그들은 법궤에 담긴 하나님의 언약을 기억하며 그 언약대로 살아가고자 노력했고, 그때 하나님은 언제나 그들과 함께 계셨고 그들에게 은혜를 베푸셨다.

그런데 엘리 제사장의 두 불량배 아들들이 그 소중한 법궤를 전쟁터에 메고 나갔다가 블레셋에 빼앗겼다. 법궤는 7개월 만에 벧세메스로 돌아왔지만, 법궤를 들여다보려던 주민 70명이 사망하자, 이스라엘 백성은 법궤를 두려워하게 됐다. 그리고 기럇여아림 주민들에게 가져가라고 요청해서 결국 아비나답의 집에 모시게 되었다. 그렇게 법궤가 돌아온 지 20년이 지나, 사무엘이 미스바에서 이스라엘 신앙 회복 운동을 일으킬 때에도 아비나답의 집에 있는 법궤를 기억한 사람은 아무도 없었다. 사무엘조차, 40여 년간 이스라엘을 다스린 사울 왕 역시 단한 번도 법궤를 찾지 않았다. 사울은 하나님의 법궤를 철저히 잊어버렸다. 하나님의 언약을 붙잡기보다 눈에 보이는 것들에 매여 일희일비하던 사울은 눈에 보이는 블레셋 군대를 두려워하고, 사위였던 다윗조차 두려워했다. 40년을 왕좌에 앉아 있었지만, 바늘방석 같은 왕좌 위세월은 차라리 고문이었다. 대낮에도 악몽을 꾸며 악사들이 연주하는 음악으로 병든 영혼을 달래야만 했다. 시기, 질투와 우울증, 두려움으로 고생하다 전쟁터에서 처절하게 죽었다. 하나님의 언약을 잊은 사람의 당연한 결말이다.

그런데 블레셋에서 돌아온 후 70년 동안 아비나답의 집 창고 한구석에 방치되어 있던 법궤, 이스라엘 중 단 한 사람도 찾지 않던 법궤,

하나님의 언약과 임재의 상징인 그 법궤를 다윗이 기억해 냈다. 다윗은 새롭게 세워지는 나라는 하나님 여호와의 나라가 되어야 한다고 생각했고, 당신의 백성과 맺으셨던 하나님의 약속을 재확인하며 살아 계신 하나님과의 관계부터 회복하려 한 것이다. 월터 브루그만^{Walter} ^{Brueggmann}은 이렇게 말했다. "법궤는 블레셋으로부터 돌아온 이래 오랫동안 한곳에 처박혀 있었다. 아비나답의 집에 모셔진 이래로, 이스라엘은 단 한 번도 법궤를 찾아볼 생각을 한 적이 없었다. 그런데 이제 다윗이 그 법궤를 기억해 내다니, 이 얼마나 놀라운 일인가?"

다윗의 결단 앞에 하나님이 감격하셨다. 그래서 하나님은 나단 선지자를 통해 다윗에게 놀라운 약속을 선포하셨다. 이를 가리켜 '시내산 언약', '모압 언약'과 더불어 '다윗 언약'이라 말한다. "네 집과 네 나라가 내 앞에서 영원히 보전되고 네 왕위가 영원히 견고하리라"_삼하 7:16.

이제 이 글을 읽고 있는 당신에게 묻는다. 당신에게 가장 중요한 것은 무엇인가? 돈도, 권력의 자리도 아니고, 인기 또한 아니다. 좋은 보약을 먹고 열심히 운동해 건강을 지켜 보려 하지만, 건강도 장수도 내 마음대로 되지 않는다. 결국 한 번밖에 못 사는 우리 인생들에게 가장 중요한 것은 생명의 주인이신 하나님과의 관계다. 나와는 의논 한마디 없이 나를 세상에 보내신 하나님, 언젠가 또 그렇게 나를 불러 가실 하나님, 그분을 만나서 나를 향한 그분의 계획을 깨닫고, 그 뜻 안에서 살아가는 것이 가장 중요하다. 그런데 그 사실을 깨닫고 살아갈 수 있는 비결이 어디에 있는가? 오직 하나님이 계시하시고 맺어 주신 언약의 말씀 외에는 그 어디에도 없다. 법궤란 무엇인가? 오늘날 우리는 어디에서 법궤를 찾을 수 있는가? 언약궤는 단순히 돌멩이 두 개를 담은 궤짝이 아니다. 하나님이 우리에게 허락하신 약속의 표요, 살아 계신 하나님을 뵙고 만날 수 있는 특별 계시의 통로다. 늘 우리와 임마누엘하시는 성령 하나님과 날마다 묵상하는 성경 말씀이다.

요즘 많이 힘든가? 어디에서 주어진 인생을 살아갈 용기와 힘을 얻는 가? 이토록 어려운 역경을 이겨 나갈 지혜와 통찰력을 어디에서 얻고 있는가? 다윗은 70년 동안 쌓인 아비나답의 집 먼지 구덩이에서 법궤를 찾아 모셨다. 요시야 왕 때 제사장 힐기야는 무너진 성전 먼지 구덩이에서 율법 책을 발견했다. 우리 인생의 먼지 구덩이 속에 처박혀 있던 하나님의 언약의 말씀, 성경을 다시 찾아 읽으라. 지금 이 순간에도 우리에게 말씀하시는 성령의 감동과 역사를 사모하라. 그 약속 위에서 인생을 새롭게 건축하라. 남은 생에 하나님의 기적이 넘칠 것이다.

오직 말씀을 따라

하나님의 법궤를 모셔 오고자 했던 다윗의 마음은 간절했다. 여호와 하나님만이 참 왕이시고, 자신은 오직 그분의 종일 뿐이라는 사실을 잊지 않을 만큼 순수했다. 그래서 다윗은 법궤를 모셔 오는 일에 최선을 다했고 성대하게 진행했다. 두 명이면 멜 수 있는 법궤를 운반하는데 군사 30,000명을 동원했다. 12지파에 총동원령이 내려졌고, 각종 악기도 동원돼 엄청난 축제 분위기였다. 그런데 축제가 한창이던 순간, 법궤 운반 책임자인 웃사가 즉사했다. "그들이 나곤의 타작마당에 이르러서는 소들이 뛰므로 웃사가 손을 들어 하나님의 궤를 붙들었더니 여호와 하나님이 웃사가 잘못함으로 말미암아 진노하사 그를 그곳에서 치시니 그가 거기 하나님의 궤 곁에서 죽으니라"_삼하 6:6-7. 어떻게 이런 비극이 일어났는가? 잃어버린 법궤를 찾아 모시는 일은 정말 하나님도 기뻐하실 일이었는데, 왜 이런 비극이 일어났는가?

한마디로 말해서, 하나님의 말씀대로 하지 않았기 때문이다. 민수기 4장 15절을 보면, 법궤를 모실 때 지켜야 할 사항이 기록되어 있다. "진영을 떠날 때에 아론과 그의 아들들이 성소와 성소의 모든 기구 덮는 일을 마치거든 고핫 자손들이 와서 멜 것이니라 그러나 성물은 만지지 말라 그들이 죽으리라 회막 물건 중에서 이것들은 고핫 자손이 멜 것이며." 법궤는 고핫 자손이 메되, 그들조차 성물을 만지면 죽을 만큼 정중히 모셔야 했다. 그런데 고핫 자손도, 레위인도 아닌 웃사와 아효가 법궤를 소가 끄는 수레에 짐짝처럼 싣고 간 것이다. 이는 블레셋 사람들이 70년 전 벧세메스로 법궤를 보내던 방법을 이스라엘이 아무 생각 없이 따라 한 것이었다. 한마디로, 하나님의 백성이 하나님의 말씀에 무지해서, 하나님의 언약궤를 하나님의 말씀이 아니라 일반 상식에 따라 운반한 것이다.

사무엘서를 읽다 보면 반복해서 등장하는 구절이 있다. "다윗이 여호와께 묻자와여쭈어 이르되"_삼상 23:2, 30:8; 삼하 2:1, 5:19, 5:23. 다윗은 중요한 일들을 앞에 놓고는 늘 하나님께 물었고, 그 응답에 철저히 순종했다. 그런데 하나님의 법궤를 옮기는 이 중대한 일에서는 하나님께 물었다는 말이 없다. 아마도 이 일은 물으나 마나 하나님이 기뻐하실 거라고 확신했던 것 같다. 그래서 하나님께 지혜를 구하지 않고, 평소 자기 생각대로, 상식 수준에서 일을 진행했던 것이다.

하나님이 기뻐하시는 일을 하는데 왜 시련을 만날까? 하나님께 영광을 돌리려고 일을 시작했고 최선을 다해서 추진했는데, 왜 결과는 참담할까? 대개의 경우, 우리가 우리의 상식대로, 자기 확신에 빠져 하나님께 진지하게 묻지 않고 밀어붙이기 때문이다. 한마디로, 하나님의 언약의 말씀대로 하지 않기 때문이다.

옳은 일을 하는 것도 중요하지만, 그보다 더 중요한 것은 옳은 일을 옳게 하는 것이다. 하나님의 일을 하는 것도 중요하지만, 하나님의 일을 하나님의 말씀대로 하는 것은 더욱 중요하다. 하나님의 일은 하나님의 법대로 해야 한다. 말씀보다 앞서가지도, 말씀에 뒤처지지도 말라. 날마다 말씀을 가까이하며, 그 말씀을 부지런히 읽고 듣고 묵상하며 매 순간 우리에게 말씀하시는 주님의 음성에 귀를 기울이며 들은 말씀대로 살려고 노력하라. 그 말씀들이 우리를 지킬 것이고, 강하게 하고, 온전케 하고, 복되게 할 것이다.

하루를 살아도 말씀 안에서

다윗은 법궤를 운반하던 웃사가 죽는 것을 보고 기겁해서 법궤를 모셔 오는 일을 포기했지만, 그 대신에 법궤를 모셔 간 오벧에돔의 집에는 놀라운 축복이 넘쳐 났다. 오벧에돔은 기럇여아림과 예루살렘 중간, 즉 웃사가 죽은 나곤의 타작마당 근처 단 지파 경계에 살던 레위 사람, 고핫 자손이었다. 오벧에돔은 웃사가 언약궤에 손을 댔다가 즉사하는 것을 보고서도 그 무서운 법궤를 떠맡았다. 그리고 정성껏 법궤를 모셔 하나님이 명하신 법대로 섬기자 좋은 소문이 나기 시작했다. "여호와의 궤가 가드 사람 오벧에돔의 집에 석 달을 있었는데 여호와께서 오벧에돔과 그의 온 집에 복을 주시니라"_삼하 6:11. "하나님의 궤가 오벧에돔의 집에서 그의 가족과 함께 석 달을 있으니라 여호와께서 오벧에돔의 집과 그의 모든 소유에 복을 내리셨더라"_대상 13:14.

오벧에돔의 집에 오기 전, 지난 70년 동안 법궤는 아비나답의 집에 있었다. 그런데도 70년 동안 법궤를 모셨던 아비나답이 복을 받았다는 기록은 성경 어디에도 없다. 오히려 아들 웃사가 70년 만에 법궤를 운반하려다 현장에서 죽어 버렸다. 어떻게 이럴 수가 있는가? 70년 법궤를 모신 아비나답의 집안은 기둥 같은 아들이 죽었는데, 오벧에돔의 집은 어떻게 3개월 만에 복을 받을 수가 있는가? 성경이 이 문제에 침묵하고 있기에 정확한 이유를 알 수는 없지만, 짐작은 할 수 있다. 아비나답의 집안은 법궤를 70년 동안 모셨다고 하지만, 실은 먼지 나는 창고에 처박아 놓았을 뿐이었다. 레위인도 아닌 아들 엘르아살을 책임자로 세웠고, 아비나답 자신은 직접 법궤를 살피지도 않았다. 하지만 오벧에돔은 웃사가 죽은 현장에서 죽음의 위협을 무릅쓰고 기쁨으로 법궤를 모셔 가 지성으로 섬겼다. 법궤는 전쟁터에 메고 나가면 무조건 승리할 수 있는 요술 부적이 아니다. 집에 모셔 놓기만 하면 집안이 만사형통하는 행운의 황금 돼지도 아니다. 오히려 살아 계신 하나님과 맺은 언약의 징표요, 살아 계신 하나님이 그 언약대로 살아가는 사람들과 함께하시는 임재의 상징이다. 그러므로 얼마나 오랜 세월 법궤를 간직했느냐는 중요하지 않다. 오직 법궤와 함께 하나님의 언약을 잊지 않고, 얼마나 하나님을 온전히 사랑하고 섬겼느냐가 중요하다. 다시 말해서, 법궤와 함께한 세월의 양量이 중요한 것이 아니라, 법궤를 통해 살아 계신 하나님을 얼마나 사랑하고 섬기느냐는 질質적 헌신이 중요하다. 이 점에서 하나님과 함께 살았던 오벧에돔의 밀월 같은 3개월은 세월만 낭비한 아비나답의 70년보다 나았던 것이다.

오늘 우리의 삶을 돌아보자. 하나님이 우리에게 허락하신 언약의 말씀인 성경을 어떻게 대하고 있는가? 아비나답처럼 책장 한구석에 처박아 놓고 먼지만 풀풀 나게 푸대접하고 있지는 않는가? 눈에 보이는 세상 것만 좇다 보니 그 귀한 언약의 말씀을 새까맣게 잊고 사는 것은 아닌가? 70년보다 밀월 같은 3개월을 살기를, 하루를 살아도 주님의 언약의 말씀대로 온전히 살기를, 그래서 오벧에돔의 축복을 누리게 되기를 기도한다.

2% 부족의 은혜

수분이 2% 부족할 때 우리 몸은 갈증을 느낀다. 당신은 요즘 무엇이 부족한가? 수분인가? 남들의 관심, 혹은 사랑인가? 아니면 돈인가? 얼마나 부족한가? 2%? 20%? 아니면 98%인가? 2% 부족이 나머지 인생의 모든 풍족함을 상쇄해 버릴 때가 있다. 모든 것을 다 갖추고도 건강 하나 때문에 주어진 삶을 활기차게 살지 못하는 이가 있다. 혈기 하나 조절하지 못해서 평생 이룬 성공을 한 번에 허물어 버리는 사람도 있다. 모든 것을 다 이루고서도 사랑 하나에 배신당해 목숨을 끊는 이도 있다. 2% 부족으로 인생 전체가 무너지기도 한다는 말이다. 이를 '2% 부족의 절망'이라 한다. 하지만 반대로 2% 부족이 나머지 인생 전체를 새롭게 하는 기회가 되기도 한다. 이를 '2% 부족의 희망'이라 부른다.

2% 부족했던 나아만

나아만 장군은 아람 나라에서 권력 서열 2위였다. 2위였지만, 군을 장

악하고 있기에 왕도 함부로 할 수 없는 막강한 권력자였다. "아람 왕의 군대장관 나아만은 그의 주인 앞에서 크고 존귀한 자니"_왕하 5:1. '큰 자'란 히브리어 '가돌'로, '자질이나 성품이 뛰어나다'는 말이고, '존귀한 자'란 '존경받는 사람'이란 뜻이다. 한마디로 나아만은 거의 다 갖춘 사람이었다. 하지만 그는 현대 의학에서 말하는 나병, 한센병은 아닐지라도, 악성 피부병, 건선으로 피부가 하얗게 바래 버렸거나 아토피처럼 가려워서 피가 나도록 긁어도 시원하지 않은 질병으로 고통당하고 있었다. 피와 고름으로 범벅된 몸으로 수많은 사람을 만나며 나아만은 자존심도 상하고 견디기도 힘든, 고통의 삶을 살고 있었다. 권력과 인맥을 통해 수많은 의사를 만나 치료를 받았지만, 다 실패하고 깊은 절망감에 빠져 있었다. 그때 전쟁터에서 포로로 잡혀 와서 아내를 시중들던 이스라엘 계집종이 말했다. "우리 주인이 사마리아에 계신 선지자 앞에 계셨으면 좋겠나이다 그가 그 나병을 고치리이다"_왕하 5:3.

나아만은 남은 2%의 희망이라도 붙잡고 싶어, 왕에게 요청해서 허락을 받고, 수많은 선물과 왕의 특별 친서를 가지고 이스라엘 왕에게로, 하나님의 사람 엘리사에게로 달려갔다. 그리고 요단강에서 일곱 번 목욕하고 나서 갓난아기의 살결처럼 깨끗하게 나았다. 나아만은 단지 피부병만 고친 것이 아니라 살아 계신 창조주, 참 하나님을 만났고, 남은 평생 하나님만 섬기는 그분의 백성이 되기로 결단했다. "내가 이제 이스라엘 외에는 온 천하에 신이 없는 줄을 아나이다"_왕하 5:15. "이제부터는 종이 번제물과 다른 희생 제사를 여호와 외 다른 신에게는 드리지 아니하고 다만 여호와께 드리겠나이다"_왕하 5:17. 생각해 보면, 나아만의 악성 피부병, 98%의 넘침을 무효화시킬 수 있던 2% 부족은 하나님이 그를 불러 복 주시려는 초대장이었던 셈이다. '2% 부족의 희망, 2% 부족의 축복!'이었다.

때때로 하나님은 우리 삶의 2% 부족을 일부러 채워 주지 않으시면서, 그 심한 갈증을 통해 우리를 부르신다. 파스칼이 《팡세》에서 말한 것처럼, 이것이 하나님만 채우실 수 있는 우리 마음속 빈 공간, 공허다. 요즘 무엇이 부족하다 느끼는가? 얼마나 부족하다고 느끼는가? 그렇게 부족함을 느끼도록 갈증을 주시는 하나님의 뜻을 발견하라. 2% 부족을 통해 남은 98%의 인생을 새롭게 하시는 하나님의 기적의 손길을 구하라. 2% 부족의 축복을 경험하게 될 것이다.

사실 나아만이 처음부터 순순히 요단강에 들어간 것은 아니었다. 엄청난 선물 보따리와 많은 군사를 거느리고 엘리사의 집 앞에 가서 선지자를 불러냈다. 마차에서 내리지도 않았던 것 같다. 그런데 엘리사는 얼굴도 내밀지 않고 사환만 내보내 전했다. "너는 가서 요단강에 몸을 일곱 번 씻으라 네 살이 회복되어 깨끗하리라"_왕하 5:10. 그 말을 들은 나아만은 화를 내며 돌아가려 했다. "나아만이 노하여 물러가며 이르되 내 생각에는 그가 내게로 나와 서서 그의 하나님 여호와의 이름을 부르고 그의 손을 그 부위 위에 흔들어 나병을 고칠까 하였도다 다메섹 강 아바나와 바르발은 이스라엘 모든 강물보다 낫지 아니하냐 내가 거기서 몸을 씻으면 깨끗하게 되지 아니하랴 하고 몸을 돌려 분노하여 떠나니"_왕하 5:11-12.

그때 지혜로운 종이 말렸다. "내 아버지여 선지자가 당신에게 큰일을 행하라 말하였더면 행하지 아니하였으리이까 하물며 당신에게 이르기를 씻어 깨끗하게 하라 함이리이까"_왕하 5:13. 이에 생각을 고쳐먹은 나아만은 요단강에서 일곱 번 목욕했고, 기적처럼 악성 피부병이 나았다. 하나님이 나아만의 겸손한 순종을 보시고 기적을 행하신 것이다. 그렇다. 누구든지 겸손히 하나님 앞에 엎드려 그 언약을 신뢰하고 도우심을 구할 때, 하나님이 기적을 행하신다. 그러므로 고집과 자존심을 버리고, 전능하신 하나님 앞에 엎드리라. 2% 부족 앞에서 불평하지 말고, 2% 부족을 통해 오히려 하나님의 놀라운 기적을 체험하는 삶이 되길 기도한다.

2%밖에 없었던 계집종

나아만이 2% 부족한 인생이었다면, 그의 인생을 새롭게 바꾸도록 도왔던 이스라엘 계집종은 2%가 아니라 98% 부족한 인생이었다. 다시 말해, 2%밖에 남지 않은 처절한 인생이었다. 어린 나이에 부모, 형제를 잃었다. 고국을 떠나 적장의 집에서 종이 되어 그 부인을 섬겨야 했다. 그에게 남은 것이 무엇이었는가? 목숨 하나뿐이었다. 나아만처럼 2% 모자라는 98점짜리 인생이 아니라, 2%밖에 남지 않은 2점짜리 인생이었다. 남은 2점이 무엇이었는가? 목숨 하나에, 신앙 하나였다. 그런데 2점짜리 어린 계집종이 아람국의 제2인자 나아만의 인생을 뒤바꿔 놓았다. 그의 가정을 살리고, 살아 계신 여호와 하나님을 온 세상에 선포하는 엄청난 일을 했다. 바알도, 아세라도, 아스다롯도 다 헛것이고, 모든 것은 살아 계신 여호와 하나님의 손안에 있음을 선포했다. 이름도 알려지지 않은 이 어린 소녀는 자신에게 없는 98%의 것들 때문에 낙심하지 않았다. 겨우 목숨만 붙어 사는 자신의 2점짜리 인생 때문에 절망하거나 포기하지도 않았다. 오히려 남은 2%로 98점짜리 인생을 100점으로 만드는 대단한 일을 했다.

열왕기는 남유다가 멸망당한 후 대부분의 이스라엘 백성이 바벨론 포로로 잡혀갔던 시절에 쓰였다. 그때 바벨론에 잡혀간 이스라엘 백성이 읽었던 책이 열왕기다. 바벨론에서 포로 생활을 하던 이스라엘 백성은 이 어린 계집종의 이야기를 읽으며 무슨 생각을 했을까? '오래전 아람국에 포로로 잡혀갔던 그 어린 소녀도 절망하지 않고 하나님께 영광을 돌렸구나. 그 어린 소녀를 통해서도 하나님은 놀라운 기적을 행하셨구나. 그렇다면 오늘 우리는 어떻게 살아야 할까? 오늘도 살아 계셔서 우리와 함께하시는 하나님만 바라보자. 하나님만 높이고 자랑하며, 하나님만 붙잡고 살자. 아멘' 하지 않았을까?

사실, 나아만처럼 2% 부족한 인생, 한 가지만 더하면 100점짜리 인생을 살 수 있는 사람은 세상에 그리 많지 않다. 오히려 우리 모두는 2% 부족한 것이 아니라, 20%, 50%, 어쩌면 90%를 넘어 어린 나이에 포로로 잡혀갔던 이스라엘 계집종처럼 2%밖에 남지 않은 인생일지 모른다. 모든 것을 다 잃고 바벨론 포로로 잡혀간 이스라엘 백성처럼 목숨 하나, 신앙 하나인 2% 인생일 수도 있다. 하지만 그렇다 할지라도, 남은 것이 밀가루 한 줌과 기름 한 병일지라도, 남은 것이 어린 아이의 점심 도시락인 물고기 두 마리와 떡 다섯 개라 할지라도, 남은 2%의 삶을 주님께 온전히 드릴 때 하나님은 그것들로 기적을 행하실 것이다. 그러므로 2%밖에 남지 않은 삶이라도 결코 포기하지 말라. 하나님의 약속을 붙잡고 온전히 하나님만을 의지하라.

바벨론 포로로 잡혀갔던 이스라엘 백성에게 하나님은 약속하셨다. "너는 알지 못하였느냐 듣지 못하였느냐 영원하신 하나님 여호와, 땅 끝까지 창조하신 이는 피곤하지 않으시며 곤비하지 않으시며 명철이 한이 없으시며 피곤한 자에게는 능력을 주시며 무능한 자에게는 힘을 더하시나니 소년이라도 피곤하며 곤비하며 장정이라도 넘어지며 쓰러지되 오직 여호와를 앙망하는 자는 새 힘을 얻으리니 독수리가 날개 치며 올라감 같을 것이요 달음박질하여도 곤비하지 아니하겠고 걸어가도 피곤하지 아니하리로다"_사 40:28-31. 오직 여호와만을 우러러 바라보라. 새 힘을 얻을 것이다.

탐욕으로 채우려던 게하시

2% 부족한 인생 나아만도, 2%만 남은 어린 소녀도 아닌 제3의 인물이 있었다. 하나님의 사람 엘리사의 종 게하시다. '게하시'라는 이름은 아람어로 '탐욕'이라는 뜻으로, 그 이름에 이미 경고가 담겨 있다. 게하시는 나아만처럼 2% 부족한 사람이 아니었다. 그렇다고 남은 2%로 겨우 생존하던 계집종 같지도 않았다. 그는 스승 엘리사와 함께 하나님을 섬기던 하나님의 종으로, 세상의 다른 직업으로 먹고사는 것이 아니라, 하나님을 섬기고 말씀으로 사람들을 섬기면서 하나님이 주시는 분깃으로 사는, 하나님의 종이었다. 그래서 2%조차 없는 0% 인생처럼 보이면서도, 동시에 여호와 하나님이 그의 분깃이시기에, 오히려 다윗처럼 "여호와는 나의 목자시니 내게 부족함이 없으리로다"_시 23:1

라고 고백하며 살아가는 100% 인생이었다. 사도 바울의 고백처럼 우리 그리스도인들은 모두 독특한 존재다. "무명한 자 같으나 유명한 자요 죽은 자 같으나 보라 우리가 살아 있고 징계를 받는 자 같으나 죽임을 당하지 아니하고 근심하는 자 같으나 항상 기뻐하고 가난한 자 같으나 많은 사람을 부요하게 하고 아무것도 없는 자 같으나 모든 것을 가진 자로다"_고후 6:9-10.

하지만 게하시는 그런 하나님의 사람의 삶이 만족스럽지 못했다. 하나님의 종으로 살지만, 남들처럼 비싼 옷을 입고, 금붙이를 걸치고 싶었다. 남들처럼 하루 세 끼 밥만 아니라 가끔 좋은 음식도, 간식도 먹고 싶었다. 그래서 좀 더 넉넉하게 채워 주지 않으시는 하나님이 섭섭했다. 그러던 중 풍성해질 수 있는 일생일대의 기회가 찾아왔다. 악성 피부병이 나은 나아만이 평생 구경도 할 수 없는 엄청난 선물을 바치려 한 것이다. 그런데 그의 스승인 엘리사는 그 선물을 단호하게 거절했다. 게하시는 스승이 너무나 원망스러웠다. 남의 것을 도둑질하는 것도 아니고, 선물로 주겠다는데 왜 거절하는지 화가 났다. 그래서 결심했다. "여호와께서 살아 계심을 두고 맹세하노니 내가 그를 쫓아가서 무엇이든지 그에게서 받으리라"_왕하 5:20. 그리고 게하시는 나아만 장군을 찾아가 온갖 거짓말로 하나님의 사람 엘리사의 이름을 팔아 은 두 달란트와 옷 두 벌을 받아 와 집에 숨겨 두고는, 모르는 척하고 스승 앞에 나타났다. 그러자 엘리사가 호통을 쳤다. "지금이 어찌 은을 받으며 옷을 받으며 감람원이나 포도원이나 양이나 소나 남종이나 여종을 받을 때이냐 그러므로 나아만의 나병이 네게 들어 네 자손에게 미쳐 영원토록 이르리라"_왕하 5:26-27.

하나님이 친히 '넘치도록 풍성하신 분깃이요, 산업'이신 것을 온전히 믿지 못했던 게하시는 하나님이 공급하시는 것에 만족하지 못하고 거짓과 속임수로 탐나는 물건 몇 가지를 챙겼다가 자손만대까지 저주를 받고 말았다. 2% 부족을 탐욕으로 채우려다 자신과 후손들의 인생까지 망친 불쌍한 사람이 되었다.

한재욱 목사는 《인문학을 하나님께》ᵏᵘ라는 책에서 이렇게 썼다. "못난 놈들은 서로 쳐다만 보아도 서로 즐겁다는 말이 있습니다. 2% 부족한 사람에게 끌리는 이유는 나도 2% 부족한 사람이기 때문입니다. 우리의 부족함은 나와 똑같이 부족한 사람과 소통하기에 가장 좋은 도구입니다. 늘 2%가 부족했던 베드로의 이야기를 들으면, 어느덧 우리의 입가에 미소가 돕니다. 그런 베드로를 끝내 사랑하시는 예수님을 보면 저절로 박수를 치게 됩니다. 자신이 꽉 찼다고 생각하는 사람은 하나님도 이웃도 별것 아니게 여깁니다. 그래서 하나님과 이웃은 우리의 빈 공간을 통해 들어옵니다. 부족하여 겸손한 빈 공간이 소통의 공간입니다. 그래서 하나님은 우리를 2% 부족한 사람으로 만드셔서 더불어 살라고 했나 봅니다."

한 치 앞도 보이지 않는 격변하는 세상이다. 어떻게 살아야 하는지 하늘의 지혜를 구하며 살자. 수시로 바뀌는 권력의 바람, 돈 몇 푼, 잠깐 있다 잠시 후 사라져 버릴 찰나적인 것에 목매어 살지 말자. 교만의 목을 꺾고 요단강 흙탕물 속에서 기적을 체험했던 나아만처럼, 2%밖에 남지 않은 삶으로 하나님께 영광을 돌린 무명의 어린 이스라엘 소녀처럼, 2%의 부족함으로 인한 갈등을 통해 우리를 초청하시는 하나님 앞에 겸손히 엎드리자. 그 도우심을 구하며 부족한 사람들끼리 서로 아끼고 사랑하자.

기도의 은혜

낮을 벽으로

병원에 갔는데 의사 선생님이 "말기 암이니, 삶을 정리하십시오." 한다면 최후통첩을 받은 것이다. 히스기야는 그렇게 하나님께로부터 최후통첩을 받았다. 히스기야는 지난날 동안 하나님의 말씀대로 살려고 노력한 사람이었다. "히스기야가 이스라엘 하나님 여호와를 의지하였는데 그의 전후 유다 여러 왕 중에 그러한 자가 없었으니 곧 그가 여호와께 연합하여 그에게서 떠나지 아니하고 여호와께서 모세에게 명령하신 계명을 지켰더라 여호와께서 그와 함께하시매 그가 어디로 가든지 형통하였더라"_왕하 18:5-7. 히스기야는 첫째로 하나님을 의지했고, 둘째로 유다 왕 중에 다시 없을 만큼 모세에게 명하신 하나님의 계명을 온전히 지키려 노력했으며, 셋째로 여호와 하나님이 늘 그와 함께하셔서 그가 어디로 가든지 형통했다고 열왕기서는 그를 극찬했다. 그런데 그런 히스기야에게 하나님이 말씀하셨다. "너는 집을 정리하라 네가 죽고 살지 못하리라"_왕하 20:1. 히브리어 원문은 '네 집왕조에 명령하라'는 말로,

'네 후계자를 정하라'는 뜻이다. 최후의 통첩이었다. 문제는 아직 히스기야에게 후계자가 없었다는 것이다. 히스기야가 죽고 그 아들 므낫세가 왕이 될 때 나이가 12세였다_왕하 21:1. 즉 아들 므낫세는 히스기야가 병 고침을 받아 15년 생명을 연장받은 지 3년 뒤에야 낳은 아들이었다.

이런 점에서 볼 때, 최후통첩을 받던 그때 히스기야는 중대한 문제 세 가지에 맞닥뜨렸다. 첫째는 자신의 죽음이다. 인생에서 죽음보다 더 큰 문제가 있을까? 둘째는 후계자 없다는 것이었다. 왕조에서 대가 끊기는 것보다 더 큰 문제도 없다. 셋째는 앗수르 제국의 침공이었다. 북왕국 이스라엘은 이미 무너졌고, 유다가 다음 차례였다. 셋 중 어느 하나도 히스기야 자신의 힘으로는 해결할 수 없었다. 다가오는 죽음을 어떻게 피할 수 있나? 죽을병에 걸린 사람이 어떻게 갑자기 아들을 낳을 수 있나? 병약한 왕이 강대국 앗수르를 무슨 수로 물리치는가? 만일 당신이 히스기야처럼 절체절명의 순간을 만난다면 무엇을 어떻게 하겠는가?

히스기야는 이때 낯을 벽으로 향했다고 성경은 말한다. "히스기야가 낯을 벽으로 향하고"_왕하 20:2. 히스기야는 세상 그 어떤 것에서도 희망을 찾을 수 없을 때, 세상으로부터 얼굴을 돌려 벽을 향했다. 이제까지 바라보던 모든 것에서 시선을 돌려 오직 한 분, 참 소망이신 하나님만 바라보기로 결단한 것이다. 히스기야는 나이 31세에 북왕국 이스라엘이 멸망하는 모습을 보았고, 나이 39세, 마흔도 되기 전에 죽을 것이라는 최후통첩을 받았다. 아들 하나 없는 판국에 왕위를 물려줄 사람을 당장 며칠 안에 물색해야 하는, 이렇게 기가 막히고도 절박한 순간, 자신이 도움을 청할 곳은 하나님밖에 없음을 깨달았던 것이다.

그런데 문제는 '그 하나님을 어디에서 찾을 수 있는가? 어디서 만날 수 있는가?' 하는 것이었다. 하늘을 쳐다보면 보일까? 제사장이나 선지자를 찾아가면 만날 수 있을까? 히스기야는 이것이 철저히 자신과 하나님의 일대일의 문제임을 깨닫고 아무도 찾지 않았고, 세상 어느 곳에도 눈길을 두지 않았다. 하나님을 찾기 위해 순례길을 떠난 것도 아니었다. 오직 낯을 벽으로 향하고 마음의 눈을 열어 하나님만 바라보며 부르짖었다. "히스기야가 낯을 벽으로 향하고 여호와께 기도하여 이르되 여호와여 구하오니 내가 진실과 전심으로 주 앞에 행하며 주께서 보시기에 선하게 행한 것을 기억하옵소서 하고 히스기야가 심히 통곡하더라"_왕하 20:2-3. "히스기야가 낯을 벽으로 향하고", "히스기야가 심히 통곡하더라"라는 말씀에서 알 수 있듯이, 히스기야는 자신의 힘으로는 결코 이 문제들을 풀 수 없음을 인정하면서 하나님의 긍휼, 하나님의 불쌍히 여겨 주심, 하나님의 은혜의 손길만을 구했다.

어떤 이들은 히스기야가 자기 선행을 가지고 하나님과 흥정했다고 하지만 그것은 대단한 오해다. 만일 히스기야가 정말 흥정하려 했다면 그렇게 통곡하지 않고, 오히려 당당히 요구했을 것이다. "하나님, 이게 뭡니까? 저는 정말 하나님의 말씀대로 살려고 많이 노력했습니다. 하나님의 뜻을 거슬렀던 아버지 아하스 왕이 저지른 못된 일들을 다 뜯어고쳤습니다. 오직 하나님의 말씀대로 살려고 노력했는데, 나이 마흔도 안 돼 후계자도 없이 죽다니요. 이럴 수는 없습니다. 말도 안 됩니다. 저 좀 살려 주세요!" 이런 것이 흥정이다. 그런데 히스기야는 흥정하지 않았다. 다만 심히 통곡하며 울부짖었다. "여호와여 구하오니 … 기억하옵소서." 히스기야는 자신의 지난 선행이 아니라, 하나님의 긍휼과 은혜로운 처분에 호소했다. 구원이 자신의 선한 삶이나 수고와 노력에 있는 것이 아니라, 만일 잘한 일이 조금이라도 있다면 그것을 열납하고 은혜를 주시는 하나님의 은혜에 있음을 믿었다. 그래서 "여호와여 구하오니 … 기억하옵소서"라고 통곡하며 간구한 것이다.

우리의 눈물을 보시는 하나님

놀랍게도 하나님은 히스기야의 눈물 어린 기도에 즉각적으로 응답하셨다. 이사야가 왕궁을 벗어나 몇 걸음 떼기도 전에 명령이 떨어졌다. "이사야가 성읍 가운데까지도 이르기 전에 여호와의 말씀이 그에게 임하여 이르시되 너는 돌아가서 내 백성의 주권자 히스기야에게 이르기를 왕의 조상 다윗의 하나님 여호와의 말씀이 내가 네 기도를 들었고 네 눈물을 보았노라 내가 너를 낫게 하리니 네가 삼 일 만에 여호와의 성전에 올라가겠고 내가 네 날에 십오 년을 더할 것이며 내가 너와 이 성을 앗수르 왕의 손에서 구원하고 내가 나를 위하고 또 내 종 다윗을 위하므로 이 성을 보호하리라 하셨다 하라 하셨더라"_왕하 20:4-6.

우리의 기도를 들으시는 하나님, 우리의 눈물을 보시는 하늘 아버지께서는 히스기야의 기도만이 아니라 오늘날 우리의 기도도 들으시는 살아 계신 하나님이시다. 요즘 혹시 히스기야처럼 하나님께 최후통첩을 받았는가? 그런 통첩을 받지는 않았지만, 삶이 너무 힘들어 지치고 낙심되는가? 아무리 주위를 돌아보고 둘러보아도 나를 도와줄 손길을 찾기가 힘든가? 히스기야처럼 벽으로 얼굴을 향하라. 그 벽을 넘어 우리의 기도를 들으시는 하늘 아버지를 바라보라. 우리의 기도를 들으시고, 우리의 눈물을 보시며, 복된 길로 우리를 이끄시는 하늘 아버지를 만나라. 그 아버지 앞에 속마음을 다 털어놓고 부르짖으라. 하소연해도 좋고, 통곡해도 좋다. "히스기야가 심히 통곡하더라"_왕하 20:3.

누가복음 18장에서 예수님은 항상 기도하고 낙심하지 말도록 비유를 들어 말씀하셨다. "어떤 도시에 하나님을 두려워하지 않고 사람을 무시하는 한 재판장이 있는데"_눅 18:2라는 말씀으로 시작하시면서 다음과 같은 이야기를 전하셨다. 하나님을 두려워하지 않고 사람을 무시하는 그 재판장에게 억울한 일을 당한 과부가 찾아가 도와 달라고 애원을 했지만, 아무리 애원해도 재판장은 들은 척도 하지 않았다. 하지만 과부가 포기하지 않고 밤낮으로 끈질기게 찾아가 애원하자, 결국 재판장은 말했다. "내가 하나님을 두려워하지 않고 사람을 무시하나 이 과부가 나를 번거롭게 하니 내가 그 원한을 풀어 주리라 그렇지 않으면 늘 와서 나를 괴롭게 하리라"_눅 18:4-5. 그러고는 과부의 원한을 풀어 주었다는 이야기다.

예수님은 이 비유의 결론을 다음과 같이 맺으셨다. "불의한 재판장이 말한 것을 들으라 하물며 하나님께서 그 밤낮 부르짖는 택하신 자들의 원한을 풀어 주지 아니하시겠느냐 그들에게 오래 참으시겠느냐 내가 너희에게 이르노니 속히 그 원한을 풀어 주시리라"_눅 18:6-8. 예수님은 분명하게 약속하셨다. 하나님은 밤낮 부르짖는 택하신 자들의 원한을 풀어 주신다고, 그들에게 오래 참지 않으신다고, 속히 그 원한을 풀어 주신다고. 어려운 일을 만났다고 너무 쉽게 포기하지 말자. 내 눈에 보기에는 다 끝나 버린 최후통첩처럼 보여도, 너무 쉽게 절망하지 말자. 살아 계신 하나님 아버지 앞에 나아가 부르짖어 매달리자. 반드시 응답해 주실 것이다. 속히 원한을 풀어 주실 것이다.

기도만이 살길

문제를 만났을 때, 도움이 되지 않는 세 가지 태도가 있다. 첫째는 책임 전가, 남을 탓하며 비난하는 것이다. 둘째는 망각, 문제를 덮고 잊어버리는 것이다. 셋째는 회피, 문제를 피해 버리고 만다. 이런 태도들은 문제 해결에 전혀 도움이 되지 않는다. 그럼에도 많은 사람이 문제를 만나면 남을 탓하고, 망각하고, 회피하면서 살아간다. 왜냐하면 문제를 정면으로 맞서는 것이 너무 고통스럽기 때문이다. 하지만 그렇게 책임을 전가하고, 잊으려고 하고, 회피하려고만 하면 결코 문제를 해결할 수 없다. 그러면 어떻게 해야 하는가?

하나님은 우리가 남 탓하지 않고, 망각하거나 회피하지도 않고, 오히려 문제를 정면으로 부딪쳐 극복할 수 있도록 강력한 도구를 우리에게 선물로 주셨다. 바로 기도다. 우리 문제를 들고 하나님께 나아가는 것이다. 성경을 보라. 예수님은 십자가를 피하지 않으셨다. 그 고통의 십자가에 대해 남 탓을 하지도, 부인하거나 외면하지도 않으셨다. 다가오는 십자가, 그 고통의 십자가를 똑바로 바라보며 그 십자가를 끌어안고 겟세마네 동산에 엎드려 기도하셨다. 그리고 그 십자가를 짊어지시고, 마침내 승리하셨다.

히스기야는 31세에 형제 나라 북왕국 이스라엘이 앗수르에게 멸망 당하는 모습을 봤고, 39세에 죽음 앞에 내던져졌다. 아들이 없어 후계 자도 정할 수 없는 지경인데, 하나님은 네 집안을 정리하라고 재촉하셨다. "저보고 어쩌라고요?" 하고 비명을 지를 수밖에 없는 그 처절한 상황에서 히스기야는 자기가 가장 잘할 수 있는 일을 했다. 기도다! 실로 히스기야는 기도의 사람이었다. 그는 어려울 때마다 하나님 앞에 나아가 온전히 기도하며 살았다. 앗수르가 위협할 때 그 협박장을 가지고 성전에 올라가 하나님 앞에 펴 보이며 통곡했다. 하나님이 최후 통첩을 하셨을 때 낯을 벽으로 향하고 통곡하며 부르짖었다. 그래서 히스기야는 오뚝이처럼 위기 때마다 다시 살아났다. 수명도 15년이나 연장받았고, 그사이에 아들 므낫세를 낳고 왕국을 넘겨주었다. 기도가 살길이다. 아니, 오직 기도만이 살길이다. 기도를 잊지 말자. 삶이 어려운 때일수록 우리가 붙잡을 수 있는 단 하나의 소망인 기도의 줄을 놓지 말자.

미국 유학을 마치고 돌아온 신실한 그리스도인이 다 쓰러져 가는 빚더미의 학교 하나를 맡았다. 너무 많은 부채를 갚을 수 없어 결국 1958년 4월 학교가 남의 손에 넘어가게 되자 그는 성경, 찬송, 담요를 들고 읍에서 약 15km 떨어진 웅안현 산굴을 찾아 들어가 금식 기도를 시작했다. "제가 미국 유학을 갔다 와서 이 나라에서 새로운 고등교육을 해 보려는데 이 학교가 빚으로 넘어가게 됐습니다. 하나님, 해결해 주십시오." 그렇게 사흘을 주야로 매달려도 가슴만 답답했다. "하나님, 아무리 기도해도 가슴만 답답합니다. 응답해 주세요" 하고 외쳐도 응답의 확신이 없었다. 그러자 그는 독하게 마음먹고 소리쳤다. "하나님, 정 이러시면 저도 생각이 있습니다. 제가 일주일 금식 기도를 마치고 서울에 올라가서 동아일보에 '하나님은 안 계십니다' 하고 광고를 내겠습니다." 그렇게 하나님께 협박 기도를 하고 나니, 가슴이 뻥 뚫리는 것같이 속이 시원해졌다. 그래서 목청껏 하나님을 찬양하기 시작하자 하나님이 꼭 일을 하실 것 같은 확신이 들었다. 일주일 금식 기도를 하고 산에서 내려오니, 학교 서무과로 편지가 왔다. 조우 복이라는 미국의 한 그리스도인이 수표 하나를 보냈다. 2,050불, 정확히 당시 부채를 갚을 수 있는 돈이었다.

그러고는 또 몇 년 뒤인 1971년, 그는 다시 엎드려 기도했다. "하나님, 이 학교에는 어떻게 아직까지 제대로 된 강당 하나 없습니까? 본관 건물은 또 이게 뭡니까? 하나님, 도와주십시오." 그러자 얼마 후 미국 수정 교회 로버트 슐러Robert Schuller 목사가 220,000만 불 수표를 보냈다. 거창고등학교와 그 창립자 전영창 교장 선생님의 이야기다.

기도는 하나님이 우리에게 주신 엄청난 선물이다. 천국 보좌를 움직이는 엄청난 특권이다. 기도는 하늘 창고에 쌓인 온갖 보화를 사용할 수 있는 백지 수표다. 오늘 이 고난의 삶 속에서 담대한 용기와 세상을 이길 힘을 얻는 단 하나의 통로다. 기도하라. 입을 벌려 여호와 하나님, 우리 하늘 아버지께 부르짖으라. "지금까지는 너희가 내 이름으로 아무것도 구하지 아니하였으나 구하라 그리하면 받으리니 너희 기쁨이 충만하리라"_요 16:24.

예배의 은혜

하나님이 찾으시는 참된 예배자

한 꼬마가 블록으로 뭔가를 열심히 만들고 있었다. 아빠가 들여다보자 꼬마가 말했다. "아빠, 쉿! 조용히 해. 지금 교회를 만들고 있단 말이야." 아빠는 교회를 만드니 조용히 하라는 아들의 말이 기특해서 물었다. "애야, 교회에서는 왜 조용히 해야 하지?" 아들이 대답했다. "교회에서는 사람들이 모두 졸고 있는데 시끄러우면 다 깨잖아." 돌아보면, 오늘날 성도들의 예배 모습이 여러 가지다. 멀거니 강단을 응시하지만 실은 딴생각 중인 딴생각파, 시간 가는 것이 아까워 수시로 시계를 들여다보는 시간절약파, 옆 사람과 글자 몇 자씩 써서 주고받는 쪽지파, 예배 후 있을 회의를 준비하는 회의파, 블록으로 교회를 만들던 꼬마네 교회 성도들은 아마 취침파였던 것 같다.

코로나19 팬데믹으로 여러 달 예배 자체가 불가능했던 때는 이런 이야기들이 전설처럼 들렸다. 하지만 예배를 포기하고도 아무렇지 않은 요즘에는 오히려 이전보다 더 예배에 대한 간절함과 열정이 사라져 가는 것 같다. 왜 우리는 살아 계신 전능하신 하나님을 믿는다면서 이렇게 형편없는 예배를 드리고 있을까? 만군의 하나님을 예배하는 그 벅찬 예배 시간을 우리는 어떻게 그처럼 기대감도, 열정도 없이 대충 때우고 있을까?

이유는 간단하다. 우리가 예배에 대해 너무 무지해서 그렇다. 예배가 무엇인지 모르고, 우리의 예배를 받으시는 하나님이 어떤 분이신지 모르고, 어떻게 예배해야 하나님이 기뻐하실지도 모르고, 참된 예배자들에게 하나님이 부어 주시는 은혜와 복이 얼마나 놀라운지도 몰라서 그렇다. 그래서 우리는 하나님의 놀라운 축복의 통로요 선물인 예배를 병든 예배, 형식적인 예배, 타락한 예배로 낭비하고 있는 것이다. 하나님이 기뻐하시는 참된 예배를 드리자. 모든 교회가 주님이 말씀하신 것처럼 영과 진리로 예배하는 교회, 모든 성도가 하늘 아버지께서 찾으시는 참된 예배자가 되기를 기도한다.

시편 84편은 예루살렘 성전의 예배 인도자들이었던 고라 자손이 쓴 시다. 그들은 유다가 망하면서 만리타국 바벨론으로 끌려가느라 예루살렘 성전에서 온전한 예배를 드릴 수 없음에 안타까워하며, 여호와 하나님의 집에서 예배드리기를 원하는 열망으로 노래했다. "만군의 여호와여 주의 장막이 어찌 그리 사랑스러운지요 내 영혼이 여호와의 궁정을 사모하여 쇠약함이여 내 마음과 육체가 살아 계시는 하나님께 부르짖나이다"_시 84:1-2.

여기서 "내 영혼이 여호와의 궁정을 사모하여 쇠약함이여"를 우리

말성경은 "내 영혼이 여호와의 뜰을 애타게 그리워하다가 지쳤습니다."라고 번역했다. 성전에서 예배를 드리지 못하는 아픔과, 하나님의 집에서 온전히 예배드리고 싶은 열망 때문에 영혼과 육신이 애타고 그리워하다 병이 났다는 것이다. 거룩한 열병이다. 가고 싶지만 못 가는 예루살렘 성전과 보고 싶지만 볼 수 없는 믿음의 형제자매들에 대한 그리움, 살아 계신 하나님께 마음껏 찬양을 올려 드리지 못하는 그리움으로 영적 상사병이 든 것이다. 그래서 그들은 성전에서 둥지 틀고 날아다니던 참새와 제비들을 기억하며 부러워했다. "나의 왕, 나의 하나님, 만군의 여호와여 주의 제단에서 참새도 제 집을 얻고 제비도 새끼 둘 보금자리를 얻었나이다 주의 집에 사는 자들은 복이 있나니 그들이 항상 주를 찬송하리이다 (셀라)"_시 84:3-4. 하지만 지금은 고국 예루살렘 성전으로 돌아갈 기약조차 없다. 그래서 오직 마음속으로만 시온으로 돌아가는 길을 상상했던 것이다. "주께 힘을 얻고 그 마음에 시온의 대로 시온으로 가는 큰 길가 있는 자는 복이 있나이다"_시 84:5. 그런데 그렇게 상상하는 것만으로도 힘이 되고 위로가 되었다. "그들이 눈물 골짜기로 지나갈 때에 고난과 시련, 역경 속에 살아도 그곳에 많은 샘이 있을 것이며 이른 비가 복을 채워 주나이다"_시 84:5-6.

만리타국 바벨론으로 잡혀간 고라 자손들이 가장 갈망했던 것은 그 지겨운 포로 생활에서 벗어나는 자유가 아니었다. 조국의 독립도 아니고, 출세나 부귀영화도 아니었다. 그들의 염원은 오직 살아 계신 하나님께 마음껏 온전하게 예배드리는 것이었다. 예배가 무엇이기에 하나님의 집에서 예배하는 것이 무엇이기에 그들은 성전에서 예배하는 것을 그토록 애타고 목마르게 사모했을까?

예배는 인생의 마땅한 의무

고라 자손이 성전에서의 예배를 사모했던 첫 번째 이유는 예배가 신앙생활의 심장이기 때문이다. 하나님을 향한 예배가 빠진 기독교는 이미 기독교가 아니다. 하나님이 이스라엘 백성을 애굽에서 불러내신 목적이 바로 예배 때문이었다. 하나님의 명령을 받든 모세는 바로에게 나아가 외쳤다. "이스라엘의 하나님 여호와께서 이렇게 말씀하시기를 내 백성을 보내라 그러면 그들이 광야에서 내 앞에 절기를 지킬 것이니라 하셨나이다"_출 5:1.

믿음의 조상 아브라함은 거처를 옮길 때마다 단을 쌓고 하나님을 예배했다. 아브라함에게 예배는 삶의 목적이요, 존재의 이유였다. "그가 그곳에서 여호와께 제단을 쌓고 여호와의 이름을 부르더니"_창 12:8. "그가 처음으로 제단을 쌓은 곳이라 그가 거기서 여호와의 이름을 불렀더라"_창 13:4. "아브라함은 브엘세바에 에셀 나무를 심고 거기서 영원하신 하나님 여호와의 이름을 불렀으며"_창 21:33. 아브라함뿐 아니라 아들 이삭도, 손자 야곱도, 증손자 요셉도 모두 다 예배로 살았고, 예배하며 죽었다. "이삭이 그곳에 제단을 쌓고, 여호와의 이름을 부르며 거기 장막을 쳤더니"_창 26:25. "야곱이 또 이르되 내게 맹세하라 하매 그가 맹세하니 이스라엘이 침상 머리에서 하나님께 경배하니라"_창 47:31.

예배는 피조물인 인생들이 창조주에게 올려야 할 마땅한 의무다. 예배는 영어로 'worship'인데, 'worth'가치가 있다라는 말에서 나왔다. 가치가 있는 창조주 하나님께 그 가치를 인정해 드린다는 뜻이다. 그래서 우리 인생들을 지으시고 생명을 주신 하나님, 우리를 지으신 창조주 하나님을 경배하는 것은 피조물인 우리 인생들의 마땅한 의무다. 이런 이유 때문에 애굽에서 노예 생활을 하던 하나님의 백성이 광야로 나아가 예배하려 했던 것이다. 바벨론 포로로 잡혀갔던 이스라엘 백성이 예루살렘 성전 예배를 애타게 그리워했던 것이다. 유럽의 청교도들이 목숨 걸고 대서양을 건너 신대륙을 찾아간 것이다.

요즘 우리는 무엇을 애타게 찾고 그리워하는가? 창조주 하나님께 예배하는 것인가, 아니면 잠깐 있다 사라지고 말 찰나적인 것들인가? 예수님은 "아버지께서는 자기에게 이렇게 예배하는 자들을 찾으시느니라"_요 4:23라고 말씀하셨다. 왜 하늘 아버지께서 예배하는 자들을 찾으시는가? "솔로몬이 그 제단에 일천 번제를 드렸더니 기브온에서 밤에 여호와께서 솔로몬의 꿈에 나타나시니라 하나님이 이르시되 내가 네게 무엇을 줄꼬 너는 구하라"_왕상 3:4-5. 하나님이 참된 예배자들을 찾으시는 이유는 우리의 소원을 들어주시기 위해서다. 하나님이 기뻐하실 만한 온전한 예배, 산제사를 드려 보라. 어찌 하늘 아버지께서 참 예배자들에게 좋은 것으로 주지 않으시겠는가? "자기 아들을 아끼지 아니하시고 우리 모든 사람을 위하여 내주신 이가 어찌 그 아들과 함께 모든 것을 우리에게 주시지 아니하겠느냐"_롬 8:32.

물론 예배의 본래 목적은 뭔가를 받기 위해서가 아니다. 이미 우리를 위해 이루어 놓으신 하나님의 은혜에 대한 감사와 응답이다. 생각해 보면, 우리는 하나님께 이미 너무나 많은 것을 거저 받았다. 하나님이 더 이상 안 주셔도 우리는 하나님을 예배해야만 한다. 하지만 그럼에도 예배는 꼭 이미 주신 은혜에 대한 응답만은 아니다. 지금도 우리를 위해 역사하시며, 앞으로도 우리를 위해 위대한 일을 이루어 가실 하늘 아버지께 감사와 영광을 올려 드리며 찬양하는 것이다. 그래서 하나님은 예배자들에게 놀라운 선물을 주신다. 참되게 예배하는 이들의 마음에 참 평안을 주신다. 참된 예배자들에게 말씀을 통해 새로운 길을 열어 주신다. 성령의 감동을 통해서 거룩한 결단을 하게 하신다. 심지어는 예배 가운데 오셔서 병든 우리 영혼과 육을 치유하시고, 우리 삶을 온전히 새롭게 하신다. 그러므로 영혼이 쇠약해질 만큼 예배를 애타게 그리던 고라 자손들처럼 하나님 앞에서 온전한 예배를 사모하자.

예배는 특권이자 축복

우리가 그토록 예배를 사모해야 할 두 번째 이유는 예배가 의무를 넘어선 특권이기 때문이다. 만군의 하나님, 하늘과 땅을 창조하신 하나님은 아무나 뵐 수 없다. 오직 하나님이 불러 주신 사람들, 하나님이 구속하시고 당신의 자녀 삼으신 사람들만이 하나님 앞에 나아갈 수 있고, 하나님의 이름을 부를 수 있다.

어떤 아이가 지나가는 아무나 붙잡고 "엄마! 엄마!" 하고 소리친다면, 다들 "얘, 왜 이래? 내가 왜 네 엄마니?" 하면서 놀랄 것이다. 마찬가지로 아무나 함부로 하나님을 아버지라 부를 수 없다. 오직 예수의 피로 속죄함을 받고 그분의 자녀 된 사람들만이 하나님을 아버지라 부를 수 있다. 이렇게 천지의 주인이신 하나님을 감히 아버지라 부를 수 있는 것 자체가 엄청난 특권이다. 그 돌보심과 은혜를 구하는 예배를 드릴 수 있음은 엄청난 축복이다. 예배는 단순한 특권이 아니라, 하늘 축복의 통로다. 하나님은 일천 번제를 드린 솔로몬에게 소원을 물어 그것을 이루어 주신 것처럼, 참되게 예배하는 자들을 찾아 복을 주신다. 그래서 히브리서 기자는 말했다. "그러므로 우리는 긍휼하심을 받고 때를 따라 돕는 은혜를 얻기 위하여 은혜의 보좌 앞에 담대히 나아갈 것이니라"_히 4:16. 담대히 나아가자. 예수님도 말씀하셨다. "수고하고 무거운 짐 진 자들아 다 내게로 오라 내가 너희를 쉬게 하리라"_마 11:28. 시편 기자도 고백했다. "날마다 우리 짐을 지시는 주 곧 우리의 구원이신 하나님을 찬송할지로다"_시 68:19.

수고하고 무거운 짐을 진 자들을 불러 쉬게 하시는 주님 앞으로 나아가자. 날마다 우리 짐을 지시는 우리 주님께 기대하는 마음으로 나아가 짐을 내려놓자. 주님이 우리를 쉬게 해 주시고, 우리 짐을 져 주실 것이고, 예배 가운데 오시는 주님이 우리를 새롭게 해 주실 것이다.

필립 얀시Philip Yancey는 《교회, 나의 고민 나의 사랑》IVP에서 말했다. "하나님의 임재는 더 이상 시내 반도의 성막이나 예루살렘 성전에만 거하지 않습니다. 불 기둥이나 구름 기둥 안에만 거하지도 않습니다. 하나님은 갈릴리에 오신 하나님의 아들이신 예수님의 육신의 몸을 통해서만 당신을 계시하지 않으십니다. 바로 내가 다니는 교회를 통해서 하나님은 지금도 세상에 당신을 나타내십니다."

우리가 하나님을 만나기 위해 꼭 이스라엘 성지를 찾을 필요는 없다. 하나님의 은혜를 구하려고 산이나 들, 기도원이나 수도원을 찾아갈 필요도 없다. 우리 믿음의 선배들이 피땀 흘리고 눈물 뿌려 기도로 세우고 지켜 온 교회에서 사랑하는 이들과 함께 온전한 예배를 드릴 때, 하나님이 우리를 만나 주시고 새롭게 해 주실 것이다. 고라 자손은 비록 바벨론에 끌려가 더 이상 성전에서 예배할 수 없었지만, 그들의 삶의 자리에 언제나 함께 계시는, 살아 계신 하나님을 의지하여 외쳤다. "여호와 하나님은 해요 방패이시라 여호와께서 은혜와 영화를 주시며 정직하게 행하는 자에게 좋은 것을 아끼지 아니하실 것임이니이다 만군의 여호와여 주께 의지하는 자는 복이 있나이다"_시 84:11-12.

온전한 예배를 사모하자. 그동안 식어 버렸던 예배에 대한 열정에 다시 불을 붙여서 거룩한 예배를 회복하자. 예배 가운데 오시는 살아 계신 하나님 만나기를 갈망하자. 목사의 설교나 찬양대의 찬양, 옆에 앉아 예배드리는 성도들의 얼굴만 보는 것이 아니라, 마음눈을 열고 영으로 우리 가운데 오시는 살아 계신 하나님을 만나고, 새 힘과 용기를 얻고 새롭게 되기를, 그래서 당당하게 세상으로 나아가 승리하는 거룩한 백성이 되기를 기도한다.

주가 차리신 아침 식사

귀향

갈릴리 호수에서 예수님은 "나를 따라오라 내가 너희를 사람을 낚는 어부가 되게 하리라"_마 4:19 하며 베드로를 부르셨다. 그 후, 베드로는 3년 동안 예수님의 말씀을 듣고 그분이 행하시는 기적을 보면서 새 세상이 금방 올 줄 알았다. 그런데 예수님이 갑자기 십자가에 못 박혀 돌아가셨다. 사흘 만에 부활하셔서 제자들에게 몇 번 나타나셨지만, 그전처럼 언제나 그들 눈앞에 함께 계신 것은 아니었다. 그래서 제자들이 예루살렘에서 갈릴리로 돌아간 어느 날, 베드로는 일어나 "나는 물고기 잡으러 가노라"_요 21:3라고 말했다. 그러자 곁에 있던 제자들도 우르르 따라 일어났다. 주님을 만난 후 그들은 더 이상 물고기 잡는 어부가 아니라, 사람을 얻어 천국을 세워 갈 사명자가 되었다. 그런 그들이 다시 물고기를 잡겠다고 몰려간 것이다.

여기서 중요한 가르침을 받는다. 부활하신 예수님을 만났다고 갑자기 성자가 되지는 않는다는 것이다. 예수님을 믿는 즉시 옛날 버릇이 없어지거나 믿음이 절로 자라는 것도 아니다. 흙으로 빚어 깨지기 쉬운 질그릇 같은 우리는 예수님을 믿어도 헛그물질하던 옛 버릇을 완전히 버리지 못한다. 부활하신 예수님을 만나고도 다시 갈릴리로 나간 베드로와 제자들처럼, 엄청난 기적으로 애굽에서 탈출하고 메마른 광야에서 만나와 생수를 마시면서도 기회만 있으면 원망하고 불평하며 애굽으로 돌아가려던 이스라엘 백성처럼, 예수님의 부활과 천국 영생을 믿는다면서도 우리는 기회만 있으면 불평하고 원망하고 비난하고 남 탓을 하면서 자주 옛 생활로 돌아가곤 한다.

이런 연약함 때문에 우리에게는 날마다, 순간마다 하나님의 은혜가 필요하다. 그 은혜를 얻기 위하여 우리는 끊임없이 매 순간 하나님께 나아가 엎드려야 한다. "하나님이여 나를 살피사 내 마음을 아시며 나를 시험하사 내 뜻을 아옵소서 내게 무슨 악한 행위가 있나 보시고 나를 영원한 길로 인도하소서"_시 139:23-24. "여호와여 우리에게 은혜를 베푸소서 우리가 주를 앙망하오니 주는 아침마다 우리의 팔이 되시며 환난 때에 우리의 구원이 되소서"_시 33:2. 이 기도가 오늘 우리의 기도가 되기를 바란다.

아무것도 잡지 못하였더니

"시몬 베드로가 나는 물고기 잡으러 가노라 하니 그들이 우리도 함께 가겠다 하고 나가서 배에 올랐으나 그날 밤에 아무것도 잡지 못하였더니"_요 21:3. 베드로가 모든 꿈과 미래를 포기해 버린 그날 밤은 낙담과 비극과 실패의 밤이었다. 예수님도, 사명도 잊고 옛 생활로 돌아가려 했지만, 아무것도 얻지 못한 절망의 밤이었다.

천국의 빛을 한 번이라도 맛본 사람은 썩어 없어질 세상에 정 붙이고 살 수 없는 법이고, 구원의 은총을 한 번이라도 체험한 사람은 세상 다른 어떤 것으로도 위로받을 수 없는 법이다. 베드로가 고기 잡던 그 호수는 예전 갈릴리 호수 그대로였다. 그물도 예전에 던지던 그 그물이고, 배도 예전의 그 배였으며, 고기 잡던 동지들도 예전 그 동료들 그대로였다. 하지만 사람 낚는 어부로 부르심을 받은 베드로에겐 '그물질'이 더 이상 의미 없어졌다. "사명 버리고 고기나 잡자"고 한 그에게는 고기조차 잡히지 않게 된 것이다.

그날 아마도 베드로는 예수께서 하신 말씀이 기억났을 것이다. "나는 포도나무요 너희는 가지라 그가 내 안에, 내가 그 안에 거하면 사람이 열매를 많이 맺나니 나를 떠나서는 너희가 아무것도 할 수 없음이라"_요 15:5. 밤새도록 고기를 잡으려 노력했다. 사명을 잊고 먹고사는 현실에 몰두하려 했다. 하지만 두 손에는 빈 그물만 남아 있었다. 이것이 바로 사명을 떠난 인생들의 모습이다. 조지 던컨George Duncan은 이런 심정을 《예수님의 생애 설교》두란노에서 다음과 같이 표현했다. "내가 누렸던 평화로운 시간들, 그 추억은 아직도 달콤해. 그러나 이제는 아픈 공허 뿐, 온 세상도 그것을 채우지 못하네."

베드로는 그 밤에 잡히지도 않는 고기를 잡으려고 안간힘을 쓰며 헛그물질만 계속하고 있었다. 참된 인생의 의미를 모르고, 그저 행복해 보겠다고 헛그물질하는 수많은 인생처럼 말이다. 혹시 요즘 베드로처럼 당신도 인생의 헛그물질만 계속하고 있는 것은 아닌가? 돌아보

자. 주님 앞에 엎드리자. "여호와께서 집을 세우지 아니하시면 세우는 자의 수고가 헛되며 여호와께서 성을 지키지 아니하시면 파수꾼의 깨어 있음이 헛되도다 너희가 일찍이 일어나고 늦게 누우며 수고의 떡을 먹음이 헛되도다 그러므로 여호와께서 그의 사랑하시는 자에게는 잠을 주시는도다"_시 127:1-2.

예수께서 바닷가에 서셨으나

베드로의 고통스러운 밤은 계속되지 않았다. 새벽이 밝아 오고 있었다. 그 새벽을 따라 죽음의 어둠 권세를 이기신 예수께서 찾아오셨다. "날이 새어 갈 때에 예수께서 바닷가에 서셨으나 제자들이 예수이신 줄 알지 못하는지라"_요 21:4.

주께서 피땀 흘려 기도하시던 겟세마네 동산에서 베드로는 잠만 자고 있었다. 예수께서 심문당하시던 자리에서도 베드로는 주님을 세 번씩이나 저주하며 부인했다. "너는 돌이킨 후에 네 형제를 굳게 하라"_눅 22:32 고 부탁하신 말씀도 새까맣게 잊고, 도리어 굳게 해야 할 제자들을 끌고 가서 갈릴리 호수에서 밤새워 고기를 잡고 있었다. 예수님은 그런 베드로를 찾아오셔서 그 새벽에 바닷가에 서 계셨던 것이다. 베드로는 주님을 잊었으나, 주님은 베드로를 잊지 않으셨다. 베드로는 주님을 부인했으나, 주님은 결코 베드로를 부인하지 않으셨다. 베드로는 주님을 버렸으나, 주님은 결코 베드로를 버리지 않으셨다. 바로 그분이 죽음을 이기고 부활하셔서 오늘 우리가 드리는 예배 가운데 오시는 예수님이시다.

사도 요한은 그 예수님의 사랑을 노래했다. "예수께서 … 세상에 있는 자기 사람들을 사랑하시되 끝까지 사랑하시니라"_요 13:1. 사도 바울도 그 사랑을 선포했다. "우리가 아직 죄인 되었을 때에 그리스도께서 우리를 위하여 죽으심으로 하나님께서 우리에 대한 자기의 사랑을 확증하셨느니라"_롬 5:8. 예수님이 죽으신 것도 우리 죄를 대속하기 위한 사랑 때문이었다. 예수님이 다시 사신 것도 우리에게 영생을 선물해 주시려는 사랑 때문이었다. 오늘도 그 사랑 때문에, 부활하신 주님이 우리에게 용기와 소망을 주시기 위해 찾아오시는 것이다. 이 사실을 믿는가? 눈에는 보이지 않지만, 부활하여 살아 계신 주께서 오늘 우리를 만나러 오심을 믿는가?

"날이 새어 갈 때에 예수께서 바닷가에 서셨으나 제자들이 예수이신 줄 알지 못하는지라"_요 21:4. 이 말씀은 우리에게 슬픈 사실을 전해 준다. 예수님이 안 계신 것이 아니다. 제자들이 보지 못한 것뿐이다. 불신의 눈, 슬픔으로 가득 찬 눈, 미움이나 시기, 질투, 경쟁, 욕심의 눈으로는 우리를 회복시키고 새롭게 하려고 오시는 부활의 주님을 알아볼 수 없기 때문이다. 부활하신 예수님은 오직 믿음의 눈을 뜬 사람에게만 보이기 때문이다. 우리 마음의 눈이 열리기를 바란다. 신령한 눈이 열려 주님을 만나고, 주님을 마음에 모셔 들여 지난 모든 허물과 죄의 사슬에서부터 온전히 자유를 누리게 되기를 기도한다.

153마리의 축복

밤새도록 물고기 한 마리도 잡지 못했던 제자들을 향해 예수님은 "그물을 배 오른편에 던지라"_요 21:6고 말씀하셨다. 밤새도록 한 마리도 잡지 못하던 제자들이 그물이 찢어질 만큼 풍성한 고기를 잡게 해 주신 것이다. 사실 이 상황에서 고기를 많이 잡는 것이 무슨 의미가 있겠는가? 다만, 제자들이 밤새도록 헛수고한 것을 위로하기 위해 예수님이 깜짝 선물을 주신 것뿐이다.

그들의 불신을 혼내지 않으시고, 오히려 헛된 수고에도 깜짝 선물을 주시는 예수님, 그분은 심판자이시기 전에 먼저 사랑의 하나님이셨다. 그분은 실로 양을 위해 기꺼이 죽으시는 사랑의 목자셨다. 당신의 공의를 이루는 것이 먼저가 아니라, 양 떼의 상처와 아픔을 먼저 싸매 주시는 사랑의 하나님이셨다. 그래서 153마리의 물고기는 단순한 물고기가 아니라, 제자들을 사랑하시는 예수님의 사랑의 표였다. 제자들의 지난 허물과 잘못을 용서하신 용서의 선물이었다. 그러므로 부활하신 예수님 앞에 지난 모든 죄와 허물과 죄책감을 다 내려놓으라. 예수님은 사랑이시다. 우리의 죄를 대신 짊어지고 죽으신 화목 제물이시다. 오직 우리를 사랑하기 때문에 죽으셨고, 오직 우리를 사랑하기 때문에 다시 사신 사랑의 하나님이시다.

와서 조반을 먹어라

예수님의 사랑이 가장 아름답게 표현된 말씀이 요한복음 21장 9절 이하다. 밤샘 근무를 하고 탈진한 몸으로 귀가한 자녀들을 위해 따끈한 아침을 차려 내놓는 자상한 어머니처럼, 예수님은 숯불을 피우고, 생선을 굽고, 떡도 준비하셨다. 새로 잡은 생선도 가져오라 하셔서 그것을 굽고는 "와서 조반을 먹으라"_요 21:12고 하시며 당신의 식탁에 초대하셨다. 둘러앉은 제자들을 위해 분주하게 음식을 나르기까지 하셨다. "예수께서 가셔서 떡을 가져다가 그들에게 주시고 생선도 그와 같이 하시니라"_요 21:13. 사랑의 예수님을 만나기 바란다. 그분 안에서 참된 용기와 쉼을 발견하고 다시 일어나 세상을 향해 힘차게 나아가기를 기도한다.

맥스 루케이도 Max Lucado가 쓴 《하나님, 저도 고치실 수 있나요?》두란노라는 책에 나오는 글의 일부다. "손수 차린 아침 식사 자리로 베드로를 초대하신 것이다. 생선이 지글지글 익고 빵에서 모락모락 김이 피어오르던 순간, 바로 그 순간에 지옥의 무릎을 꿇린 천국의 주인께서 친구들에게 앉아 먹으라고 권하셨다. 이 권유가 누구보다 고마웠던 사람은 베드로였으리라. 사탄의 미끼를 얼씨구나 물었던 죄인이 하나님의 손이 내미는 빵을 받아먹고 있다. 배신자가 그리스도의 식탁으로 초대를 받았다. 예수님은 사탄의 눈앞에서, 그러니까 원수의 목전에서 상을 차려 주셨다."

맥스 루케이도는 이어 자신의 부끄러운 삶을 고백했다. "나는 열여덟 살에 술이 얼마나 센지 맥주 한 상자를 들이부어도 끄떡도 없었다. 다행히 스무 살에 예수님을 영접한 뒤로 술을 끊었지만, 세월이 흘러도 시원한 맥주의 맛을 잊지 못해 가끔 시원한 맥주를 한입에 털어 넣는 상상을 했다. … 그래도 20년 동안 술 욕심을 억눌렀지만, 2년 전 그 유혹을 이기지 못하고, '치킨에 맥주 한 캔 정도야' 했고, 그다음에는 멕시코 음식에 한 캔을 더 곁들이다가 어느 새 반주로 한두 캔 정도는 아무렇지도 않게 느껴졌다. 불과 두 달 만에 나는 일주일에 한두 캔 정도는 가볍게 들이켜는 사람이 되었다.

어느 무더운 금요일 오후, 남선교회 수련회에 설교하러 가는 중, 어찌나 더운지 땀이 비 오듯 흘렀다. 음료수로는 견딜 수 없어 '아무도 모르게 맥주를 살 곳이 없을까?' 하다가, 외딴 시골의 구멍가게에서, 손님이 다 빠져나갈 때까지 기다렸다가 재빨리 들어가 맥주를 사서 뒤춤에 감추고 차로 달려왔다. 그때 수탉이 울었다. 퍼뜩 정신이 들어 맥주를 쓰레기통에 집어던지고 하나님께 손이 발이 되도록 빌었다. 며칠 뒤에 이 일을 장로님들과 몇몇 성도들에게 털어놓았다. 그리고 그 일을 거울로 더 나은 목회자가 되겠노라 결심했지만, 틈만 나면 수치심이 추악한 고개를 쳐들었다. 목회자가 어떻게 술을? 다른 때도 아니고 수련회에 설교하러 가는 중에? 얼마나 위선의 극치인가? 나 자신이 한없이 미워졌다. 머리로는 자신을 용서해야 한다는 것을 알았지만, 마음이 용서를 허락하지 않았다.

그렇게 오랫동안 자책하던 끝에 마침내 주님의 만찬 속에서 주님의 은혜를 경험했다. 베드로에게 상을 차려 주셨던 예수님이 내 앞에서도 푸짐하게 상을 차려 주셨다. 해변에서 모닥불을 피우셨던 구주께서 내 마음에 불씨를 되살려 주셨다. 주님이 차려 주신 식탁에 다시 앉으니 날아갈 것만 같았다."

예수님은 십자가 전후로 제자들과 두 번 식사를 하셨다. 십자가에 달리시기 전에 성만찬을, 십자가에 달렸다 부활하신 후에 갈릴리에서 따뜻한 조반을 드셨다. 이 모든 것이 십자가를 중심으로 제자들에게 베푸신 사랑의 식탁이었다. 주님은 당신이 친히 베푸신 성찬과 따뜻한 조찬에 우리를 초대하신다. 주님이 당신의 찢어진 몸과 흘리신 피로 차려 주신 성찬상 앞에 나오라. 그리고 그 찢어진 살과 흘리신 피를 묵상하면서, 주님이 과거와 현재와 미래의 모든 죄를 씻어 주셨음을 온전히 믿고, 그 믿음으로 말미암은 자유, 용서받은 기쁨, 감격이 마음속에 넘치기를 기도한다. 다시는 똑같은 죄를 짓지 않기로 결단하며, 부활하신 주님과 동행하는 복된 성도가 되기 바란다.

데드포인트

무거운 것과
얽매이기 쉬운 죄들

▶ 데드포인트 Dead Point : 마라톤 등 격한 운동을 할 때 찾아오는 가장 고통스러운 순간.

내 뜻을 버리고

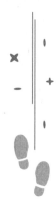

밝게 시작하지만 어둠 가운데 끝낸 생애

창세기 12-50장에는 네 족장의 이야기가 기록되어 있는데, 특이한 점은 가장 오래 살았던 2대 족장 이삭에 대한 기록이 네 족장 중에 가장 짧다는 점이다. 아브라함은 175세, 야곱은 147세, 요셉은 110세에 세상을 떠났는데, 이삭은 아버지 아브라함보다도 12년이나 더 오래 살아 187세에 죽었다. 그런데 성경은 아브라함, 야곱, 요셉에 대해서는 모두 12장씩 할애한 데 비해 이삭에 대한 기록은 25장부터 27장까지, 겨우 세 장밖에 없다. 마치 이삭의 생애는 별로 할 이야기가 없다는 느낌이다. 아더 핑크는 《믿음의 영웅전》[누가]에서 이삭의 생애를 한마디로, "밝게 시작하지만 어둠 가운데 끝낸 생애"라 요약했다. 가슴 아픈 인생 평가서라 할 수 있다.

　많은 이가 장수를 바라지만 오래 사는 것이 꼭 복은 아니다. 한 번 사는 삶을 무엇으로 채우느냐, 즉 질이 중요하다. 오래 살기를 바라지 말자. 빌빌 골골 200년을 사는 것은 복이 아니다. 자식들이나 후배들 앞에 부끄럽지 않게 살기 위해 노력하자. 하나님께 영광 돌리며 거룩하고 복되게 살기를 기도하자.

이삭은 믿음의 조상 아브라함이 100세에 기적으로 낳은 외아들이었다. 20대 청년 시절, 모리아산에서 아버지의 시퍼런 칼날에 목을 맡길 만큼 100% 순종의 사람이었다. 아버지의 신앙을 본받아 가는 곳마다 제단을 쌓은 신실한 예배자였고, 자신이 판 우물을 양보하면서 아비멜렉에게 하나님의 영광을 드러낸 평화의 사람이었다. 하지만 창세기 27장에 나오는 만년의 모습은 별로 좋아 보이지 않는다. "이삭이 나이가 많아 눈이 어두워 잘 보지 못하더니"_창 27:1. 여기서 '눈이 어두워졌다'는 말은 단지 육신의 눈만 어두워진 것이 아니라 영적 분별력까지 흐려졌다는 말이다. 말년에 눈과 귀가 어두워져 하나님의 음성을 듣지 못했던 엘리 제사장과 같았다. 반면, 성경은 모세에 대해서 이삭이나 엘리와는 다르게 기록한다. "모세가 죽을 때 나이 백이십 세였으나 그의 눈이 흐리지 아니하였고"_신 34:7.

왜 이런 차이가 난 것일까? 왜 모세는 죽는 순간까지 눈이 흐리지 않았는데, 죽을 날이 40년이나 남았던 이삭은 두 아들을 구분하지 못할 만큼 눈이 흐려진 것일까? 아더 핑크는 모세의 눈이 많은 나이에 흐려지지 않은 이유는 '자기 부정'과 '순종' 때문이었다고 말한다. 다시 말해, 육의 욕망을 절제하는 자기 부정과 순종이 영적, 육적 시력을 유지하게 했다는 것이다. 대개 중독알코올, 성, 마약 등자들의 눈은 초점이 없어 흐려진다. 꼭 중독이 아니어도 본능이나 욕심에 매이면 육의 눈도, 영적 분별력도 흐려진다. 모세가 죽는 순간까지 눈이 흐려지지 않았던 까닭은 애굽의 모든 영광을 포기하고, 동족과 함께 고난받기를 즐거워하며, 찰나와 같은 땅의 것에 매이지 않고 영원한 나라를 바라보며 산 깨어 있는 영성 때문이었던 것이다.

하지만 이삭은 육적 본능이 주는 즐거움, 특히 그중에도 미각, 입맛, 특히 고기 맛에 취해 있었다. "이삭은 에서가 사냥한 고기를 좋아하므로 그 에서를 사랑하고"_창 25:28. 이삭이 무엇을 좋아하고, 무엇을 사랑했는가? 에서가 사냥한 고기를 좋아했고, 그래서 에서를 사랑했다. 에서를 사랑한 이유가 고작 그가 잡아 온 고기 때문이었다니, 기가 막힐 말이 아닌가? 아버지가 아들을 사랑하는 이유로서는 너무나 육적이고 본능적이고 이기적이다. 다시 말해, 이삭은 대를 이을 상속자를 자기 식성에 맞는 음식을 해 올 큰아들로 정할 만큼, 가문과 부족의 대를 이을 중대한 일을 지나치게 속된 기준으로 판단하고 있었다. "그런즉 네 기구 곧 화살통과 활을 가지고 들에 가서 나를 위하여 사냥하여 내가 즐기는 별미를 만들어 내게로 가져와서 먹게 하여 내가 죽기 전에 내 마음껏 네게 축복하게 하라"_창 27:3-4. 한 가문의 족장으로서 생애 마지막 기도를 앞둔 것치고는 너무나 이기적인 모습이었다. 아더 핑크가 평가한 것처럼 이삭의 생애는 "밝게 시작하지만 어둠 가운데 끝낸 생애"였다.

히브리서: 이삭은 믿음으로 축복했다

하지만 놀랍게도 히브리서 기자는 이삭을 아더 핑크와는 전혀 다르게 평가했다. "믿음으로 이삭은 장차 있을 일에 대하여 야곱과 에서에게 축복하였으며"_히 11:20. 이삭이 '믿음으로 축복했다'는 말은 두 아들에게 축복을 잘했다는 뜻이다. 창세기 27장에서 이삭이 두 아들을 축복하는 모습을 아무리 살펴봐도 믿음으로 잘 축복한 것 같지 않은데, 히브리서 기자는 대체 어떤 면에서 그가 믿음으로 복을 잘 빌었다고 증언한 것일까?

상황을 다시 돌이켜 보자. 이삭은 죽을 때가 가까웠음을 느끼자 큰아들 에서를 가문의 지도자로 세우기로 결심하고 에서에게 평소 좋아하던 고깃국을 끓여 오라 하고는 맛있게 먹고 마음껏 축복했다. "하나님은 하늘의 이슬과 땅의 기름짐이며 풍성한 곡식과 포도주를 네게 주시기를 원하노라 만민이 너를 섬기고 열국이 네게 굴복하리니 네가 형제들의 주가 되고 네 어머니의 아들들이 네게 굴복하며 너를 저주하는 자는 저주를 받고 너를 축복하는 자는 복을 받기를 원하노라"_창 27:28-29. 그러고는 이제 편안히 눈을 감게 되었다 여기고 쉬려는 순간, 조금 전에 축복 기도를 해서 보낸 줄 알았던 에서가 다시 나타나 기도해 달라고 요청했다. 기겁을 한 이삭이 그에게 "너는 누구냐?"라고 묻자, 에서는 "나는 아버지의 아들 곧 아버지의 맏아들 에서로소이다"_창 27:32라 대답했다. 이어지는 33절은 그 말을 들은 이삭의 모습을 다음과 같이 묘사하고 있다. "이삭이 심히 크게 떨며 이르되." 그냥 놀란 것이 아니었다. 학질 걸린 사람처럼 심하게 와들와들 떨었다.

이삭이 그리 심히 떨었던 이유는 무엇일까? 배신감 때문에 화가 나서일까? 대부분의 학자들은 그렇게 해석하지 않는다. 본문 어디를 봐도 이삭이 아내 리브가나 야곱에게 진노하거나 징계한 흔적이 없기 때문이다. 그렇다면 이삭은 왜 그렇게 심하게 떨었을까?

본래부터 하나님은 에서가 아니라 야곱을 장자로 삼고 대를 이어 가기를 원하셨다. "여호와께서 그에게 이르시되 두 국민이 네 태중에 있구나 두 민족이 네 복중에서부터 나누이리라 이 족속이 저 족속보다 강하겠고 큰 자가 어린 자를 섬기리라 하셨더라"_창 25:23. 이삭이 그 내용을 몰랐을 리가 없다. 그런데도 이삭은 그런 하나님의 뜻에 수긍할 수 없었다. 절대로 그럴 수 없다고 생각했다. 믿음의 대는 누가 뭐래도 맏아들이 이어야 한다고 고집한 것이다. 그래서 모른 척하고 장남 에서에게 축복 기도를 해 버리려 했던 것이다. 그러면 하나님은 은혜가 풍성하시고 사랑이시니 혹시 용서하시고 뜻을 바꿔 주실지도 모른다고 생각했을 것이다. 하나님의 사랑과 긍휼을 믿고 하나님께 한번 밀어붙여 보려 한 것이 아닐까? 그렇게 이삭은 하나님의 뜻을 거슬러 제 고집대로 해 보려고 했지만, 하나님은 결국 어떻게든 당신의 뜻을 이루신다는 사실을, 이삭은 몸서리치도록 깨달은 것이다. 그래서 하나님의 하나님 되심과 임재와 실존 앞에서 두려워 떤 것이다. 마치 갈릴리 바다에서 간밤에 물고기 한 마리도 잡지 못했던 베드로가 말씀 한 마디로 그물이 찢어지도록 많은 물고기를 잡게 하신 예수님 앞에서 엄위하신 하나님의 임재를 깨닫고 "주여 나를 떠나소서 나는 죄인이로소이다"_눅 5:8라고 소리치며 엎드렸던 것처럼 말이다.

이 말이 억지같이 들리는가? 그렇지 않다. 우리도 얼마나 자주 이삭처럼 고집을 부렸던가? 하나님의 뜻이 아닌데도, 성령이 우리에게 계속 경고하시는데도, 우리는 계속 내 고집대로 밀어붙일 때가 얼마나 많았던가? 성경은 "술 취하지 말라 이는 방탕한 것이니 오직 성령으로 충만함을 받으라"_엡 5:18라고 말하지만, 우리는 모른 척하며 여전히 술의 노예가 되어 산다. 성경은 분명히 "기도하라"고 명하지만, 우리는 적당히 핑계 대며 기도하지 않는다. 성경은 "사랑하라"고 말하지만, 우리는 곁에 있는 형제자매를 미워하며 외면한다. 성경은 "참고 기다리라"고 하지만, 우리는 이삭을 기다리지 못하고 이스마엘을 낳는다. 성경은 "과부와 고아를 불쌍히 여기고 가난한 자를 도와주라"고 하지만, 우리는 나 먹기도 바쁜 세상인데 언제, 무슨 힘이 있어 그들을 돕느냐며 핑계 댄다. 그러면서 하나님은 은혜요 사랑이시니 이쯤은 봐주실 것이라며 버틴다.

내려놓아야 할 때

그런데 이번 이삭의 버티기는 하나님께 통하지 않았다. 좋아하는 장남에서라 생각해 마음껏 축복했던 그 아들은 사실 막내 야곱이었다. 이것은 단지 아내나 막내의 잔꾀에 속은 것이 아니라, 본래부터 하나님의 섭리였던 것이다. 리브가나 야곱이 잔꾀를 부리지 않았어도, 하나님은 어떤 방법으로든 당신의 뜻을 이루실 것이 분명했다. 버텨 봐야 소용이 없었다. 결국 하나님은 당신의 뜻을 이루시고 말 것이었다. 그래서 이삭은 하나님 앞에 두 손 들고 항복했다. 에서가 아버지에게 매달리며 "내 아버지여 아버지가 빌 복이 이 하나뿐이리이까 내 아버지여 내게 축복하소서 내게도 그리하소서"_창 27:38라며 부르짖고, 아무리 애걸하며 통곡하고 울부짖어도 이삭은 "내 아들아 내가 네게 무엇을 할 수 있으랴"_창 27:37라고 속절없이 대답할 수밖에 없었다. 늦기는 했지만, 이삭은 그렇게 하나님 앞에 자기 뜻을 꺾은 것이다. 하나님의 뜻이 이루어지기를 겸허하게 받아들인 것이다.

창세기 27장 후반과 28장 앞부분에서 우리는 자신의 고집을 꺾고 하나님의 섭리 앞에 순종하는 이삭을 발견하게 된다. "이삭이 야곱을 불러 그에게 축복하고 또 당부하여 이르되 너는 가나안 사람의 딸들 중에서 아내를 맞이하지 말고 일어나 밧단아람으로 가서 네 외조부 브두엘의 집에 이르러 거기서 네 외삼촌 라반의 딸 중에서 아내를 맞이하라 전능하신 하나님이 네게 복을 주시어 네가 생육하고 번성하게 하여 네가 여러 족속을 이루게 하시고 아브라함에게 허락하신 복을 네게 주시되 너와 너와 함께 네 자손에게도 주사 하나님이 아브라함에게 주신 땅 곧 네가 거류하는 땅을 네가 차지하게 하시기를 원하노라"_창 28:1-4.

믿음이란 무엇인가? 내 뜻을 버리고 하나님의 뜻을 따르는 것이다. 때로는 고집스럽게 하나님께 대들고 밀어붙이려 하다가도, 그것이 하나님의 뜻이 아님을 깨달으면 기꺼이 고집을 꺾고, 피를 토하는 심정으로 주님 뜻에 온전히 맡기는 행위다.

1970년 당시 백인이 주류를 이루는 스포츠였던 테니스계에 흑인 테니스 선수가 나타났다. 그는 백인들의 괄시를 받으면서도 뛰어난 실력으로 윔블던 대회에서 우승했고, 고결한 인품으로 유명했다. 그랬던 그가 30대 중반에 심장병에 걸렸다. 심장 수술을 받다가 에이즈 바이러스에 감염된 피를 수혈받게 되었고, 49세의 이른 나이에 사랑하는 아내와 딸을 남겨 두고 죽었다. 그가 죽기 전에 쓴 책, 《은혜의 날

들*Days of Grace*》^{Random House}에서 그는 고백했다. "사람들은 항상 내게 묻는다. '왜 내게 이런 일이^{Why me?}' … 하지만 윔블던 대회에서 우승 했을 때 나는 'Why me?'라 질문하지 않았는데, 병에 걸렸다고 'Why me?'라 질문할 수는 없지 않나? … 나는 선수 시절에 시합에서 이기게 해 달라고 기도하지 않았다. 지금도 낫게 해 달라고는 기도하지 않을 것이다. 중요한 것은 하나님의 뜻이지, 내 개인적인 바람이나 필요가 아니다." 전설적인 테니스 선수 아서 애시^{Arthur Ashe}의 이야기다.

결국 우리 인생길을 이끄는 이가 누구인가? 내가 아니라 하나님이 시다. 내가 아무리 버티고 고집 부려도 결국 하나님은 당신의 뜻을 이루어 가실 것임을 아는가? 또한 그 하나님의 뜻이 내 뜻보다 훨씬 더 놀랍고 복된 결과를 가져올 줄 믿는가? 그렇다면 너무 내 고집만 부리지 말자. 좀 더 기다리며 그 뜻이 이루어지기를 기도하자. 하나님은 실력 있는 토기장이시고, 우리는 그분의 손에 들린 진흙 한 줌이다. 그분의 손길에 모든 걸 맡기고 조용히 안식하라. 결국은 가장 아름다운 그릇으로 빚어지는 기쁨을 맛보게 될 것이다. "내가 가는 길을 그가 아시나니 그가 나를 단련하신 후에는 내가 순금같이 되어 나오리라"_욥 23:10.

야심을 버리고

야심인가, 참된 비전인가?

야곱은 팥죽 한 그릇으로 배고픈 형에게서 장자권을 빼앗고, 앞 못 보는 아버지를 속여 형님의 복을 가로챘다. '야곱'이란 '발뒤꿈치를 잡다', '탈취하다', '빼앗다'라는 뜻의 히브리어 '아캅'에서 온 말로, 한마디로 '도둑놈'이란 뜻이다. 야곱은 형의 복수의 칼날을 피해 도망쳐 나와 브엘세바에서 벧엘까지 96km를 한걸음에 달려왔다. 그러고는 지친 몸과 마음으로 광야 한복판에서 돌멩이 하나를 베고는 절망의 잠을 청했다.

야곱의 인생이 어쩌다 이렇게 되었는가? 잘못된 야심 때문이었다. 야심이란 나만 잘되기를 바라는 이기적인 바람이다. 나만 잘될 수 있다면 남이야 어찌 되든 상관없다는 일그러진 꿈이다. 나만 잘될 수 있다면 수단 방법 가리지 않고 형님의 장자권도 빼앗을 수 있고 늙은 아버지도 속일 수 있다는 비뚤어진 생각, 그것이 야심, 야망이다. 역사 속에는 아돌프 히틀러Adolf Hitler, 이오시프 스탈린Joseph Stalin, 폴 포트Pol Pot, 김

일성 등 야곱 같은 야심가들이 많았다. 이런 사람들은 자신의 야심 때문에 수많은 사람을 불행으로 몰아넣었다. 그리고 자신들 역시 그 비극의 늪에 빠져 버렸다.

이런 야심과는 차원이 전혀 다른 꿈이 있다. 하나님이 주시는 꿈이다. 하나님이 아브라함에게 주시고, 이삭에게 주시고, 이사야와 다니엘에게 주신 꿈, 사도 바울과 베드로 그리고 요한에게 보여 주신 꿈은 다 함께 더불어 잘 사는 꿈이었다. 내가 잘되기 위해 남을 망치는 것이 아니라, 남을 복되게 함으로 나 또한 복되게 살아가는 꿈이다. 역사 속에는 이런 꿈을 꾸면서 살아간 사람도 많았다. 에이브러햄 링컨Abraham Lincoln, 마틴 루터 킹Martin Luther King, 알버트 슈바이처Albert Schweitzer, 테레사 수녀Mother Teresa, 고당 조만식, 남강 이승훈, 백범 김구 같은 이들이다. 그들은 한결같이 더불어 같이 잘 사는 세상을 꿈꾸었다. 꿈꾸었을 뿐 아니라 그 꿈을 이루기 위해 열심히 살았다.

돌이켜 생각해 보자. 나는 어떤 사람인가? 야심가인가, 아니면 하나님의 꿈을 품은 비전의 사람인가? 고린도후서 13장 5절은 "너희는 믿음 안에 있는가 너희 자신을 시험하고 너희 자신을 확증하라 예수 그리스도께서 너희 안에 계신 줄을 너희가 스스로 알지 못하느냐 그렇지 않으면 너희는 버림받은 자니라"라고 말한다. 쉽게 말해, "너희가 자기 믿음을 제대로 지키고 있는지 스스로 잘 살피고 따져 보라. 너희는 예수께서 너희와 함께 계신다는 것을 깨닫고 있는가? 만일 깨닫지 못한다면 너희는 그리스도인으로서 낙제한 것이다"라는 뜻이다.

스스로 테스트해 보자. 내가 참으로 하나님의 아름다운 꿈을 받은 사람인지, 아니면 내 야심을 이루고 성공하기 위해서라면 무슨 짓이라도 다 할 사람인지 말이다. 야심을 함부로 비전이라고 말하지 말자. 욕심과 탐욕을 함부로 믿음이라 말하지 말자. 얼마나 많은 사람이 욕심과 탐욕, 야망을 비전이라고 착각하면서 살고 있는지 모른다. 유다의 야심이 예수님을 팔아넘겼다는 사실을 잊지 말자. 우리 속에 숨어 있는 야심을 십자가에 못 박아 죽여야 한다. 자신을 잘 살펴 생각을 바꾸고 삶을 고쳐 참된 그리스도인으로 성숙하기를 기도하자.

야심이 무너질 때 참된 꿈을 보여 주신다

야곱은 잘못된 야심 때문에 가정을 파탄 냈다. 늙은 부모님의 가슴에 못을 박고, 하나밖에 없는 형님과 철천지원수가 되어 버렸다. 집에서 쫓겨나 광야 한복판에서 쭈그리고 잠을 청했다. 그런데 그 절망의 순간, 자신의 모든 야심이 끝나 버린 그 순간, 모든 것을 철저히 포기할 수밖에 없던 그 순간, 하나님이 야곱을 찾아오셨다. 하늘 문을 열고 오르내리는 천사들을 보여 주시며 위대한 꿈과 약속을 주셨다.

"나는 여호와니 너의 조부 아브라함의 하나님이요 이삭의 하나님이라"_창 28:13라고 말씀하신 하나님은 땅의 복, 자손의 복, 복의 근원이 되는 복, 안보의 약속을 주셨다. "네가 누워 있는 땅을 내가 너와 네 자손에게 주리니땅의 복 네 자손이 땅의 티끌같이 되어 네가 서쪽과 동쪽과 북쪽과 남쪽으로 퍼져 나갈지며자손의 복 땅의 모든 족속이 너와 네 자손으로 말미암아 복을 받으리라복의 근원이 되는 복 내가 너와 함께 있어 네가 어디로 가든지 너를 지키며 너를 이끌어 이 땅으로 돌아오게 할지라 내가 네게 허락한 것을 다 이루기까지 너를 떠나지 아니하리라"안보의 약속 하신지라"_창 28:13-15.

이미 많이 들었던 약속 아닌가? 바로 야곱의 할아버지 아브라함에게 주신 하나님의 언약이다. 그러니까 하나님은 지금 야곱이 그 가문의 정통을 이어 갈 사람이라고 선포하신 것이다. 야곱이 집에서 편안히 쉴 때, 모든 일이 형통할 때가 아니라 절망에 빠졌을 때, 자기 야심이 끝을 보이던 절망적인 순간에, 이젠 모든 것이 끝났다며 낙망하던 바로 그때 하나님은 그에게 참된 꿈을 보여 주신 것이다. 혼자 잘 먹고 잘 사는 꿈이 아니라, 모두가 함께 잘 사는 꿈, 당대만 잘되는 꿈이 아니라, 자손들까지 모두 복을 받는 위대한 꿈, 그로 인해 이 땅의 모든 민족이 다 복 받는 꿈을 보여 주신 것이다.

우리의 모든 계획이 무너지고 우리의 재주와 능력이 완전히 바닥을 보일 때, "주님밖에 내겐 더 소망이 없습니다"라고 고백하며 그분 앞에 무릎을 꿇으면 하나님은 비로소 우리에게 참된 비전과 위대한 꿈을 주신다. 온갖 야심이 내 마음에 들끓을 때 하나님은 그 어떤 좋은 꿈도 보여 주실 수 없다. 내 야심, 잔꾀, 욕심이 다 사라지고 몸과 마음이 온전히 비워질 때 비로소 하나님의 위대한 꿈이 보이고, 하나님의 복된 약속이 들리는 법이다.

하나님이 허락하신 위대한 꿈을 가지고 남은 삶을 살기 원하는가? 먼저 마음속에 끓고 있는 세상적 야심부터 쏟아 버리라. 마음속에 일어나는 잔꾀, 잔재주부터 먼저 십자가에 못 박아 포기하라. 겸허한 마음으로 하나님 앞에 무릎을 꿇으라. 닫혔던 하늘 문이 열릴 것이다. 보이지 않던 사닥다리가 보일 것이다. 하나님이 위대한 꿈과 언약을 베풀어 주실 것이다. 마음속에 숨겨 둔 욕심이 성령의 불로 태워지기를 바란다. 그리하여 하늘이 열리고 하나님의 거룩한 음성을 듣게 되기를 기도한다.

벧엘의 고백

그 절망의 밤에 야곱은 하늘 문이 열리며 천사들이 사다리를 오르락내리락하는 것을 보았다. 하늘 문에 서 계신 하나님이 부어 주시는 위대한 꿈과 비전을 받았다. 그 순간 그는 자신도 모르게 놀라운 고백을 했다. "여호와께서 과연 여기 계시거늘 내가 알지 못하였도다 이에 두려워하여 이르되 두렵도다 이곳이여 이것은 다름 아닌 하나님의 집이요 이는 하늘의 문이로다"_창 28:16-17.

경건이 무엇인가? 하나님의 임재 의식이다. '하나님이 지금 나와 함께 계신다는 것을 의식하는 경험'이다. 하나님은 아버지 집에만 계시는 분인 줄 알았는데, 제단을 쌓고 그분의 이름을 부를 때만 찾아오시는 분인 줄 알았는데, 사실은 사람 하나 없는 쓸쓸한 광야 한복판에도 다가오셔서 절망하는 이에게 위로와 꿈을 주시는 분이라는 엄청난 진리를 야곱이 깨달은 것이다. 하나님이 계시는 곳은 따로 있지 않다. 이 세상에 하나님의 집이 아닌 곳이 어디 있는가? 세상 그 어디를 간다 한들, 무소부재하신 하나님의 전능한 손길이 미치지 못하는 곳이 있겠는가? "내가 하늘에 올라갈지라도 거기 계시며 스올에 내 자리를 펼지라도 거기 계시니이다"_시 139:8. 하늘 문은 어디에서 열리는가? 하나님이 나타나시는 곳이면 어디에서나 열린다.

벧엘에서의 야곱의 고백은 위대한 깨달음이었다. 믿음이 한 단계 높아진 순간이었다. 많은 사람이 하나님을 예배당에만 머물며 찬양만 받으시는 분으로 오해한다. 그렇지 않다. 내가 마음을 열고 하나님의 현존을 맞는 곳이라면 어디든지 그곳이 바로 예배당이요, 천국이다. 그곳이 바로 하나님이 복 주시는 장소다. 혼자 운전하면서 찬송가를 듣다 보면 따라 부를 때가 있다. 은혜를 받아 감동이 되면 소리를 질러 가며 주님을 높인다. 어떤 때는 갑자기 심령에 주님의 임재가 깊이 느껴질 때가 있다. 하나님이 지금 나와 함께 계신다는 느낌이 너무 분명하게 느껴지면서, 더 이상 운전을 할 수 없어 차를 길옆에 대 놓고 한참을 감사할 때도 있다. 당신이 머무는 모든 곳이 벧엘이 되기를 바란다.

야곱의 결심

위대한 꿈을 주신 하나님을 뵌 후 야곱은 결심했다. "야곱이 서원하여 이르되 하나님이 나와 함께 계셔서 내가 가는 이 길에서 나를 지키시고 먹을 떡과 입을 옷을 주시어 내가 평안히 아버지 집으로 돌아가게 하시오면 여호와께서 나의 하나님이 되실 것이요 내가 기둥으로 세운 이 돌이 하나님의 집이 될 것이요 하나님께서 내게 주신 모든 것에서 십분의 일을 내가 반드시 하나님께 드리겠나이다 하였더라"_창 28:20-22.

은혜 받은 자의 마땅한 도리가 무엇인가? 서약, 즉 똑바로 살겠다는 결단과 거룩한 약속이다. 그리고 똑바로 살려고 노력하는 것이다. 주님을 믿고 난 후 무엇을 버리고, 무엇을 얻었는가? 버릴 것은 버리고, 취할 것은 취하라. 서약하고 결단하라. 결단 없이는 결코 새로운 삶이 시작되지 못한다. 하나님이 꿈을 주셨어도 가만히 앉아 있으면 그 꿈이 저절로 이루어질까? 결코 아니다. 꿈을 받은 자로서 그 꿈을 이루기 위해 마땅히 힘써 노력하고 최선을 다해야 한다. 그러므로 하나님 앞에서 결단하라. 사람들 앞에서 할 일을 시작하라. 야곱은 세 가지 결심을 했다. "첫째, 하나님이 나의 하나님이 되실 것입니다. 둘째, 여기에 하나님의 집을 짓겠습니다성전 건축만이 아니라, 끊임없는 예배자가 되겠다는 뜻. 셋째, 십일조를 드리겠습니다."

얼마나 많은 사람이 주님을 따르기로 결단한 후에도 삶을 주께 온전히 드리지 못하는지 모른다. 그래서 하나님을 하나님으로 모셔 들이지 않는다. 결심 없는 삶은 개선도 없다. 어제나 오늘이나 내일이나 똑같다. 하나님을 하나님으로 대접해 드리라. 하나님을 하나님으로 인정하라. 모든 삶의 자리에서, 모든 순간에 하나님께 예배하는 사람이 돼라. 머무는 모든 자리가 예배당이 되게 하라.

성공하지 못해도 괜찮다. 유명한 사람이 못 돼도 상관없다. 다만, 하나님이 맡겨 주신 일에 나의 최선을 다해 충성하기만 하면 된다. 하나님은 성공한 사람들을 칭찬하지 않으시고, 충성한 자들을 칭찬하신다. "착하고 충성된 종아 네가 적은 일에 충성하였으매 내가 많은 것을 네게 맡기리니 네 주인의 즐거움에 참여할지어다"_마 25:23.

우상을 버리고

어리석은 사람들

십계명 중 제2계명은 우상 숭배 금지 명령이다. 하나님은 왜 우상 숭배를 금지하셨을까? 하나님은 스스로를 '질투하는 하나님'이라 말씀하셨는데, 정말 하나님이 말도 못 하고 움직이지도 못 하는 나무토막, 돌 조각, 금 조각에 질투를 느끼실까? 사실 인간이 만든 우상은 아무것도 아니다. 웃게 만들어 놓으면 천년만년 웃고, 화나는 형상으로 만들어 놓으면 천년만년 화만 내지 저 스스로는 웃지도 못한다. 그런데 그런 우상, 나무토막, 돌 조각이 어떻게 하나님의 질투의 대상이 될 수 있을까? 라헬이 아버지 집에서 훔쳐 와 말안장 아래 깔고 앉은 우상이 어떻게 라헬의 인생을 지켜 줄 수 있을까? 자다가도 웃을 일이다. 그런데 왜 하나님은 그렇게 별것도 아닌 우상을 금지하셨을까?

그 이유는 우상에 대한 질투 때문이 아니라, 하나님의 백성에 대한 사랑 때문이었다. 사랑하는 당신의 자녀들이 아무것도 아닌 우상에 속아 인생을 낭비하고 삶을 망치는 모습을 두고 보실 수 없었기 때문이다. "제발 좀 가짜에 속지 말라"는 사랑의 경고가 바로 우상 숭배 금지 명령이다.

모세가 시내산에 올라간 지 한 달이 지나고 있었다. 이스라엘 백성은 불안과 두려움에 싸였다. "백성이 모세가 산에서 내려옴이 더딤을 보고 모여 백성이 아론에게 이르러 말하되 일어나라 우리를 위하여 우리를 인도할 신을 만들라 이 모세 곧 우리를 애굽 땅에서 인도하여 낸 사람은 어찌 되었는지 알지 못함이니라"_출 32:1. "우리를 위하여 우리를 인도할 신을 만들라"라는 말은 얼마나 어리석은가? 우리가 만든 신이 어떻게 우리를 인도한단 말인가? 말도 못 하고 듣지도 못하는 우상, 혼자서는 움직이지도 못 하는 우상, 좀 전까지 자신들의 귀와 손목을 장식했던 금 조각으로 만든 우상이 어떻게 그들을 인도한단 말인가? 그런데도 아론은 그처럼 어리석은 군중의 협박에 못 이겨 그들이 모아 준 금붙이를 녹여 금송아지를 만들었다.

왜 하필 금송아지였을까? 사실 금송아지 우상은 아론의 창작물이 아니었다. 애굽에서 노예 생활을 할 때 이스라엘 백성이 자주 보았던 가축의 신인 황소 모양의 아피스였다. 그러니까 아론은 애굽의 우상 아피스를 복사해서 가짜를 만들어 낸 것이다. 하나님이 애굽에 내리신 다섯 번째 재앙, 가축들이 돌림병으로 죽어 가던 재앙을 기억하는가? 하나님은 애굽의 가축 신, 아피스가 가짜 신임을 드러내기 위해 재앙을 내려 심판하셨는데, 아론은 바로 그 가짜 신 아피스를 다시 복사해서 우상을 만들어 낸 것이다.

그런데 그런 가짜 신, 황금 송아지 우상을 바라보며 이스라엘 백성은 외쳤다. "이스라엘아 이는 너희를 애굽 땅에서 인도하여 낸 너희의 신이로다"_출 32:4. 방금 자기들이 바친 금붙이로 만든 짝퉁 신 아피스가 어떻게 그들을 애굽에서 인도했단 말인가? 그런데도 그들은 그 거짓말을 믿어 버렸다. 아니, 그렇게 믿고 싶어서 소리 지른 것 같다. 그 것이라도 믿어야 불안한 마음을 진정시킬 수 있을 것이라 생각했던 것 같다. 사람들은 너 나 할 것 없이 이렇게 어리석다.

부산에서 목회할 때 비신자 한 분이 심방을 요청했다. 일본에서 오랫동안 모시던 신줏단지를 한국까지 가지고 와서 섬기던 할머니였는데, 그 신줏단지에 깃든 귀신이 날마다 괴롭혀서 못살겠다는 것이다. 없애 버리고 싶은데 자신은 무서워서 할 수 없으니, 하나님을 섬기는 사람들이 와서 없애 달라는 부탁이었다. 구역 식구들과 함께 가서 찬송을 몇 곡 부르고, 통성기도 후 내용물을 가져다 버리고는, 단지는 아주 예뻐서 몇 년 동안 내 방에 두고 꽃병으로 썼다. 오랫동안 귀신에게 눌려 잠도 못 자고, 두려움과 공포에 싸였던 그분은 얼굴이 까맣게 죽어 갔는데, 그날 이후 교회에 나오면서 얼굴이 환하게 밝아졌다.

자기가 만든 우상에 매여 사는 불쌍한 사람들이 바로 우리 인생들이다. 인간은 왜 이리도 어리석을까? 가짜인 줄 알면서도 왜 그것에 매이고 붙잡히고 목숨 걸고 매달려 살까? 이유는 간단하다. 세상에 자신을 믿고 맡길 만한 것이 아무것도 없다고 생각하기 때문이다. 내가 붙잡고 살 수 있는 확실한 것, 믿을 만한 것이 없기에 만들어서라도 붙잡고 사는 것이다. 실존주의 철학자 쇠렌 키르케고르Sören Kierkegaard는 인간 실존의 깊이에 '불안'이 존재하며, 그런 불안 의식이 참 하나님을 만나면 참된 신앙이 되지만, 가짜 신인 우상을 만나면 거짓 신앙이 된다고 했다.

가짜 우상에 목매는 이유

그렇다면 왜 사람들은 참 하나님을 만나 존재의 불안을 해결하려 하지 않고, 가짜 우상을 만들어 가짜인 줄 알면서도 그것에 붙잡혀 살까? 그 이유는 첫째, 참 하나님은 눈에 보이지도 않고 그 음성을 들을 수도 없기 때문이고 둘째, 궁극적으로 참 하나님은 내 마음대로 조종이 불가능하기 때문이다. 보이지 않는 하나님을 보이는 형상으로 만드는 순간, 그것은 이미 하나님이 아니다. 그런데도 사람들은 보이지 않는 하나님을 보이는 우상으로 만들고 싶어 한다. 하나님은 결코 우리 마음대로 조종할 수 있는 분이 아니시다. 그런데도 제 맘대로 해 보고 싶어서 우상, 가짜 신을 만들어 낸다. 그래서 우상을 만들고 숭배하는 것은 살아 계신 하나님께 순종하며 그 뜻대로 살려는 참 신앙이 아니다. 가짜라도 좋으니 내가 원하는 대로, 내가 원할 때 나를 도와줄 존재를 만들어 그것을 붙들고 믿으며 살아가는 자기중심적이고 타락한 가짜 신앙이다.

이런 이유 때문에 제2계명에서 하나님은 "너를 위하여 새긴 우상을 만들지 말고"_출 20:4라고 말씀하셨다. '너를 위하여'란 말이 무슨 뜻인가? 인류나 세상을 위한 것도 아니고, 하나님을 위한 것도 아니고, 어느 누구를 위한 것도 아니라, 오직 나만을 위하여 존재하는 가짜, 짝퉁 신을 만들지 말라는 뜻이다. 우상은 남을 생각하지 않는다. 오직 나 자신의 유익만을 위할 뿐이다. 그래서 도널드 맥컬로우Donald McCullough는 《내가 만든 하나님》그루터기하우스에서 말했다. "이스라엘은 자신들의 상상력을 동원해 금송아지를 만들어 냈다. 그들은 자기들을 구해 준 하나님을 버렸다고는 생각하지 않았다. 다만, 하나님을 자기들의 기대와 요구에 맞게, 자신들의 욕구를 충족시키기 위해 자기들만의 것으로 변형시켰을 뿐이다." 유진 피터슨Eugene Peterson도 그런 우상 숭배의 마음을《메시지》복있는사람의 "레위기"머리말에서 다음과 같은 기도문으로 표현했다. "우리가 원하는 것을, 우리가 원하는 대로, 우리가 원하는 때에 주옵소서."

우상 숭배자들에게는 참 하나님이 계시든 안 계시든 상관없다. 하나님이 무엇을 원하시는지도 관심 없다. 다만, 짝퉁이든 진짜든 나를 위해 존재하는 신이 필요할 뿐이다. 나를 위해 내가 원하는 것을 원하는 때에 이루어 줄 신이 필요한 것이다. 그래서 스스로 짝퉁 신을 만들어 놓고 그것을 조종하여 소원을 성취하려 한다. 하지만 자신들의 헛된 믿음에 속고 모든 희망과 꿈이 무너지면, 그때에야 가짜 신에게 사기당했다며 억울해한다. 그러나 실상은 짝퉁 신에게 사기를 당한 것이 아니라, 자기 스스로를 속인 것뿐이다. 제발 가짜 신에게 속지 말라. 내가 만든 우상이 나를 도와줄 수 있을 것이란 착각에 빠지지 말라. 내 인생의 주인이신 하나님을, 내가 원하는 때에 내 마음대로 조종하고 부려 먹을 생각도 포기하라. 우리가 믿는 하나님은 짝퉁 우상이 아니라, 참 하나님이시다.

무엇을 붙잡고 살 것인가?

윌리엄 바클레이는 말했다. "당신이 어떤 신을 섬기느냐에 따라 당신의 인격이, 당신의 인생이 결정된다." 요즘 어떤 신을 섬기며 살고 있는가? 참 하나님인가, 아니면 짝퉁 우상들인가? 무엇을 붙잡고 살아가고 있는가? 앞으로는 무엇을 붙잡고 살아갈 것인가?

사실 모세는 단순한 선지자 중 한 사람이 아니었다. 애굽에서 이스라엘 백성을 구원해 시내산까지 인도한 보이지 않는 하나님의 보이는 대리자였다. 이스라엘 백성은 단 한 번도 하나님을 본 적이 없었다. 모세를 통해 여호와를 알았고, 말씀을 받았고, 보이지 않는 그 하나님을 믿었다. 그런데 그런 모세가 시내산에 올라간 지 한 달이 지났는데도 내려오지 않았다. 먹을 것, 마실 물도 없는 해발 2,000m 넘는 산정에서 한 달이 넘었으니 더 이상 모세가 살아 있을 것 같지 않았다. 그래서 죽은 것이 틀림없다는 결론에 다다르자 이스라엘 백성은 엄청난 두려움과 공포에 사로잡혔다. '이제 우리는 누구를 믿고 사나?' 그들은 이제껏 모세를 보면서 보이지 않는 여호와 하나님의 임재를 느꼈다. 모세가 전하는 말씀을 들으면서 하나님의 약속을 믿었다. 그런데 이제 모세가 사라지자, 여호와 하나님도 믿을 수 없게 된 것이다.

여기에 그들이 깨닫지 못한 두 가지 사실이 있다. 첫째, 이스라엘 백성을 애굽에서 인도해 내신 기적의 하나님이라면, 해발 2,000m가 아니라 12,000m 꼭대기에서도, 먹을 것과 입을 것이 없어도, 한 달이 아니라 1년이라도 모세를 먹여 살리실 수 있다는 사실을 그들은 믿지 못했다. 둘째, 모세가 사라져서 안 보여도 살아 계신 하나님은 여전히 그들과 함께하신다는 사실을 그들은 알지 못했다. 이런 점에서 이스라엘 백성은 하나님을 온전히 믿지 못하는 불신의 사람들이었다. 그토록 수많은 기적을 경험했으면서도 아직도 하나님을 온전히 신뢰하지 못하는 사람들, 여전히 눈에 뭔가 보여야 믿고, 귀에 뭔가 들려야 믿는 미숙한 사람들이었다. 사도 바울은 "우리가 믿음으로 행하고 보는 것으로 행하지 아니함이로라"_고후 5:7라고 선포했다.

요즘 어떻게 신앙생활을 하고 있는가? 혹시 시내산 아래 있던 이스라엘 백성처럼 보이는 것 없고, 들리는 것 없다고 불안해하며 살고 있지 않는가? 짝퉁 신이라도 좋으니 뭔가 보고 붙잡았으면 좋겠다 생각하는가? 하나님이 내 맘대로 움직여 주지 않으신다고 이스라엘 백성처럼 화를 내고 있지는 않는가? 김관성 목사는 《본질이 이긴다》더드림에서 "인간은 얼마나 사악한지, 심지어는 하나님도, 복음도 가짜로 만들어 내서 섬기려고 한다"고 말했다. 디트리히 본회퍼Dietrich Bonhoeffer도 《본회퍼의 시편 명상》열린서원에서 말했다. "하나님이 어디 계실지를 결정하는 사람이 나라면, 나는 어느 장소에서든 내게 맞고 내 생각에 어울리는 하나님을 찾아낼 것이다. 하지만 당신이 어디 계실지를 결정하는 분이 하나님이시라면 그분이 정하신 장소는 분명 십자가이다."

더 이상 내 맘에 드는 짝퉁 신을 만들어 내려 하지 마라. 전능하신 하나님을 내 맘대로 부려 먹으려는 착각을 버리라. 오직 살아 계신 하나님, 우리 인생의 주인이신 하나님 앞에 엎드려 그 뜻 앞에 순종함을 배우라. 하늘 아버지의 뜻 알기를 사모하며, 그분이 주신 사명을 이루기 위해 헌신하기를 결단하라. 그리할 때 하나님이 우리의 남은 삶을 통해 영광을 받으실 것이다.

교만을 버리고

사울은 이스라엘 땅에서 가장 장대하고 준수한 청년이었다_삼상 9:2. 그는 또한 아버지의 말씀에 토 달지 않고 순종하는 아들이었다_삼상 9:3-4. 왕으로 제비 뽑힌 순간 짐 보따리 속에 숨을 만큼 순수하고 겸손한 젊은이였다_삼상 10:22. 자기를 멸시하는 사람들에게도 잠잠히 참는 온유한 사람이었다_삼상 10:27. 영적으로도 거듭난 새사람이었다_삼상 10:6. 암몬 전쟁에서 이긴 후, 백성들이 사울의 왕권에 도전했던 사람들을 죽이자고 아우성칠 때 도리어 그들을 말린 어질고 너그러운 왕이었다_삼상 11:12-13.

문제는 초심

그런데 그런 사울이 하나님께 버림을 받았다. 어쩌다가 그렇게 되었는가? 어쩌다 그렇게 준수했던 순종의 사람이 하나님께 불순종하게 되었는가? 그토록 겸손하고 너그러웠던 사람이 어떻게 아들 같은 다윗을 죽이겠다고 그토록 악랄해졌단 말인가? 하나님의 영에 충만했던 사람이 어쩌다 악령에 시달리다 전쟁터에서 처참하게 죽어야만 했는가?

우리는 성경에서 교만, 탐욕, 불순종, 시기와 질투, 옹고집 등 많은 이유를 발견한다. 사울은 처음에 겸손했으나 점점 교만해졌다. 처음에는 순종했으나 점점 불순종했다. 처음에는 너그러웠지만 후에는 백성들의 노랫소리 한마디에도 분노했다. 사환의 충고에도 귀를 기울이던 사람이 아들 요나단의 말도, 딸 미갈의 말도, 나중에는 하나님의 사람 사무엘의 말도, 심지어 하나님의 말씀도 듣지 않는 고집불통이 됐다. 그래서 결국 그는 아무도 고칠 수 없이 완전히 망가져 하나님마저 포기하실 수밖에 없는 폭군이 되고 말았다. 교만과 불순종이 문제요, 시기와 질투심이 문제요, 소통 부재와 옹고집이 문제였다. 아니, 사실 삶의 모든 영역이 문제였다. 도대체 어쩌다 이렇게 된 것인가? 완벽하고 멋지게 시작한 그의 인생이 어쩌다 이렇게 엉망이 되어 버리고 말았는가? 이유는 간단하다. 초심을 잃었기 때문이다.

'초심'初心이란 무엇인가? 글자 그대로 '처음 마음'이다. 처음 품은 마음, 처음에 다짐한 마음, 첫사랑의 마음, 순수한 마음, 초심은 생각만 해도 가슴 설레는 마음이다. 초등학교에 첫 등교하는 어린이의 마음, 새내기 대학생의 마음, 첫 출근을 하는 직장인의 마음, 처음 예수님을 믿을 때의 마음, 안수 받을 때의 마음 등이 모두 초심, 앞을 향하여 나아가며 결심하는 마음이다. 처음 직장에 입사할 때 사람들은 대부분 결심한다. "열심히 일해서 최고의 전문가가 되리라!" 하지만 얼마 안 되어 그런 마음이 슬그머니 사라진다. 조금만 익숙해지면 일도 대충하게 되고, 새 일을 추가로 받으면 귀찮아지기까지 한다. 어떤 조사에 따르면, 직장인이 초심을 유지하는 기간이 평균 1년 정도라 한다. 시간이 얼마 흐르면 10명 중 8명이 초심을 잃고 시간만 때운다고 한다. 초심을 잃으면 교만이 싹튼다. 초심을 잃으면 처음 먹은 결심이 식고, 겸손히 배우려는 열정도 사라진다. 그러면서 그 순수했던 처음 마음이 변질되어 자기 업적만 강조하며 최선을 다하지 않게 된다. 그리고 옆에 있는 동료들과 선한 경쟁을 하면서 함께 성장하기보다, 그들을 위협적인 적으로 여기고 수단 방법을 가리지 않고 제거하려 한다.

사울은 초심을 잃어버려 변질되고 말았다. 개구리가 올챙이 적 생각을 못하게 된 것이다. 사울은 하나님의 도우심으로 아말렉에게 대승을 거둔 후에 하나님이 명하신 대로 순종하지 않았다. "사울과 백성이 아각과 그의 양과 소의 가장 좋은 것 또는 기름진 것과 어린양과 모든 좋은 것을 남기고 진멸하기를 즐겨 아니하고 가치 없고 하찮은 것은 진멸하니라"_삼상 15:9. 사울은 자신의 생각이 하나님의 생각보다 옳다고 판단했다. '이렇게 좋은 것들을 왜 없애야 해? 조금쯤 남겨도 되지 않을까?' 다 진멸하라는 하나님의 말씀이 마음에 들지 않았다. 그래서 하나님의 명령을 따르는 것을 즐겨 하지 않았다. 눈에 보기에 좋은 것들은 따로 숨겨 놓고 가치 없고 하찮은 것들만 진멸했다. 한마디로 말해서, 사울은 하나님의 말씀 앞에 순종하는 흉내만 낸 것이다.

신실성
사울의 불순종에 하나님은 마음이 심히 아프셨다. 그 밤에 하나님이 사무엘에게 말씀하셨다. "내가 사울을 왕으로 세운 것을 후회하노니 그가 돌이켜서 거꾸로 회개하여 나를 따르지 아니하며 내 명령을 행하지 아니하였음이니라 하신지라 사무엘이 근심하여 온 밤을 여호와께 부르짖으니라"_삼상 15:11. 사울 한 명의 범죄 때문에 하늘의 하나님이 탄식하셨다. 하나님의 마음을 너무나 잘 알았던 사무엘도 그 밤을 새우며 하나님께 부르짖었다. 하늘도 울고, 땅도 우는 통곡의 밤이었다.

그런데도 사울은 또다시 사고를 쳤다. 사무엘이 그날 밤을 꼬박 새우고 사울을 만나러 갔더니, 사울은 "자기를 위하여 기념비를 세우고"_삼상 15:12 길갈로 가 버리고 말았다. 기가 막힐 노릇이었다. 그토록 겸손했던 사울이 어떻게 이토록 교만해졌는가? 여호와의 영에 크게 감동되었던 자가 어떻게 이토록 영적으로 무뎌질 수 있는가? 하나님이 처음 부르실 때의 초심을 잃어버렸기 때문이다. 왕으로 뽑혔을 때 짐보따리 사이에 숨던 그 순수함을 잃었기 때문이다. 그래서 사무엘은 사울에게 말했다. "왕이 스스로 작게 여길 그때에 이스라엘 지파의 머리가 되지 아니하셨나이까"_삼상 15:17. 유진 피터슨의 《메시지》복있는사람는 본문을 다음과 같이 풀었다. "사무엘이 말했다. '처음 이 길에 들어설 때 당신은 보잘것없는 사람이었습니다. 왕께서도 그것을 알고 있었습니다. 그때 하나님께서 당신을 이스라엘 가운데 가장 높이 두셔서 왕으로 삼으셨습니다.'"

사울이 스스로 자신이 보잘것없는 존재임을 고백할 때 하나님은 그를 높이 세우셨다. 하지만 이제 사울은 더 이상 자신을 보잘것없는 존재로 생각하지 않았다. 사울은 하나님의 말씀, 하나님의 생각, 하나님의 뜻보다는 자신의 위치, 자신의 영광, 자신의 생각, 자신의 꿈이 더 중요한 사람이 되었다. 하나님이 사울을 높이 들어 세우신 이유는 그를 들어 선하게 사용하시기 위함인데, 이제는 그가 스스로 하나님이 필요 없다 생각하고 하나님의 말씀에 순종하지 않으니, 하나님은 더 이상 그를 쓰실 수 없게 된 것이다. 그래서 하나님은 아픈 마음으로 사울을 내치셨다. "왕이 여호와의 말씀을 버렸으므로 여호와께서도 왕을 버려 왕이 되지 못하게 하셨나이다"_삼상 15:23.

신실성이 무엇인가? 처음 먹은 마음을 잃지 않고 끝까지 지키는 것이다. 어떤 시련과 역경, 유혹 앞에서도 초심을 지켜 살아가는 것이 신실성이다. 12지파 중 가장 작은 베냐민 지파 출신으로 초대 이스라엘의 왕이 되었던 사울은 출발은 멋졌으나 종국에는 버림받아야만 했다. 이처럼 비극적인 사울의 인생 스토리 앞에서 우리 자신을 정직하게 돌아보자. 각자 자신에게 물어보자. 하나님이 나를 부르실 때 그 순수함이 아직도 남아 있는가? 하나님이 처음 나를 부르셨을 때 그 순전한 믿음이 아직도 있는가? 혹시 하나님이 보시고 기뻐하셨던 순수한 모습은 다 잃어버리고, 빤질빤질한 예수쟁이, 그럴듯하게 폼만 잡는 이중인격자, 바리새인이 된 것은 아닌가?

"내가 사울을 왕으로 세운 것을 후회하노니"_삼상 15:11. 이 말씀 앞에 두려운 마음으로 회개했다. '혹시 하나님이 나 때문에 후회하신 적은 없을까? 혹시 초심을 잃고 멋대로 행동하는 나 때문에 사무엘처럼 온 밤을 근심하며 하나님께 부르짖은 이는 없었던가?' 하면서 말이다.

첫사랑 회복하기

신학교를 졸업할 때 한 교수님이 유언처럼 남겨 주신 말씀이 있다. "외과 의사가 첫 수술 때, 눈앞에 누워 있는 환자가 고장 난 기계가 아니라 천하보다 귀한 한 생명임을 기억하며 두려운 마음으로 수술 칼을 들던 그 떨림, 그때 느꼈던 생명에 대한 경외심을 잃지 않는다면, 그는 아주 유명한 의사는 못 될지 몰라도 최소한 돈만 아는 돌팔이 의사는 되지 않을 것입니다. 여러분이 강단에 서서 처음 설교할 때, 이 죄 많은 인간이 어떻게 엄위하신 하나님의 말씀을 선포할 수 있을까 하는 두려운 마음으로 말씀을 전하던 그 순간의 떨림과 경외심을 잃지 않는다면, 여러분은 적어도 망나니 가짜 목사는 되지 않을 것입니다. 그 첫 강단의 두려움, 그 초심을 결코 잃지 마십시오." 이로부터 몇 년 후 세상을 떠나신 고 김이태 교수님의 말씀이다. 지난 40년 동안 초심을 잃어 갈 때마다 그분의 유언이 비수처럼 내 가슴을 찔러 나를 지켜 주었다.

다음은 김범곤 목사님의 책 《생명의 떡 오직 예수》두란노에 나온 글이다. "자연自然은 없습니다. 모든 것은 하나님이 만드신 천연天然입니다. 자비량自備糧이 아닙니다. 주님이 준비하시는 주비량主備糧입니다. 자존심自尊心은 안 됩니다. 주님만 높이는 주존심主尊心이어야 합니다. 스스로 자自가 들어가면 타락입니다. 자생自生하려고 하면 망합니다. 하나님 없이 자생하려다 영원한 사망으로 떨어진 것이 마귀입니다. 스스로 계시고 사시는 분은 오직 하나님뿐입니다. 우리는 살라는 대로 살아야 할 생령生靈입니다. 스스로가 아닌 오직 예수로, 스스로가 아닌 말씀과 성령으로 살아야 합니다."

우리 존재의 뿌리가 어디에 있는가? 무엇으로 살고 있는가? 창조주 하나님만이 우리 인생의 원천이요, 오늘을 살아갈 이유가 되신다. 초대 에베소 교회는 실로 모범적인 교회였다. 예수님은 그 교회를 마음껏 칭찬하셨다. "내가 네 행위와 수고와 네 인내를 알고 또 악한 자들을 용납하지 아니한 것과 자칭 사도라 하되 아닌 자들을 시험하여 그의 거짓된 것을 네가 드러낸 것과 또 네가 참고 내 이름을 위하여 견디고 게으르지 아니한 것을 아노라"_계 2:2-3. 에베소 성도들은 많이 수고하고 고난 중에 인내했다. 악한 자들을 용납하지 않고 거짓 선지자들을 분별하여 쫓아낼 만큼 말씀에 대한 지혜가 있었다. 주님의 이름을 위하여 참고 게으르지 않고 부지런히 충성했다. 실로 대단히 모범적인 교회였다. 하지만 한 가지 부족한 것, 그러면서도 앞의 모든 것을 상쇄하여 무너뜨릴 만큼의 문제를 주님은 이렇게 책망하셨다. "그러나 너를 책망할 것이 있나니 너의 처음 사랑을 버렸느니라 그러므로 어디서 떨어졌는지를 생각하고 회개하여 처음 행위를 가지라 만일 그리하지 아니하고 회개하지 아니하면 내가 네게 가서 네 촛대를 그 자리에서 옮기리라"_계 2:4-5.

첫사랑을 잃으면 나머지 모든 것은 다 허례와 위선과 교만으로 남는다. 초심을 잃으면 모든 것은 빛바랜, 의미 없는 장식품으로 전락한다. 첫사랑을 회복하라. 잃어버렸던 초심을 회복하라. 우리 생명의 근원이신 하나님만 온전히 우러러 바라보며 서로 사랑하며 섬기는 순전한 믿음의 사람들이 되기를 기도한다.

하나님의 용서 _ 오라 변론하자

요즘은 부부 간이든, 부모 자식 간이든 서로 소통이 힘든 시대가 되었다. 한때는 머리가 좋으면 일도 잘하고, 성공도 하고, 인생도 행복할 것이라 생각했다. 그래서 지능지수IQ가 나왔지만, 지능지수가 전부가 아님을 깨달은 후에는 감성지수EQ, 도덕지수MQ 등 온갖 지수들이 등장했다. 우스갯소리로 잔머리지수JQ, 뻔뻔지수BBQ 등도 나와서 잔머리 굴리는 사람, 뻔뻔한 사람이 성공하고 행복해진다고도 했다. 하지만 요즘은 이런 개인의 속성보다 더 중요한 행복의 요소가 있다고 한다. 관계지수NQ, 어울림지수, 협력지수다.

요즘 하나님과의 관계는 어떤가? 부부 사이나 성도들, 직장에서의 관계는 어떤가? 인생의 참된 행복은 서로 잘 소통하는 친밀한 관계에 있다. 관계가 좋아야 행복하다. 하나님과 형제자매들, 비신자들과도 잘 소통하는, 관계가 좋은 행복한 삶을 살기 바란다.

이사야 선지자 시절에 하나님과 유다 백성의 관계는 최악이었다. 그들은 스스로는 하나님을 가장 잘 섬기는 거룩한 백성이라고 생각했지만, 정작 하나님의 눈에는 죄악이 넘쳐 났다. 그래서 하나님은 하늘 법정으로 그들을 소환해 말씀하셨다. "하늘아 들어라, 땅아 귀를 기울여라. 야훼께서 말씀하신다. '자식이라 기르고 키웠더니 도리어 나에게 반항하는구나. 소도 제 임자를 알고 나귀도 주인이 만들어 준 구유를 아는데 이스라엘은 아무것도 알지 못하고 내 백성은 철없이 구는구나. 아! 탈선한 민족, 불의로 가득 찬 백성, 사악한 종자, 부패한 자식들. 야훼를 떠나고 이스라엘의 거룩하신 분을 업신여기고 그를 배반하여 돌아섰구나. 아직도 덜 맞아서 엇나가기만 하는가? 머리는 상처투성이고 속은 온통 병이 들었으며 발바닥에서 정수리까지 성한 데가 없이 상하고 멍들고 맞아 터졌는데도 짜내고 싸매고 약을 발라 주는 이도 없구나. 너희의 땅은 쑥밭이 되었고 도시들은 잿더미가 되었으며 애써 농사지은 것을 남이 약탈해 가도 보고만 있어야 하니 아, 허물어진 소돔처럼 쑥밭이 되고 말았구나. 수도 시온은 포도밭의 초막, 참외밭의 원두막, 파수꾼의 망대처럼 외로이 남았구나'"_사 1:2-8, 공동번역.

사람들 사이에 법적 분쟁이 생기면, 보통은 법적으로 불리한 사람, 대개는 피고가 먼저 협상을 요청한다. 그런데 이 말씀을 보면 피고로 소환된 유다 백성은 자신들이 무엇을 잘못했는지도 모른 채 제멋대로 살아가고 있는데, 재판장이신 하나님이 먼저 그들에게 '협상하자'고 부르셨다. "여호와께서 말씀하시되 오라 우리가 서로 변론하자"_사 1:18.

오라

하나님이 "오라" 하신다. 우리 인생들은 기회만 생기면 늘 하나님을 피해 도망 다닌다. 불순종한 아담은 하나님의 낯을 피하여 동산 나무 사이로 숨어들었다. 선지자 요나도 주신 사명을 버리고 하나님의 낯을 피하여 도망가 다시스로 가는 배를 탔다. 아버지의 보호 아래 살기 싫은 탕자는 집에서 먼 타향으로 도망갔다. 그런데 하나님은 그렇게 도망가는 인생들을 찾아다니신다. 동산 나무 사이에 숨은 아담을 찾으셨다. 다시스로 도망가는 요나를 찾으셨다. 집 나간 탕자를 기다리는 아버지처럼, 오늘도 예수님은 삶에 지친 우리 인생들을 부르고 계신다. 언제까지 "오라", "내게로 돌아오라" 하시는 하나님의 음성을 외면할 것인가? 언제까지 그분의 낯을 피해 절망의 어둠 속을 헤매며 도망 다닐 것인가? 그 음성을 듣고 하늘 아버지 앞에 엎드리라.

하나님은 요엘 선지자를 통해 말씀하셨다. "너희는 이제라도 금식하고 울며 애통하고 마음을 다하여 내게로 돌아오라"_욜 2:12. '이제라도'even now라는 말은 이미 늦었다는 뜻이다. 이미 하나님의 심판이 내려지기 시작했다는 의미다. 하지만 이미 늦었어도, 이제라도 잘못을 뉘우치고 온전히 금식하고 울며 애통하고 돌아오기만 한다면, 하나님이 다시 회복시켜 주시겠다는 말씀이다. 바로 여기에 우리의 희망이 있다. 늦었어도 받아 주겠다는 하나님의 긍휼의 마음과 약속에 우리의 희망이 있다. 늦었어도 돌아가기만 하면 회복시켜 주시는 하나님의 사랑에 우리의 미래가 있다.

하나님은 왜 우리에게 "오라" 하시는가? 이유는 명백하다. 우리가 하나님을 떠나 있으니까 오라고 하시는 것이다. 우리가 하나님 곁에 있는데도 하나님이 우리에게 오라 하실 리가 없지 않은가? 혹시 '제가 언제 하나님을 떠났나요? 저는 언제나 하나님 곁에 있었습니다'라고 생각하는가? 다시 잘 생각해 보라. 내 몸이 교회를 떠난 적은 없을지 몰라도, 마음과 생각은 얼마나 세상을 휘젓고 다녔던가? 하나님을 의지하며 살기보다는 얼마나 자주 내 생각, 내 재주, 내 능력을 믿고 내 멋대로 살려 했던가? 오늘날 우리 삶이 왜 이토록 어려운가? 왜 이토록 곤궁하고 힘든가? 간단히 말해서, 하나님을 떠나 하나님이 명하신 말씀대로 살지 않았기 때문이 아닐까? 하나님을 사랑한다 하면서도 세상을 더욱 사랑했고, 하나님을 경외한다면서도 사람들의 눈치를 더 살폈고, 하늘의 상급보다는 당장 손안의 돈 몇 푼을 더 중하게 여겼기 때문이 아닐까? 주님은 "주일을 거룩히 지키라" 하셨지만 우리는 적당히 흉내만 냈고, 주님은 "수입의 십분의 일은 내 것이다" 하셨지만 우리는 그것도 중히 생각하지 않았다. 주님은 "가난한 과부와 고아를 돌아보라" 명하셨지만 우리는 우리 배만 채우기에 바빴고, 말씀을 묵상하기보다는 통장의 잔고를 늘리는 데만 관심이 많았으며, 하나님을 기쁘시게 해 드리는 것보다는 세상의 칭찬과 인기에 더 관심이 있었다.

세상의 눈에 그리스도인은 어떨까? 세상 사람들의 불만은 그리스도인들이 그리스도인답지 못하다는 점이다. 그리스도인들이 세상 사람들과 하나도 다를 바가 없다는 것이다. 한완상 박사는《예수 없는 예수 교회》김영사라는 책을 썼다. 본래 "예수 있는 예수 교회"라는 책을 쓰고 싶었는데 실제로 그렇지 않더라는 것이다.

여호와 하나님은 말씀하신다. "너희가 손을 펼 때에 내가 내 눈을 너희에게서 가리고 너희가 많이 기도할지라도 내가 듣지 아니하리니 이는 너희의 손에 피가 가득함이라"_사 1:15. "경건의 모양은 있으나 경건의 능력은 부인하니 이 같은 자들에게서 네가 돌아서라"_딤후 3:5. "오라 우리가 여호와께로 돌아가자 여호와께서 우리를 찢으셨으나 도로 낫게 하실 것이요 우리를 치셨으나 싸매어 주실 것임이라 여호와께서 이틀 후에 우리를 살리시며 셋째 날에 우리를 일으키시리니 우리가 그의 앞에서 살리라"_호 6:1-2.

이제라도 지난 게으름, 외식, 불순종, 부끄러웠던 삶을 털고 일어나자. 지금도 "오라"고 부르시는 하나님 앞으로 나아가 모든 허물과 죄를 용서받기를 갈망하자. 하늘 아버지께서 우리 앞길을 인도해 주실 것이다.

우리가 서로 변론하자

"오라"고 부르신 여호와 하나님은 두 번째로 "우리가 서로 변론하자"_사 1:1고 말씀하신다. 공의의 하나님이 법대로, 일방적으로 우리를 심판하지 않으시겠다는 것이다. 범죄한 것이 분명하지만, 그리고 마땅히 법대로 심판해야겠지만, 그러나 먼저 너희 말을 들어 보자는 것이다. '서로 변론하자'는 말은 '너희 입장을 좀 들어 보고 아량을 베풀겠다'는 하나님의 사랑 표현이다. 하나님은 공의의 하나님이시면서 동시에 사랑과 긍휼의 아버지시다. 하나님이 공의대로, 법대로 심판하셨다면 우리는 이미 다 죽었을 것인데도 아직 버젓이 살아 있는 것은 그분의 긍휼과 오래 참으심 때문이다. "너희를 향한 나의 생각을 내가 아나니 평안이요 재앙이 아니니라 너희에게 미래와 희망을 주는 것이니라"_렘 29:11. 이 말씀을 공동번역에서는 다음과 같이 해석했다. "너희에게 어떻게 하여 주는 것이 좋을지 나는 이미 뜻을 세웠다. 나는 너희에게 나쁘게 하여 주지 않고 잘하여 주려고 뜻을 세웠다. 밝은 앞날이 너희를 기다리고 있다. 이는 내 말이라, 어김이 없다."

하늘 법정으로 당신의 백성들을 소환하는 재판장이신 하나님은 이미 뜻을 정하셨다. 유죄 판결을 내려 심판하지 않고, 어떻게 하든 용서하겠다는 것이다. 그래서 만일 잘못했다고 회개하고 지금이라도 삶을 고치고 새롭게 살려고 노력만 한다면, 지난 허물은 다 용서하고 다시 너희의 삶을 예전처럼 복되게 회복시켜 주겠다는 것이다. "너희의 죄가 주홍 같을지라도 눈과 같이 희어질 것이요 진홍같이 붉을지라도 양털같이 희게 되리라 너희가 즐겨 순종하면 땅의 아름다운 소산을 먹을 것이요 너희가 거절하여 배반하면 칼에 삼켜지리라 여호와의 입의 말씀이니라"_사 1:18-20.

이런 법정이 세상 어디에 있는가? 재판장이 이미 무죄 선언을 하려고 뜻을 정해 놓고 죄인을 소환하는 법정이 어디 있냐는 말이다. 실로 놀라운 은혜, 한없는 은혜다. 이런 점에서 볼 때, 우리 인생들이 하나님의 심판을 받게 되는 것은 죄 자체 때문이 아니다. 죄를 짓고도 회개하지 않고 끝까지 고집 부리며 멋대로 살아가는 강퍅함 때문이다. 긍휼이 풍성하신 하나님이 용서할 수 없을 만큼 엄청난 죄는 이 세상에 존재하지 않는다. 예수님의 보혈이 씻지 못할 죄는 이 세상에 없다.

"그러므로 우리는 긍휼하심을 받고 때를 따라 돕는 은혜를 얻기 위하여 은혜의 보좌 앞에 담대히 나아갈 것이니라"_히 4:16. 지난날 어떤 허물과 죄가 있다 해도 낙심하지 말라. 그냥 두 손 들고 하늘 아버지께 나아가 용서와 사랑을 구하라. 하늘 아버지께서는 언제나 기꺼이 우리를 용서하고 받아 주실 것이다.

사도 요한은 "만일 우리가 우리 죄를 자백하면 그는 미쁘시고 의로우사 우리 죄를 사하시며 우리를 모든 불의에서 깨끗하게 하실 것이요"_요일 1:9라고 선포했다. 여기서 '자백'이란 헬라어로 '호모로게오'로서, '동의하다'라는 뜻이다. 하나님이 모르시는 사실에 대하여 보고하는 것이 자백이 아니다. 하나님이 이미 다 알고 계시는 나의 허물과 잘못에 대하여 정직하게 인정하고 다시는 죄를 짓지 않겠다고 결단하는 행위가 바로 자백이다. 우리가 그렇게만 한다면 하나님은 미쁘시고믿을 만한 분이시고 의로우사 우리의 모든 죄를 용서해 주시고 모든 불의에서 깨끗하게 해 주신다.

하나님이 미쁘신 분, 즉 믿을 만한 분이심을 믿는가? 의로우신 것을 믿는가? 한번 용서한다 하셨으면 용서해 주실 줄 믿는가? 믿으라. 특별히 마지막 말씀을 믿으라. 자백하면 용서해 주겠다고 하셨으니 반드시 용서해 주실 것이다. 모든 죄를 깨끗하게 하겠다고 약속하셨으니 내가 자백하는 모든 죄를 깨끗하게 해 주실 것이다. 철저히 회개하고 삶을 고치며 통곡하는 성도들의 기도에 교회가 살고 나라가 산다. 여호와 하나님은 요엘 선지자를 통해서 회개하는 백성들에게 약속하셨다. "내가 너희에게 곡식과 새 포도주와 기름을 주리니 너희가 이로 말미암아 흡족하리라 … 그 후에 내가 내 영을 만민에게 부어 주리니 너희 자녀들이 장래 일을 말할 것이며 너희 늙은이는 꿈을 꾸며 너희 젊은이는 이상을 볼 것이며"_욜 2:19, 28. 이 약속을 믿자. 지난 허물과 죄를 자백하고 새롭게 살기로 결단하기만 한다면, 그 어떤 허물과 죄도 기꺼이 용서하시는 하나님은 우리를 온전히 새롭게 하시고 회복시켜 주실 것이다. 그분 앞에 엎드리라.

하나님의 용서 _ 성전에서 회개하라

코로나19 팬데믹이라는 시련을 겪으면서 교인 한 명 없는 텅 빈 예배 당을 바라보며 자문했다. "성전이란 무엇인가? 하나님은 어떤 분이신 가?" 어떤 이들은 성전이 하나님이 계시는 집이라 생각한다. 그래서 일주일에 한 번 하나님을 만나러 교회에 와서 한 시간 예배드리고는 다시 세상으로 돌아가면서, "하나님, 다음 주에 다시 올게요. 안녕히 계세요" 인사하고 한 주간 하나님을 잊어버리고 산다. 마치 오랜만에 할머니 집에 놀러 왔다 가는 손주 같다. 과연 성전은 하나님이 우리가 찾아오기를 기다리며 사시는 곳인가?

주의 성전

성전을 건축한 솔로몬은 이상한 기도를 드렸다. "하나님이 참으로 사람 과 함께 땅에 계시리이까 보소서 하늘과 하늘들의 하늘이라도 주를 용 납하지 못하겠거든 하물며 내가 건축한 이 성전이오리이까"_대하 6:18. 솔로몬은 하나님이 인간이 지은 집에 계실 분이 아니라는 사실을 알았고, 천지를 지으신 창조주 하나님은 인간이 만든 좁은 공간에 갇혀 계실 수 없다는 사실을 분명히 알았다. 하나님은 천지에 충만한 분이시다. 우주라도 그분이 거하시기에 좁다. 하나님은 가끔 찾아오는 손주를 기다리는 할머니처럼 마냥 성전에서 우리를 기다리시는 분이 아니다. 하나님은 매일 매 순간, 세상 어디에서나 만날 수 있고 교제할 수 있는 살아 계신 영이시다. 꼭 예배당에 와야만 만날 수 있는 분이 아니라, 언제 어디서나 부르면 기꺼이 만나 주는 무소부재하신 하나님이시다.

이 사실을 잘 알았던 솔로몬은 자신이 지은 성전에 감히 하나님을 모실 생각을 하지 못했다. 다만 하나님께 그 성전에서 올리는 기도에 귀 기울여 달라고 청했다. "주께서 전에 말씀하시기를 내 이름을 거기에 두리라 하신 곳 이 성전을 향하여 주의 눈이 주야로 보시오며 종이 이곳을 향하여 비는 기도를 들으시옵소서 주의 종과 주의 백성 이스라엘이 이곳을 향하여 기도할 때에 주는 그 간구함을 들으시되 주께서 계신 곳 하늘에서 들으시고 들으시사 사하여 주옵소서"_대하 6:20-21.

성전은 어떤 곳인가? 하나님이 당신의 이름, 당신의 명예를 걸고 여기서 하는 기도에 응답하겠다 약속하신 곳이다. 하나님의 눈이 주야로 보고 있고, 기도 소리에 하나님이 귀 기울이시는 곳이다. 심지어 사정이 있어 성전에 오지 못하고 이곳을 향해서 올리는 기도까지도 들어주겠다고 하신 언약의 장소다.

솔로몬은 또 이렇게 기도했다. "주의 백성이 그 적국과 더불어 싸우고자 하여 주께서 보내신 길로 나갈 때에 그들이 주께서 택하신 이 성과 내가 주의 이름을 위하여 건축한 성전 있는 쪽을 향하여 주께 기도하거든 주는 하늘에서 그들의 기도와 간구를 들으시고 그들의 일을 돌보시옵소서"_대하 6:34-35. 만일 하나님이 성전에 계셔서 찾아오는 백성들을 기다리는 분이시라면, 전쟁터에서 부르짖는 병사들의 기도를 못 들으실 것이다. 만리타국에 포로로 잡혀간 백성들의 신음도 못 들으실 것이다. 하지만 하나님은 솔로몬이 지은 성전이 아니라, 온 천지에 충만하시고 하늘 위에 계시기에 전쟁터나 만리타국 어디서든 기도 응답의 약속 장소인 성전을 향해 부르짖는 기도를 들으실 수 있다.

그래서 솔로몬은 또 기도했다. "자기들을 사로잡아 간 적국의 땅에서 온 마음과 온 뜻으로 주께 돌아와서 주께서 그들의 조상들에게 주신 땅과 주께서 택하신 성과 내가 주의 이름을 위하여 건축한 성전 있는 쪽을 향하여 기도하거든 주는 계신 곳 하늘에서 그들의 기도와 간구를 들으시고 그들의 일을 돌보시오며 주께 범죄한 주의 백성을 용서하옵소서"_대하 6:38-39. 성전은 하나님이 사시는 집이 아니다. 하나님이 당신의 백성들의 기도를 들어주겠다고 약속하신 언약의 장소다. 주님도 마가복음에서 "내 집은 만민이 기도하는 집이라 칭함을 받으리라고 하지 아니하였느냐"_막 11:17라고 말씀하셨다. 그러므로 기도 응답의 약속의 장소인 성전을 사모하라. 하나님이 당신의 명예를 걸고 기도에 응답하겠다고 약속하신 자리, 하나님의 눈이 주야로 보고 있고, 이곳에서 하는 기도에 귀를 기울이겠다 약속하신 성전에서 기도하기를 게을리하지 말라. 우리 믿음의 선배들이 그토록 간절히 성전에서 부르짖던 기도의 삶을 다시 회복하기를 바란다.

코로나19로 드리게 된 온라인 예배로 영육이 게을러졌다. '무소부재하신 하나님'이란 말만 믿고 간절히 성전을 찾지 않는다. 성전에서 기도하지 않는다. 그러나 잊지 말라. 하나님은 어느 곳에서 기도하든 예배하든 다 받으시지만, 그렇다고 게을러서 성전을 찾지 않고 적당히 드리는 예배와 기도까지 기쁘게 받으시는 분은 결코 아니다. 본문에서 말하는 성전을 향해 기도하는 것은 게을러서 적당히 아무데서나 기도하는 것을 의미하지 않는다. 적국에 포로로 잡혀가서, 전쟁에 출전하여 성전에 오고 싶어도 올 수 없는, 그야말로 피치 못해서 성전을 그리워하고 사모하여 성전을 향해 기도하는 것을 가리킨다. 그들은 시편 기자처럼 만리타국 바벨론에서 성전을 얼마나 그리워했던가? "하나님이여 사슴이 시냇물을 찾기에 갈급함같이 내 영혼이 주를 찾기에 갈급하니이다 내 영혼이 하나님 곧 살아 계시는 하나님을 갈망하나니 내가 어느 때에 나아가서 하나님의 얼굴을 뵈올까"_시 42:1-2. 주께서 약속하신 기도 응답의 자리인 성전에서 우리의 기도가 응답되기를 바라며 사모하는 마음으로 성전을 찾으라. 시시때때로 거룩한 전에 올라 하나님 앞에 엎드려 기도하라.

성전에서 해야 할 기도

성전이 기도하는 집이라면, 성전이 하나님의 눈이 주야로 보고 하나님이 귀를 기울이시는 곳이라면 이 성전에서 또는 이 성전을 바라보며 우리는 무엇을 기도해야 하는가?

기도의 내용은 네 가지로, 찬양Adoration, 고백 Confession, 감사 Thanksgiving,

간구Supplication다. 이를 기억하기 쉽게 머리글자를 따서 'ACTS'행동, 사도행전라고 한다. 솔로몬의 성전 봉헌 기도를 보면 이 네 가지가 다 들어 있지만, 특히 고백이 압도적으로 많다. 앞부분의 찬양을 제외하면, 솔로몬은 대략 일곱 가지 경우를 들어 기도하는데, 다섯 번째와 여섯 번째 기도, 즉 이방인의 기도와 전쟁터에 나갈 때 드리는 기도 말고는 모두 죄를 회개하는 기도다. '만일'이라는 말로 시작되는 22, 24, 26, 28절의 네 기도 모두 고백의 기도로, 주의 백성이 말씀대로 살지 못해 천재지변을 만나든지, 질병이나 어려움을 겪든지, 적국에 패해 만리타국에 끌려가서 비참한 삶을 살게 될 때, 그래서 성전에 오지 못한 채 기도 응답의 약속 장소인 성전을 향하여 기도하면, 그 모든 허물과 죄를 용서해 주시고 모든 환난과 어려움에서 건져 달라는 내용이다. 그리고 마지막 일곱 번째 기도는 이 모든 기도의 결론으로, 역시 회개와 고백의 기도다. "주께 범죄하지 아니하는 사람이 없사오니 그들이 주께 범죄하므로 주께서 그들에게 진노하사 그들을 적국에게 넘기시매 적국이 그들을 사로잡아 땅의 원근을 막론하고 끌고 간 후에 그들이 사로잡혀 간 땅에서 스스로 깨닫고 그들을 사로잡은 자들의 땅에서 돌이켜 주께 간구하기를 우리가 범죄하여 패역을 행하며 악을 행하였나이다 하며 자기들을 사로잡아 간 적국의 땅에서 온 마음과 온 뜻으로 주께 돌아와서 주께서 그들의 조상들에게 주신 땅과 주께서 택하신 성과 내가 주의 이름을 위하여 건축한 성전 있는 쪽을 향하여 기도하거든 주는 계신 곳 하늘에서 그들의 기도와 간구를 들으시고 그들의 일을 돌보시오며 주께 범죄한 주의 백성을 용서하옵소서"_대하 6:36-39.

여기에 '범죄'라는 말이 여러 번 등장한다. 세상에 범죄하지 않는 사람이 없으니 "하늘에 계신 하나님이여, 우리나 우리 후손들이 죄를 지어 하나님의 매를 맞아 어려움을 겪을 때에도 이 성전에서 기도하든, 성전에 못 오고 성전을 향해 기도하든 그 회개와 고백의 기도를 들으시고 용서해 주시고 회복시켜 주소서."라고 기도한 것이다. 이것이 솔로몬의 성전 봉헌 기도의 핵심이다.

성전은 어떤 곳인가? 의인들이 거들먹거리며 자기 의를 가지고 하나님께 나아가 자랑하는 곳이 아니다. 죄인들이 지난 허물과 죄를 고백하며 하나님의 긍휼을 구하는 참회의 자리다_눅 18:10-14. 기도는 자기 의를 자랑하는 것이 아니라, 겸손히 엎드려 하나님의 긍휼과 용서를 구하는 것이다.

생각해 보라. 솔로몬의 성전터가 어디인가? 다윗이 인구조사를 하다가 단번에 70,000명이 죽은, 그 처절한 심판이 멈춘 오르난의 타작마당이다. 어떻게 그 심판이 멈췄는가? 다윗이 제단을 쌓고 희생 제물을 드리며 죄를 용서해 주시기를 하나님께 빌 때, 하나님이 그 심판의 손길을 멈추셨다. 바로 그곳에 솔로몬이 성전을 건축했다. 그래서 성전은 우리 죄에 대한 하나님의 심판이 멈추는 곳, 용서와 회복이 일어나는 곳이다.

또한 솔로몬의 성전터는 아브라함이 순종함으로 독자 이삭을 바치려던 모리아산이고, 또한 예수께서 십자가에 못 박혀 돌아가시며 보혈을 뿌려 만민의 죄를 대속하신 갈보리 산자락이다. 그러므로 성전은 크든 작든, 멋지든 초라하든 우리 죄에 대한 하나님의 심판이 거두어지는 곳이요, 우리 허물과 죄가 주님의 보혈로 씻기는 골고다 언덕이다. 성전의 심장부는 지성소이고, 그 지성소에 놓인 법궤 뚜껑에는 천사 둘이 날개를 펴고 엎드려 있는데, 그곳을 하나님의 발등상, 또는 시은소施恩所, 은혜가 베풀어지는 곳라 한다. 오늘날 예배당에는 십계명 돌판도 없고 법궤도 없지만, 예수님의 십자가 보혈로 씻김을 받고 허물과 죄에서 해방되는 은혜의 역사는 계속된다. 그러므로 하나님의 언약의 법궤가 있는 곳, 그 성소로 나아가 하나님이 베풀어 주시는 속죄의 은혜를 받으라. 찬양의 제사를 드리며 우리를 회복시키시는 하나님의 은혜를 갈망하라. "오라 우리가 여호와께로 돌아가자 여호와께서 우리를 찢으셨으나 도로 낫게 하실 것이요 우리를 치셨으나 싸매어 주실 것임이라 여호와께서 이틀 후에 우리를 살리시며 셋째 날에 우리를 일으키시리니 우리가 그의 앞에서 살리라 그러므로 우리가 여호와를 알자 힘써 여호와를 알자"_호 6:1-3.

앎은 삶이 되어야 한다

솔로몬은 참으로 지혜로운 왕이었다. 성전이 세워진 그 자리의 의미를 알았고, 성전에서 해야 할 기도가 무엇인지도 잘 알아서 성전 봉헌 기도 중 대부분을 할애해 죄의 고백과 하나님의 용서에 대한 기도를 드렸다. 또한 솔로몬은 하나님이 당신의 백성들이 어떤 죽을죄를 지었다 해도 성전에 와서, 또는 성전을 향해 기도하기만 하면 기꺼이 용서하시는 사랑의 하나님이심을 잘 알았다.

하지만 기가 막히고 슬픈 사실은 솔로몬은 아는 만큼 살지 못했다는 것이다. 솔로몬은 긍휼이 풍성하신 하나님이 어떤 허물과 죄도 회개만 하면 용서하신다는 사실을 알았으면서도 말년에 그 용서와 긍휼의 하나님 앞으로 돌아오지 않았다. 하나님이 주신 부귀영화에 도취되어 하나님을 버렸다. 열왕기 기자는 솔로몬의 말년을 다음과 같이 기록했다. "솔로몬이 마음을 돌려 이스라엘의 하나님 여호와를 떠나므로 여호와께서 그에게 진노하시니라 여호와께서 일찍이 두 번이나 그에게 나타나시고 이 일에 대하여 명령하사 다른 신을 따르지 말라 하셨으나 그가 여호와의 명령을 지키지 않았으므로 여호와께서 솔로몬에게 말씀하시되 네게 이러한 일이 있었고 또 네가 내 언약과 내가 네게 명령한 법도를 지키지 아니하였으니 내가 반드시 이 나라를 네게서 빼앗아 네 신하에게 주리라"_왕상 11:9-11.

솔로몬은 아버지 다윗만큼 도덕적으로 악한 죄를 지은 것 같지는 않다. 다윗처럼 남의 아내를 범하거나 그 죄를 숨기기 위해 살인 교사 죄를 지었다는 기록은 없다. 하지만 처절하게 회개한 다윗, 하나님의 용서를 믿으며 "하나님이여 내 속에 정한 마음을 창조하시고 내 안에 정직한 영을 새롭게 하소서 나를 주 앞에서 쫓아내지 마시며 주의 성령을 내게서 거두지 마소서"_시 51:10-11 하고 울부짖으며 긍휼의 하나님 품으로 파고들었던 아버지와 달리, 솔로몬은 긍휼과 용서의 하나님 품으로 돌아가지 않고, 그토록 돌아오라고 부르시는 간곡한 하나님의 음성을 거절했다. 하룻밤에 세 번이나 주님을 부인한 베드로는 통곡하고 회개할 때 초대교회의 반석이 되었지만, 가룟 유다는 기꺼이 용서하실 수 있는 하나님을 찾지 않고 삶을 포기했다. 다윗과 솔로몬의 모습에서 베드로와 가룟 유다의 모습이 보이지 않는가?

하나님은 사랑과 긍휼이 풍성한 하나님이시지만, 끝까지 그 용서를 믿지 못하고 거절하는 사람까지 구원하실 수는 없다. 죄지은 자마다 나아와 그 죄를 용서받는 속죄와 은혜의 장소인 성전, 그래서 하나님이 당신의 심판의 손을 멈추시고 오히려 그 손을 들어 우리를 회복시켜 주시는 성전을 사모하라. 성전에서 하는 기도와 그 성전을 사모하며 올리는 기도에 귀 기울이시는 하나님, 성전 문을 활짝 열어 놓고 기다리시는 하나님께 나아오라.

4,

러너스하이 ──

독수리 날개 쳐 올라가듯

▶ 러너스하이 Runner's High : 장시간 뛰었을 때 엔도르핀 등의 호르몬으로 인해 느껴지는 행복감.

성도는 거룩하다

레위기 19장 2절에서 여호와 하나님은 "너희는 거룩하라 이는 나 여호와 너희 하나님이 거룩함이니라"라고 말씀하셨다. 또한 예수님은 마태복음 5장 48절에서 이렇게 말씀하셨다. "그러므로 하늘에 계신 너희 아버지의 온전하심과 같이 너희도 온전하라." "거룩하라!"와 "온전하라!"는 아무리 생각해도 우리 인생들이 감당하기엔 불가능한 명령들이다. 어떻게 죄 많은 인간이 하나님처럼 거룩하고 온전할 수 있을까? 그럼에도 이 명령들은 하나님이 몇몇 특별한 영적 지도자들, 제사장들, 수도사들에게만 주신 제한적 명령이 아니다. 하나님의 모든 백성에게 주신 것이다.

여기서 우리가 깨달아야 할 중요한 사실이 있다. 하나님이 우리에게 요구하시는 삶의 기준은 우리가 생각하는 것보다 훨씬 높다는 점이다. 우리는 죄를 짓고는 너무 쉽게 "육신이 약해서"라 핑계 댄다. "세상이 너무 악해서"라고 변명하기도 하고, "세상이 다 그런 걸 어떻게 나 혼자 신앙을 지킬 수 있나?" 하고 합리화한다. 하지만 모든 사람이 죄짓고, 그래서 온 세상에 죄악이 넘쳐 난다 해도 "거룩하라" 하신 하나님의 이 명령은 변하지 않는다. 하나님은 죄를 지어도 된다는 핑계의 여지를 남겨 놓지 않으셨다. 하나님은 적당히 예수 믿고도 천국에 갈 수 있는 편리한 길을 마련해 놓지 않으셨다. 주님은 세상이 온통 죄투성이니 세상과 타협하며 살아도 된다고 허락하지 않으셨다.

절반 거룩이란 없다

성경은 거룩하라고, 온전하라고 밝히 말한다. 그렇다. 하나님의 말씀은 엄중하다. 세상이 온통 죄투성이라도 하나님의 백성은 거룩하게 살아야 하고, 유혹의 물결이 아무리 거세다 해도 하나님의 자녀들은 그 물결을 거슬러 올라가야 한다. 남들이 사기 친다고 나도 사기 쳐서는 안 되고, 남들이 뇌물을 받는다고 나도 뇌물을 받아선 안 된다. 어떻게 거룩하신 하나님의 자녀가 양심을 속이고 가짜 진단서를 만들 수 있는가? 어떻게 그리스도인 정치인이 뇌물을 받을 수 있는가?

절반 거룩이란 없다. '절반 예수쟁이'는 '적어도 절반은 예수 믿는 사람'이 아니라, '100% 가짜 예수쟁이'다. 예수님을 믿는 믿음의 길에서 절반쯤 믿는 것은 아예 믿지 않는 것이다. 주님의 명령은 온전이다. 나를 완전히 포기하고 하나님의 온전한 축복을 받는 길이 예수 믿는 길이다. 옛사람을 완전히 장사 지내고, 주님 안에서 완전히 새사람이 되는 길이 예수 믿는 길이다. 그런 온전한 길을 가려고 노력할 때 비로소 우리는 세상을 이기고 변화시키는 경건의 능력을 하늘로부터 받게 될 것이다.

100여 년 전 이 땅에 처음 복음이 들어왔을 때는 믿는 사람과 믿지 않는 사람 사이에 분명하게 다른 점이 있었다. 한 사람의 비신자가 예수를 믿게 되면 그날부터 뭔가가 달라졌다. 거짓말하던 사람이 거짓말을 중단했고, 사기 치던 사람이 회개하고 손해를 배상했다. 제멋대로 살던 사람이 가정으로 돌아와 성실하게 살면서 마을과 이웃 사람들에게 칭찬을 들었다. 100여 년 전 이 땅에서는 예수 믿으면 정말 복 받았고, 예수 믿으면 정말 가정이 화목해졌고, 예수 믿으면 정말 온 동네가 새로워졌다. 그러나 복음이 들어온 지 100여 년이 지난 지금은 너무 다르다. 예수 믿는다는 사람들이 더 이기적이고 희생할 줄 모른다. 비신자가 예수를 믿어도 별로 변하는 것이 없고, 예수 믿어도 여전히 사기꾼 노릇을 하고, 교인이 되고도 여전히 주먹을 휘두르며 망나니 노릇을 한다. 왜 이렇게 됐는가?

하나님의 기준은 변함이 없는데, 우리가 그 기준을 제멋대로 낮추어 버렸기 때문이다. 하나님은 온전을 요구하시는데, 우리는 육신이 약하다며 스스로 변명하고 눈감아 버리기 때문이다. 하나님의 엄위한 명령에 순종하기를 포기하고 세상과 타협하기 때문이다. 회개해야 한다. 정직해야 한다. 거짓말하지 말아야 한다. 공직자 청문회도 그리스도인이라면 무조건 통과하는 날이 왔으면 좋겠다. 원수를 미워하고 이웃을 사랑하는 것은 어둠의 자식들도 다 하는 것이다. 사랑스러운 사람을 사랑하고, 미워하는 사람을 미워하는 것은 예수 믿지 않아도 다 한다. 적어도 하나님의 자녀라면, 그보다는 나아야 한다.

주님은 "너희 의가 서기관과 바리새인보다 더 낫지 못하면 결코 천국에 들어가지 못하리라"_마 5:20라고 말씀하셨다. 믿는 신앙인들의 모습, 인격, 삶의 기준은 뭐가 달라도 달라야 한다. 원수까지도 사랑할 수 있어야 하고, 사랑하되 원수가 주릴 때 먹여 주어야 하고, 나를 핍박하는 자를 위해 기도해 주어야 한다. 그렇게 할 때 비로소 우리는 하나님의 자녀가 되는 것이다. "너희는 자신을 성결하게 하라"_수 3:5. "죄인들아 손을 깨끗이 하라 두 마음을 품은 자들아 마음을 성결하게 하라"_약 4:8.

오늘 이 시대 한국 교회의 최대 사명은 교회의 거룩을 회복하는 것이다. 그렇다면 그 비결은 무엇인가?

하나님을 경외하라

거룩을 회복하는 첫 번째 비결은 하나님을 경외하는 것 공경하고 두려워하는 것이다. "그런즉 사랑하는 자들아 이 약속을 가진 우리는 하나님을 두려워하는 가운데서 거룩함을 온전히 이루어 육과 영의 온갖 더러운 것에서 자신을 깨끗하게 하자"_고후 7:1.

더럽고 추한 인생들이 어떻게 거룩함을 온전히 이룰 수 있는가? 깨끗하게 살겠다며 결심한다고, 혈서를 쓴다고 될 일이 아니다. 다시는 죄를 짓지 않겠다고 아무리 결심해도 우리는 여전히 똑같은 죄에 머물고 있음을 느낄 때가 많다.

어떻게 이 사망의 몸에서 자유케 되고 거룩해질 수 있는가? '하나님을 두려워하면' 된다. 하나님을 두려워하는 사람은 쉽게 유혹에 넘어가지 않는다. 하나님을 경외하는 사람은 죄를 이길 수 있다. 요셉은 혈기 넘치는 청년 시절에 어떻게 주인의 아내가 건네는 성적 유혹을 이길 수 있었나? 그의 말을 들어 보자. "그런즉 내가 어찌 이 큰 악을 행하여 하나님께 죄를 지으리이까"_창 39:9. 요셉은 하나님을 두려워했다. 하나님 앞에 죄를 지을 수 없다는 경외감이 그를 지켰다는 말이다. 한마디로 그는 'God fearer', '하나님을 두려워하는 사람'이었다.

성경에서 '두려워하다'라는 말의 쓰임새를 찾아보면 놀라운 사실을 알게 된다. 거의 80%가 하나님이 당신의 백성들에게 하신 말씀에 쓰였다. 그것도 대부분 "두려워 말라"는 말씀이다. 하나님은 당신의 백성들에게 계속해서 "두려워 말라. 바로도, 가나안 땅 거민도, 여리고 용사도, 앗수르도, 바벨론도, 애굽도 두려워할 필요가 없다. 너는 오직 나만 믿어라"라고 하셨다. 하나님의 백성들이 두려워할 분은 오직 한 분 하나님뿐, 그 외에는 두려워할 필요가 없다는 것이다. 그런데도 성경을 읽어 보면, 이스라엘 백성은 정작 두려워해야 할 하나님은 두려워하지 않고 엉뚱한 것들을 두려워했다. 두려워해야 할 분은 두려워하지 않고, 두려워할 필요가 없는 것을 두려워하는 것, 이것이 불신의 죄다.

요즘 누구를 두려워하는가? 사람들인가, 나의 모든 것을 다 아시는 하나님인가? "몸은 죽여도 영혼은 능히 죽이지 못하는 자들을 두려워하지 말고 오직 몸과 영혼을 능히 지옥에 멸하실 수 있는 이를 두려워하라"_마 10:28고 주님은 말씀하셨다.

세상은 두려워할 필요가 없다. 예수께서 이미 세상을 이기셨기 때문이다. 망하는 것도 두려워할 것 없다. 하나님은 사랑하는 자들을 위해 모든 것을 합력해 가장 좋은 것을 만들어 가시기 때문이다. 사탄도 두려워할 필요 없다. 하늘 아버지께서 당신께 피하는 자들을 눈동자같이 보호하시기 때문이다. 미래도 두려워하지 말라. 이제까지 우리를 인도해 오신 하나님이 장래에도 인도하실 것이 분명하기 때문이다.

하나님 이외에는 아무것도 무서워하지 않는 사람, 오직 하나님 앞에 서만 두려움을 느끼는 사람, 그런 사람이야말로 진정으로 용기 있고 위대한 사람이다. 사람을 두려워하지 말자. 사람을 두려워하면 올무에 걸리지만, 하나님만을 두려워하면 위대해질 것이다.

본능을 죽이라

거룩을 회복하는 두 번째 비결은 본능을 죽이는 것이다. 주님은 마태복음 5장 38-45절에서 말씀하셨다. "또 눈은 눈으로, 이는 이로 갚으라 하였다는 것을 너희가 들었으나 나는 너희에게 이르노니 악한 자를 대적하지 말라 누구든지 네 오른편 뺨을 치거든 왼편도 돌려 대며 … 네게 구하는 자에게 주며 네게 꾸고자 하는 자에게 거절하지 말라 또 네 이웃을 사랑하고 네 원수를 미워하라 하였다는 것을 너희가 들었으나 나는 너희에게 이르노니 너희 원수를 사랑하며 너희를 박해하는 자를 위하여 기도하라 이같이 한즉 하늘에 계신 너희 아버지의 아들이 되리니."

이 명령이 너무나 어렵게 들리지 않는가? 본능은 복수와 손해배상을 원한다. 가지기를 원하고, 내 것 지키기를 원하고, 남에게 간섭받지 않기를 원한다. 내 속에 있는 본능이 죽지 않는 한, 우리는 결코 주님의 명령을 지킬 수 없다.

세상은 우리에게 보복할 권리, 상대방이 한 대 치면 나도 한 대 칠 권리, 힘이 없어 밀리면 고소할 권리, 손해를 봤으면 손해배상을 받을 권리를 준다. 하지만 주님은 그 권리를 포기하라고 말씀하신다. 본능을 죽이고, 성령의 도우심을 구해야 하는 것이다. 본능으로는 복수할 수밖에 없지만, 주의 영이 내 안에 계시면 용서할 수 있다. 본능으로는 손해 볼 수 없지만, 성령이 나를 다스리실 때 양보할 수 있다. 본능으로는 도저히 주님의 말씀을 제대로 지킬 수 없지만, 사랑의 왕이신 주님의 영이 나를 도우시면 나도 사랑할 수 있고 용서할 수 있다. "너희가 육신대로 살면 반드시 죽을 것이로되 영으로써 몸의 행실을 죽이면 살리니"_롬 8:13. "내가 이르노니 너희는 성령을 따라 행하라 그리하면 육체의 욕심을 이루지 아니하리라"_갈 5:16.

대접받을 권리를 포기하자. 옳고 그름을 따질 권리도 포기하자. 옳고 그름을 따지는 것이 반드시 좋은 것은 아니다. 덮을 것은 덮자. 꼭 알아야 하고, 알려 주어야 한다고 생각하지 말자. 실제로는 알아도 별수 없는 경우가 많다. 알아도 별수 없다면, 무엇 하러 그 많은 고통과 아픔을 감수하면서 알려 주고 아파하는가? 그저 나 한 사람의 권리를 포기하면 하늘에서 내려 주시는 평안이 우리 모두에게 넘칠 것임을 믿자. 그 포기한 것에 대하여 홀로 잘 알고 계시는 하나님이 반드시 큰 위로와 축복으로 말씀해 주실 것이다.

성도는 감사한다

살다 보면 우리는 익숙해진 모든 것을 당연하다 여긴다. 아내가 하루 밥 세 끼를 꼬박꼬박 차려 주는 것이 당연하고, 직장에서 하루 종일 곤 죽이 된 남편이 집안일을 도와주는 것도 당연하다 생각한다. 자식들은 부모의 희생을 당연하다 여기고, 부모는 자식의 봉양을 당연하다 여 긴다. 하지만 세상에 당연한 것은 단 하나도 없다. 모든 것을 당연하다 여기며 사는 사람들에게는 몇 가지 특징이 나타난다. 감격이 없고, 감 사도 없고, 깨닫는 기쁨도 없다. 불평과 불만만 가득하다. 하지만 매일 만나는 사람들, 늘 대하는 사물들을 당연하게 여기지 않고 그 일상에 서 새록새록 뭔가를 발견하고 깨닫는 사람에게는 감격이 있고, 감사가 넘친다. 행복하다. 미래에 대한 기대감과 설렘이 있다. 많은 사람이 아 침이 되면 동쪽에서 해가 뜨고, 저녁이 되면 서쪽으로 해가 지는 것을 보며 별 감동을 못 받는다. 하지만 늘 보던 하늘과 땅, 세상을 보면서 감격하는 사람은 행복하다. "여호와 우리 주여 주의 이름이 온 땅에 어 찌 그리 아름다운지요 주의 영광이 하늘을 덮었나이다"_시 8:1.

대부분 한 번밖에 못 사는 삶에 대해 별 생각이 없다. 하지만 매일매일 살아가는 삶에서 하나님의 손길을 경험하는 사람은 감격해서 감사한다. "주의 손가락으로 만드신 주의 하늘과 주께서 베풀어 두신 달과 별들을 내가 보오니 사람이 무엇이기에 주께서 그를 생각하시며 인자가 무엇이기에 주께서 그를 돌보시나이까"_시 8:3-4.

모든 것을 당연시하는 사람에게 인생은 별것 없다. 감격할 것도, 고마울 것도, 설렘도, 미래에 대한 별스러운 기대도 없다. 하지만 '당연한 건 하나도 없다'고 생각하며 매 순간 새로운 깨달음으로 살아가는 사람들에게 세상은 경이로운 것들로 가득하고, 인생은 매 순간이 감격과 기쁨이요, 감사와 설렘이다. 이런 이유 때문에 바울은 그토록 힘들고 고통스러웠던 선교 일정 속에서도 데살로니가 성도들에게 다음과 같이 권했다. "범사에 감사하라 이것이 그리스도 예수 안에서 너희를 향하신 하나님의 뜻이니라"_살전 5:18. 골로새 성도들에게도 강권했다. "또 무엇을 하든지 말에나 일에나 다 주 예수의 이름으로 하고 그를 힘입어 하나님 아버지께 감사하라"_골 3:17. 어떤 것도 당연하다고 생각하지 말라. 내게 주어진 모든 것이 하나님이 거저 주신 사랑의 선물임을 잊지 말라. 범사에 감사하라. 생각해 보면, 우리의 지난 모든 삶이 은혜가 아니었던가? 하루를 살아도 감사하며 살자.

살아 있음에 감사

무엇보다 먼저 살아 있음에 감사하자. 우리의 삶은 하나님이 주신 단

한 번의 기회다. 한 생명이 태어나기 위해 한 개의 난자를 향해 달려가는 정자의 수가 보통 1-3억 개라 한다. 그러니까 우리는 적어도 억 대 1의 경쟁률을 뚫고 세상에 태어난 사람들이다. 아무리 좋은 대학도, 아무리 좋은 회사도 경쟁률이 만 대 1, 백만 대 1인 곳은 없다. 그런데 억 대 1의 경쟁률을 뚫고 세상에 태어난 우리는 그야말로 특별히 선택받은 사람들이라는 말이다. 감사해야만 한다. 다윗은 고백했다. "주께서 내 내장을 지으시며 나의 모태에서 나를 만드셨나이다 내가 주께 감사하옴은 나를 지으심이 심히 기묘하심이라" 시 139:13-14.

오늘 이 순간에도 수많은 사람이 병들어 죽어 가고 있다. 이 좁은 한국 땅에서 하루에 적어도 8명 이상이 교통사고로 죽고, 적어도 10명 이상이 자살해서 죽는다. 오늘 하루 동안, 이 지구에서 적어도 만 명 이상이 굶어 죽는다. 엄마 배 속에서 나와 보지도 못하고 죽은 아이들이 얼마나 많은가? 병원에 가 보면, 숨 한 번 크게 쉬는 것이 소원인 환자들도 많다. 똑똑하고 잘난 사람들, 건강한 사람들, 장래가 유망한 젊은이들이 속절없이 세상을 떠나는데, 내가 버젓이 숨 쉬고 살아 있음은 당연하다고 생각할 수 있을까? 감사에 특별한 조건을 찾을 필요 없이, 지금 살아 있음에 무조건 감사해야 한다.

9·11테러 참사 직후 기적적으로 살아 나온 사람에게 CNN 기자가 소감을 물었더니 이렇게 대답했다. "저 지옥 같은 곳에서 죽은 사람들을 생각하면, 우리는 살아 있다는 사실 그 자체에 무조건 감사해야 합니다." 그런데 오늘 나는 스스로 숨 쉬고, 사랑하는 이들을 만나고, 하나님께 예배하고 있다. 엄청난 축복이다. 세상에 당연한 것은 하나도

없다. 모든 일상에 감사하자. 숨 쉬는 것, 밥 먹는 것, 찬양하는 것, 모든 일에 감격하며 감사하자.

합력하여 선을 이루신다

모든 것을 합력해 선을 만드시는 하나님께 감사하자. 로마서 8장 28절은 말한다. "하나님을 사랑하는 자 곧 그의 뜻대로 부르심을 입은 자들에게는 모든 것이 합력하여 선을 이루느니라." 하나님은 모든 것을 합해서 가장 좋은 것을 만들어 가신다. 사람들은 마음대로 인생이 풀리지 않는다고 불평한다. 원하는 것을 이루지 못했다고 절망하고 낙심한다. 하지만 어느 인생이 제 마음대로만 되겠는가? 인생은 어차피 우리 뜻대로 되는 것이 아니다. 그러니 내 마음대로 인생이 풀리지 않는다고 절망하지 말자. 불평하지 말자.

'새옹지마'라는 고사성어가 있다. '변방에 사는 노인의 말'이란 뜻으로, 인간사 행과 불행을 알 수 없다는 말이다. 지금은 다들 복이라 하지만 나중에는 오히려 불행이 될 수도 있고, 지금은 다들 불행이라 하지만 나중에는 오히려 복이 될 수도 있다는 말이다. 졸지에 떼돈을 벌어 부자가 된 사람이 오히려 그 돈 때문에 패가망신하고, 갑자기 높은 자리에 올라 기고만장하다 신세 망친 사람이 한둘이 아니다. 그런가 하면 반대로 사업에 망한 것이 오히려 유익이 되어 바뀐 진로로 더 멋진 인생을 살게 된 사람도 많다.

요셉은 형들에게 미움을 받아 돈 몇 푼에 노예로 팔렸다. 게다가 최선을 다해 주인을 섬겼지만, 안주인의 유혹을 뿌리친 일로 감옥에 들어갔다. 얼마나 억울하고 불공평한 일인가? 하지만 요셉은 몇 년 뒤 서른 살 젊은 나이에 당대 최강국 애굽의 총리가 되었다. 이스라엘 백성은 7년 대가뭄에 안전한 피난처와 안식처를 얻었다. 떠돌이 이스라엘 유랑 민족 70여 명은 400여 년 후에 300만이 넘는 민족 국가를 이루어 고향 땅으로 돌아왔다. 우리 하나님은 모든 것을 합하여 가장 좋은 것을 만들어 가시는 하나님, 실패와 시련까지도 섞어 인생의 가장 유익한 축복과 기쁨을 만들어 가시는 전능하신 하나님, 오늘도 우리 가운데 오셔서 우리를 만나 주시는 살아 계신 하나님이다. "예수 그리스도는 어제나 오늘이나 영원토록 동일하시니라"_히 13:8.

사업에 실패해서 어려운가? 그래도 감사하라. 병들어 입원했는가? 그냥 감사하라. 지금 겪고 있는 모든 것을 합해서 장차 가장 좋은 것을 만들어 가실 하나님을 바라보라. 하나님이 책임져 주실 것이다.

구원받은 은혜를 감사

구원받은 은혜를 인해 하나님께 감사하자. 돈 많이 버는 것도, 높은 자리에 오르는 것도, 장수하는 것도 엄청난 기쁨이겠지만, 세상에서 가장 위대한 일은 썩어질 돈이나 인기, 명예, 이름을 얻는 것이 아니라, 온 천하보다 귀한 내 영혼이 영생하도록 구원받은 일이다. 주님은 말씀하셨다. "사람이 만일 온 천하를 얻고도 제 목숨을 잃으면 무엇이 유익하리요"_마 16:26. 온 세상을 다 얻었어도 내 영혼을 잃으면 무슨 소용이 있을까? "어리석은 자여 오늘 밤에 네 영혼을 도로 찾으리니 그러면 네 준비한 것이 누구의 것이 되겠느냐"_눅 12:20.

세상에서 가장 놀라운 축복은 내가 예수님을 믿어 영생을 얻게 된 일이다. 멋도 모르고 살던 내가 하나님을 만나 살아야 할 이유와 목적을 알게 된 것이다. 누가복음에서 70인의 제자들이 돌아와 감격하며 전도 실적을 주님께 보고했다. "주여 주의 이름이면 귀신들도 우리에게 항복하더이다"_눅 10:17. 그때 주님이 말씀하셨다. "사탄이 하늘로부터 번개같이 떨어지는 것을 내가 보았노라 내가 너희에게 뱀과 전갈을 밟으며 원수의 모든 능력을 제어할 권능을 주었으니 너희를 해칠 자가 결코 없으리라 그러나 귀신들이 너희에게 항복하는 것으로 기뻐하지 말고 너희 이름이 하늘에 기록된 것으로 기뻐하라"_눅 10:18-20.

뇌성마비로 평생 똑바로 몸을 가눠 본 적이 없고, 그래서 '똑바로 걷기'를 간절히 소원하던 여인이 있었다. 일곱 살까지 누워만 있었고, 열 살이 되어서야 겨우 숟가락을 쥐었다. 아버지는 폐결핵을 앓았고 집은 너무 가난했다. 몇 번이나 자살을 시도하며 부모님과 하나님을 원망했다. 17세 꽃다운 나이에 생각했다. '죽더라도 하나님을 한번 만나 따져보고 죽어야겠다.' 작정하고 목숨을 걸고 기도했다. "도대체 왜 이 모양으로 나를 세상에 태어나게 했습니까? 이런 몰골로 내가 세상을 살아야 할 이유가 무엇입니까?" 한 달쯤 죽기로 기도하던 어느 날, 하나님의 음성이 들려왔다. "두려워하지 말라 내가 너와 함께 함이라 놀라지 말라 나는 네 하나님이 됨이라 내가 너를 굳세게 하리라 참으로 너를 도와주리라 참으로 나의 의로운 오른손으로 너를 붙들리라"_사 41:10. 그 후로 이 여인은 기도 가운데 수많은 시를 썼다. 그중 한 편을 소개한다.

"나 가진 재물 없으나 나 남이 가진 지식 없으나 / 나 남에게 있는 건강 있지 않으나 나 남이 없는 것 있으니 / 나 남이 못 본 것을 보았고 나 남이 듣지 못한 음성 들었고 / 나 남이 받지 못한 사랑 받았고 나 남이 모르는 것 깨달았네 / 공평하신 하나님이 나 남이 가진 것 나 없지만 / 공평하신 하나님이 나 남이 없는 것 갖게 하셨네." 송명희 시인의 이야기다.

도대체 무엇이 공평하다는 것인가? 무엇이 그렇게 행복한 시를 쓸 수 있게 했는가? 어떻게 그처럼 고통스러운 삶 속에서도 하나님이 공평하시다고 노래할 수 있었는가? 이유는 단 하나, 영생이신 예수님을 만났기 때문이다. 그래서 전혀 다른 차원의 인생을 바라보며 살게 되었기 때문이다. 눈에 보이는 육체는 잠시면 흙으로 돌아가 버리고 말지만, 예수님 안에 있는 새 생명은 영원토록 하나님의 나라에서 풍성할 것을 믿게 되었기 때문이다.

내게 주어진 삶, 내게 다가와 함께 살아가게 된 사랑하는 이들, 그 어느 하나도 당연하다 여기지 말자. 이 모든 선물을 주신 하나님께 매 순간 감격하며, 장차 주실 놀라운 선물들 또한 기대하며 설렘과 기쁨으로 남은 삶을 살기를 기도한다.

성도는 사랑한다

욥기 1장 1절은 다음과 같이 욥을 소개한다. "우스 땅에 욥이라 불리는 사람이 있었는데 그 사람은 온전하고 정직하여 하나님을 경외하며 악에서 떠난 자더라." 여기서 '온전'은 흠 없이 완전하다는 말이 아니라, 삶의 방향이 옳았다는 뜻이다. 나침반 바늘이 흔들리면서도 언제나 정북을 가리키는 것같이, 환경에 따라 가끔 흔들리기는 해도 하나님을 향한 삶의 방향이 어그러지지 않았다는 것이다. 또 '정직'이란 말도 '거짓이 조금도 없다'는 말이 아니라, 삶의 자세가 반듯했다는 뜻이다. 마치 오뚜기를 밀면 쓰러지지만 언제나 다시 일어나듯 말이다.

이처럼 욥은 완전한 사람이 아니라, 하나님 앞에서 경건하게 살려고 노력한 사람이었다. 하나님도 그의 삶을 인정하셨고, 그래서 사탄에게 그를 자랑하기까지 하셨다. "내 종 욥을 주의하여 보았느냐 그와 같이 온전하고 정직하여 하나님을 경외하며 악에서 떠난 자는 세상에 없느니라"_욥 1:8.

"왜 날 사랑하니?"

그런 하나님의 말씀 앞에서 사탄도 욥의 지난 삶을 인정했지만, 아주 교묘하게 중요한 핵심을 찔러 딴지를 걸었다. "욥이 어찌 까닭 없이 하나님을 경외하리이까 주께서 그와 그의 집과 그의 모든 소유물을 울타리로 두르심 때문이 아니니이까 주께서 그의 손으로 하는 바를 복되게 하사 그의 소유물이 땅에 넘치게 하셨음이니이다"_욥 1:9-10. 하나님이 울타리로 둘러 보호해 주시고 그가 하는 모든 일에 복을 주시니 욥이 하나님을 경외하는 것이지, 그 보호와 축복을 거두시기만 한다면 욥은 더 이상 하나님을 경외하지 않을 것이라는 말이다. 한마디로, 사탄은 욥의 신앙을 순수하게 보지 않았다. 하나님께 받은 것이 있으니 받은 만큼 보답하는 이해관계로 봤다. 시장에서 장사하는 것처럼, 하나님과 욥의 관계를 이해타산적, 계산적 관계로 본 것이다. 물론, 하나님은 욥을 조건 없이 사랑하셨고 조건 없이 베푸셨지만, 욥은 하나님을 조건 없이 사랑하고 경외하는 것은 아니라고 고발한 것이다.

〈국화꽃 향기〉라는 영화에 젊은이들의 순수한 사랑에 대한 명대사가 나온다. 인하는 대학 동아리에서 만난 선배 누나 희재에게 끊임없이 사랑을 고백하지만, 희재는 그 사랑을 받아들이지 않는다. 그러다 인하가 군대에 다녀온 3년 사이에 희재는 교통사고로 크게 다쳐 몸도 마음도 거의 폐인이 되었다. 그런 희재를 더욱 사랑하는 인하에게 희재는 제발 날 사랑하지 말라며 말했다. "나 수술 세 번 받으면서 많이 망가졌어." 그러자 인하는 "살아 줘서 고마워요"라고 했다. 기가 막힌 희재가 인하에게 "너 왜 날 사랑하니?"라고 묻자 인하는 이렇게 대답했다. "당신이니까요. 당신이니까 사랑해요. 다른 이유 없어요. 예뻐서도, 성격이 좋아서도, 돈이 많아서도, 건강해서도 아니라, 당신이니까 내가 당신을 사랑해요."

하나님이 "왜 날 사랑하니?"라고 물으시면 무엇이라고 대답하겠는가? 구원해 주셔서? 보호해 주셔서? 복 주셔서? "다른 이유 없습니다. 예수님이 나의 주님이시니까요. 피조물이 창조주 하나님을 경외하는 것에 이유가 따로 있나요?" 이렇게 자신 있게 고백할 수 있는가? 하나님의 사랑은 무조건적 사랑, 아가페의 사랑이다. 하나님의 사랑은 계산하지 않는 사랑, 주고 또 주고도 더 주고 싶은 사랑이다. 하나님의 사랑은 당신의 외아들을 죽여서라도 우리를 살려 내시는 사랑, 늘 계산하며 살아왔고 계산에 밝은 우리 인생들에게는 정말 이상한 사랑이다. 아무리 이해하려고 해도 이해할 수 없는 사랑이 우리를 향한 하나님의 사랑이다. 우리 인생들에게 그런 사랑을 부어 주신 하나님은 우리에게도 그런 사랑을 기대하신다. 당신이 그렇게 사랑하셨으니 우리 또한 그렇게 사랑하기를 원하신다는 뜻이다.

그런데 사탄은 그런 사랑을 이해할 수 없었다. 그런 사랑이 세상에 어디 있느냐고, 그런 사랑을 인간에게 기대하는 것은 순진한 것이라고 생각했다. 그래서 사탄은 욥의 신앙을 깎아내리며 고발했다. "이제 주의 손을 펴서 그의 모든 소유물을 치소서 그리하시면 틀림없이 주를 향하여 욕하지 않겠나이까"_욥 1:11.

사탄이 생각하는 사랑은 언제나 계산하는 사랑이지만, 하나님의 사랑은 계산하지 않는 사랑이다. 사탄은 하나님께 인생들은 언제나 계산적인 신앙생활을 한다고, 욥에게 조건 없는 신앙을 기대하지 마시라고 말하지만, 하나님은 내 종 욥만은 그렇지 않다고, 욥만은 나를 계산적으로 경외하지 않는다고 변호하셨다. 그 하나님의 기대처럼, 과연 욥은 엄청난 시련의 폭풍, 이해할 수 없는 비극 앞에서도 하나님을 향한 사랑, 그의 경외심을 버리지 않았다. "내가 모태에서 알몸으로 나왔사온즉 또한 알몸이 그리로 돌아가올지라 주신 이도 여호와시요 거두신 이도 여호와시오니 여호와의 이름이 찬송을 받으실지니이다"_욥 1:21.

가난한 전도사 시절 어린 딸들에게 과자를 사 줄 여유가 없었는데, 심방을 다니다 보면 주머니가 사탕과 과자로 가득 찼다. 심방대원들을 대접한다고 다과를 내놓을 때 눈치 빠른 권사님이 남들 못 먹게 하고 남겨서 주머니에 잔뜩 넣어 주셨기 때문이다. 심방 후 과자와 사탕이 두둑한 주머니로 집에 가서 초인종을 누르면 어린 딸들이 "아빠다!" 하고 달려 나와서는 내 얼굴은 보지도 않고 주머니부터 뒤졌다. 그러고는 과자를 꺼내 한 입씩 물고, 손에도 들고는 가 버렸다. 어쩌다 빈 주머니로 올 때면, "에이" 하고는 실망해서 아빠를 돌아보지도 않고 가 버렸다. 딸들은 아빠를 기다린 것이 아니라, 아빠의 주머니 속 과자와 사탕을 기다린 것이었다. 그런 아이들이 나이가 들면서 뭔가 필요하면 "아빠 사랑해요" 하며 아양을 떨었다. 서비스도 좋았다. 그럴 때면 나도 눈치를 채고 "너 뭐 필요하구나? 뭐 필요해?" 하고 물었다. 그런데 세월이 지나, 중학생이 된 딸이 "아빠 사랑해요" 하고 달려와 아양을 떨기에 "너 또 뭐 필요하구나? 뭐 필요해?" 하고 물었더니, 딸이 섭섭한 얼굴로 말했다. "아빠, 그런 거 아냐. 필요한 것 없어. 나는 그냥 정말 아빠 사랑한다구…." 그 순간, '이제 이놈이 다 컸구나. 선물보다 아빠를 생각하다니'라는 생각에 가슴이 뭉클하며 감동을 느꼈다. 자식도 철이 들면 이유를 따지거나 계산하지 않고 부모를 사랑한다.

계산하는 사랑, 계산적인 사랑, 받았으니 주고 주었으니 받아야 하는 품앗이 사랑을 하는 이들은 아직도 철이 들지 못한 미숙한 사람들이다. 그래서 오늘날 철들지 못한 많은 자녀들이 계산하며 효도하고, 성숙하지 못한 많은 성도들이 계산하며 하나님을 섬긴다. 받은 만큼 효도하고, 받을 것 때문에 효도하는 척한다. 받은 만큼 헌신하며 봉사하고, 받을 것을 기대하며 주님께 충성한다. 그래서 오늘날 가정들도, 교회들도 너무나 살벌해졌다. 하나님과의 관계에서도, 성도들 간에도 피 튀기는 계산만 오간다.

사랑이 무엇인가? '계산을 포기하는 것'이다. "나는 너한테 이만큼 해 줬다. 그런데 넌 나한테 얼마나 해 줬니?" 이런 말이 부모 입에서 나오는 순간, 이미 부모이기를 포기한 것이다. 그 말을 한 순간, 자신이 이제까지 단 한 번도 자녀를 사랑하지 않았고, 사랑이란 이름으로 투자하고 장사했다고 고백하는 것이다. 입으로는 사랑한다면서 결국 상대를 이용해서 이득을 보려고 장사했던 사람들, 그 순간 그들은 세상에서 가장 비참하고 불쌍한 사람이 된다. 당신은 사랑했는가, 장사했는가? 우리는 단 한 번이라도 제대로 사랑해 봤을까?

차가운 강물에 두 딸이 빠지자 곁에 있던 아버지는 물속에 뛰어들어 딸들을 밀어냈다. 그리고는 탈진한 끝에 물에 가라앉았다. 사람들은 모두 '내가 뛰어들면 건질 수 있을까, 없을까? 혹시 내가 죽지 않을까?' 계산하고 있었지만, 아버지는 그럴 시간조차 없는 것이다.

믿음은 계산을 포기하는 것

사랑은 계산하지 않는 것이다. 상식이나 합리성을 따지지도 않는다. 사랑만 아니라 신앙도 계산을 포기하는 것이다. 재고 따지고 토론해 보고 난 후에 믿을 만하면 믿겠다는 것은 믿음이 아니다. 그렇게 인간의 제한된 이성으로 재고 따져 결론을 내서 믿을 수 있는 것은 세상에 별로 많지 않다. 그리고 그렇게 믿은 것들이 후에 살펴보면 대개는 별로 대단하지 않은 것들일 때가 많다. 인생에서 가치 있는 것들은 대부분 인간의 이성으로는 판단 불가능하다. 인간 실존의 본질적인 것들은 대개 제한적인 인간 이성의 한계를 뛰어넘는 것들이다.

역사상 최대의 지성인들조차 절대자이신 하나님 앞에 이성의 한계를 느끼고 겸손히 엎드렸다. 성 어거스틴이 그랬고, 토마스 아퀴나스Thomas Aquinas가 그랬고, 레프 톨스토이Lev Nikolayevich Tolstoy 또한 그러했다. 아브라함의 위대한 믿음에 대하여 사도 바울은 다음과 같이 선포했다. "믿음이 없어 하나님의 약속을 의심하지 않고 믿음으로 견고하여져서 하나님께 영광을 돌리며 약속하신 그것을 또한 능히 이루실 줄을 확신하였으니"_롬 4:20-21.

《이현주 목사의 꿈 일기》샨티에 나온 글이다. "계산하지 말고 살아라. 나는 계산을 하지 않고 세상을 살았다. 내가 계산을 했다면, 잃은 양한 마리 찾고자 아흔아홉 마리 양을 들판에 버려두고 갔겠느냐? 내가 계산을 했다면 배고픈 5,000 군중 앞에 보리떡 다섯 개와 물고기 두 마리를 내놓았겠느냐? 내가 계산을 했다면 새벽부터 일한 사람과 해거름에 와서 일한 사람에게 똑같이 한 데나리온을 품삯으로 주었겠느냐? 내가 계산을 했다면 재산을 탕진하러 가는 아들을 그냥 보냈겠느냐? 내가 계산을 했다면 재산을 탕진하고 돌아온 아들에게 새 옷을 주고 잔치를 베풀었겠느냐? 내가 계산을 했다면 배신할 게 분명한 유다를 마지막 날 밤까지 곁에 두었겠느냐? 내가 계산을 했다면 십자가를 지고 아버지께 버림받았겠느냐? 나는 계산하지 않고 살다가 계산하지 않고 죽었다. 사랑은 계산하지 않는 것이다. 그러니 계산하지 말고 살아라."

사탄은 하나님이 너무 순진하시다 생각했다. 어떻게 욥이 이유 없이 하나님을 사랑하겠느냐고, 다 그를 보호해 주고 축복하시니까 욥이 하나님을 사랑하는 것이 아니냐고 고발했다. 하지만 욥은 사탄의 추측과는 달리 하나님의 보호와 축복 때문에 하나님을 경외한 것이 아니었다. 하나님이 다 거두어 가 버리신 자리에서도 욥은 하나님을 찬양했다_욥 1:21.

이토록 순전한 욥의 모습과 욥을 공격하는 사탄의 말들을 묵상하다 보니, 욥을 향한 사탄의 말들이 곧 나를 공격하고 있었다. "하나님, 서 목사가 이유 없이 당신께 충성하겠습니까? 하나님이 다 보호해 주시고 축복해 주시니까 그렇지요. 모든 것을 다 거두어 가 보세요. 그래도 주님께 충성할까요? 아마도 당신을 저주하고 말 겁니다." 그 소리가 내 마음에 울릴 때 주님 앞에 엎드렸다. "그렇습니다. 주님, 저 사탄의 고발이 옳습니다. 저는 주님께 너무나 계산적이었습니다. 받은 만큼 나누고, 받은 만큼 헌신했습니다. 조금이라도 소홀하다 싶으면 감히 '이게 뭡니까?' 하고 원망했습니다. 이 목숨마저 공짜임을 생각하면, 주님 앞에 너무 부끄럽고 죄송합니다. 회개합니다. 이제라도 제 남은 삶, 마지막 호흡까지 당신께 온전히 드립니다. 마음껏 부려 주시옵소서."

밤새도록 갈릴리 바다에서 그물질을 했지만 한 마리도 잡지 못했던 베드로와 제자들에게, 부활하신 예수께서 나타나셔서 따뜻한 아침 식사를 베푸셨다. 그리고 식후에 주님은 사랑하는 베드로에게 물으셨다. "요한의 아들 시몬아 네가 이 사람들보다 나를 더 사랑하느냐"_요 21:15. 한글 성경에서는 '이 사람들'이라고 번역했지만, 헬라어 원전을 생각하면 의미상 '이것들'로 해석해야 한다. 그렇다면 '이것들'이 무엇인가? 베드로와 예수님 앞에 있는 고깃배와 그물, 방금 잡아 올린 물고기 153마리다. 그러므로 이때 예수님의 질문은 분명하다. 단순히 "너 날 사랑하느냐?"라고 물으신 것이 아니라, "무엇을 사랑하느냐? 왜 사랑하느냐?"를 물으신 것이다. "너 왜 날 사랑하니? 날 사랑하는 이유가 무엇이니? 한 번에 물고기 153마리나 잡는 능력이 있어서 내 덕 좀 보려고? 나를 따르면 이로울 게 많아서? 너 왜 날 사랑하니?" 주께서 물으신다. "너 왜 날 사랑하니?" 이 질문에 "다른 이유 없습니다. 예수님이 나의 주님이시기 때문입니다"라고 자신 있게 대답할 수 있기를 바란다.

성도는 나누고 드린다

다윗과 이스라엘 백성이 성전 건축을 위해 드린 헌물을 보면 규모가 엄청나다. 다윗 왕이 바친 금만 요즘 가치로 약 8조 6천억 원, 백성들이 바친 금은 약 14조 4천억 원, 합하면 최소 23조 원 정도였다. 2021년 도쿄 올림픽 예산이 14조 5천억 원이었다니, 9조 원이 더 많다.

그런데 더 놀라운 사실은 이 엄청난 헌물을 평안하고 잘나갈 때 드린 것이 아니라, 환난과 시련 속에서 드렸다는 것이다. "다윗이 나이가 많아 늙으매"_대상 23:1상. 다윗이 젊은 시절 한창 잘나가던 때가 아니라, 나이가 많아 늙었을 때, 가능하면 있는 것도 아끼고 잘 갈무리해야 할 그때, 있는 것을 다 모아 전부, 넘치게 하나님께 드렸다는 것이다. 또한 "아들 솔로몬을 이스라엘 왕으로 삼고"_대상 23:1하라는 말씀에서 알 수 있듯이, 다윗은 아들에게 왕위를 물려주어야 하던 때 하나님께 헌물을 드렸다. 열왕기상 1장을 보면, 그때는 두 아들 아도니야와 솔로몬이 피비린내 나는 세력 다툼을 벌였던 때다. 아울러 이때는 다윗이 인구 조사로 죄를 범해 단번에 70,000명이 죽은 국가적 재난의 때였다. 그래서 다윗은 아들 솔로몬에게 이렇게 말했다. "내가 환난 중에 여호와의 성전을 위하여 금 십만 달란트와 은 백만 달란트와 놋과 철을 그 무게를 달 수 없을 만큼 심히 많이 준비하였고"_대상 22:14. 그토록 힘들고 어려운 환난 중에 그토록 엄청난 재물을 드린 것이 놀랍다.

하지만 헌물의 양보다, 환난 중에 헌물을 드렸다는 것보다 더 놀라운 사실이 여기 있다. 그것은 다윗과 그 백성이 환난 중에 그 많은 것을 자원하여스스로 기쁨으로 드렸다는 것이다. 누가 시켜서 억지로 드린 것이 아니었다. 스스로 원해서 드렸고, 드리면서도 기뻐했다. "백성들은강요에 의해서가 아니라 자원하여 드렸으므로 기뻐하였으니 드리며 아까워하지 않았으니 곧 그들이 성심으로 여호와께 자원하여 드렸으므로 다윗 왕도 심히 기뻐하니라"_대상 29:9.

어떻게 이런 일이 있을 수 있었을까? 다윗은 어떻게 그처럼 늙은 나이에 국가적으로, 정치적으로, 개인적인 환난 속에서 평생 모았던 재물을 아낌없이 하나님께 바치고도 기뻐할 수 있었을까?

하나님이 모든 것의 주인

첫 번째 이유는 하나님이 모든 것의 주인이심을 알았기 때문이다. 내가 소유한 것들이 모두 다 내 것이라 생각하면, 아무것도 남에게 나눠 줄 수 없다. 내가 수고하고 번 것들이 모두 내 것이라 생각하면, 하나님께 감사할 이유도, 드릴 것도 없다. 하지만 한 번밖에 못 사는 나의 목숨이 하나님이 주신 선물임을 깨닫게 되면, 내가 이룬 명성과 재물과 이름이 내 수고 위에 베풀어 주신 하나님의 은혜임을 깨닫게 되면,

우리는 얼마든지 감사할 수 있다. 나눌 수 있다. 억지로가 아니라 기쁨과 감사로 힘껏 드릴 수 있다. 나누고 드리지 못하는 이유는 단 하나, 그 모든 것이 다 내 것이라고 착각하기 때문이다.

그렇게 하나님을 사랑했던 다윗조차 교만한 마음이 들었을 때는 충신 우리아의 아내 밧세바도 자기 여자가 될 수 있다고 착각했다. 더 큰 군주가 되고 싶어 인구 조사를 하다가 하나님께 매도 맞았다. 늙은 나이, 죽음을 앞둔 순간, 두 아들의 피비린내 나는 권력 다툼을 맥없이 지켜보아야만 했다. 다윗은 그렇게 시련과 아픔을 겪으면서 자신이 피땀 흘려 얻은 모든 재물, 올라앉은 권세의 자리, 자신의 명예와 영광이 모두 하나님이 주신 선물이었고, 하나님이 거두겠다고 작정하시면 그 모든 것이 단 한순간에 날아가 버릴 수 있음을 깨달았다. 그래서 다윗은 늦게나마 고백했다. "여호와여 위대하심과 권능과 영광과 승리와 위엄이 다 주께 속하였사오니 천지에 있는 것이 다 주의 것이로소이다 … 주는 만물의 주재가 되사 손에 권세와 능력이 있사오니 모든 사람을 크게 하심과 강하게 하심이 주의 손에 있나이다"_대상 29:11-12. 또한 "나와 내 백성이 무엇이기에 이처럼 즐거운 마음으로 드릴 힘이 있었나이까"_대상 29:14라고 고백하기도 했다.

솔로몬은 시편에서 말했다. "여호와께서 집을 세우지 아니하시면 세우는 자의 수고가 헛되며 여호와께서 성을 지키지 아니하시면 파수꾼의 깨어 있음이 헛되도다 너희가 일찍이 일어나고 늦게 누우며 수고의 떡을 먹음이 헛되도다"_시 127:1-2. 노력한다고 집을 세울 수 있는 것이 아니다. 좋은 경비업체에 맡겼다고 반드시 안전한 것도 아니다. 우리가 꼭두새벽에 일어나 밤늦게까지 수고해도 그 수고 위에 하나님이 은혜를 주지 않으시면 모든 수고와 땀방울이 헛될 수 있다.

그럼에도 우리는 자꾸 이 사실을 잊어버린다. 하나님이 내 목숨과 인생, 내 모든 것의 주인이심을 잊고 방자하게 행동할 때가 많다. 내 인생의 주인이 누구신지 잊지 말자. 나의 목숨이, 우리가 소유하고 누리며 살아가는 모든 것이 하나님의 선물임을 결코 잊지 말자. 하나님 손안에 부와 귀가 있고, 흥하고 망함이 있고, 우리의 삶과 죽음이 있음을 결코 잊지 말고, 매 순간 하나님 앞에서 겸손히 감사하며 살아가기를 기도하자.

나그네임을 기억했기 때문

다윗이 그토록 어려운 때 넘치는 기쁨으로 헌신할 수 있었던 두 번째 이유는 자신들이 나그네임을 기억했기 때문이다. "우리는 우리 조상들과 같이 주님 앞에서 이방 나그네와 거류민들이라 세상에 있는 날이 그림자 같아서 희망이 없나이다"_대상 29:15. 이 세상에 태어난 사람 치고 죽지 않을 사람은 없다. 우리 모두는 반드시 죽는다. 꼭 죽는다. 그런데도 많은 사람이 자신만은 죽지 않을 것처럼, 영원히 살 것처럼 착각하며 산다. 죽기는 죽겠지만 가까운 시일에 그렇게 쉽게 죽지는 않을 것이라며, 아직도 죽음은 내게 먼일이라고 생각한다.

하지만 생각해 보라. 지난해 교통사고 사망자는 하루 평균 8.4명이었다. 이 좁은 한국 땅에서 하루에 8명이 아침에 집을 나섰지만 저녁에는 돌아가지 못한 것이다. 8명 중 어느 한 사람도 내가 오늘 저녁에는 집으로 돌아가지 못할 거라 생각하지 못했다. 그만큼 우리가 살아 있다는 것이 불확실한 것이다. 공수래 공수거空手來 空手去, 즉 빈손 들고 왔다가 빈손 들고 가는 것이 우리 삶이다. 우리가 쥐고 있는 것이 영원히 우리 손에 있는 것도 아니며, 이 땅이 우리의 영원한 거처도 아니다.

다윗과 백성은 그 사실을 잊지 않았다. 조상들처럼 자신들도 한순간 살다 갈 이 땅의 나그네들임을 결코 잊지 않았다. 자신들의 존재뿐 아니라 자신들이 가진 모든 것 또한 얼마나 쉽게 사라져 버릴 것인지를 기억했다. 그래서 그들은 지금은 내 손에 있으나 이후에는 내 손을 떠나 버릴 그 모든 찰나적인 것들을 영원하신 하나님의 영광을 위해 기꺼이, 기쁘게 드릴 수 있었던 것이다. 주님은 이렇게 말씀하셨다. "너희를 위하여 보물을 땅에 쌓아 두지 말라 거기는 좀과 동록이 해하며 도둑이 구멍을 뚫고 도둑질하느니라 오직 너희를 위하여 보물을 하늘에 쌓아 두라 거기는 좀이나 동록이 해하지 못하며 도둑이 구멍을 뚫지도 못하고 도둑질도 못하느니라 네 보물 있는 그곳에는 네 마음도 있느니라"_마 6:19-21.

우리가 지금은 이 땅 위에 살고 있지만, 잠깐 후면 이 땅을 떠날 나그네임을 잊지 말자. 이 땅은 우리가 둥지를 틀고 영원히 머물러 살 우리의 본향이 아님도 잊지 말자. 내일이란 시간도, 내가 지금 소유한 모든 것도 하나님이 허락하지 않으시는 순간 더 이상 내 것이 아님을 잊지 말고, 매 순간 하나님의 은총 속에서 살아가자. 하나님이 허락하신 시간과 재물과 인생을 낭비하지 말고, 그것들이 내 손에서 소멸되기 전에 하나님의 영광을 위하여 마음껏 쓰고 나누면서 살아가기를 기도한다. 사도 베드로는 부탁했다. "외모로 보시지 않고 각 사람의 행위대로 심판하시는 이를 너희가 아버지라 부른즉 너희가 나그네로 있을 때를 두려움으로 지내라" _벧전 1:17.

나누고 드리는 기쁨을 알았기 때문

환난 중에서도 다윗과 그 백성이 기쁨과 감격으로 헌신할 수 있었던 세 번째 이유는 나누고 드리는 기쁨을 알았기 때문이다. 받는 기쁨과 주는 기쁨 중에 어느 기쁨이 더 크고 오래갈까? 2018년 "주는 기쁨과 받는 기쁨 중 어느 것이 더 강한 행복감을 안겨 줄까?"라는 주제로 소개된 실험 결과가 있다. 시카고대학교 심리학자 에드 오브라이언 Ed O'Brien 과 노스웨스턴대학교 심리학자 서맨사 캐서러 Samantha Kassirer 가 실험을 했는데, 결론은 선물을 받는 사람은 처음에는 행복하지만 반복해서 받을수록 행복감이 줄어들고, 선물을 주는 사람은 아무리 주고 또 주어도 그 행복감이 줄어들지 않더라는 것이었다.

이 실험에 참가한 학생들에게 5일 동안 매일 5달러를 주면서 매번 똑같은 데 돈을 쓰도록 했다. 어떤 학생들에겐 "자신만을 위해서 쓰라"고 했고, 또 어떤 학생들에겐 "꼭 남을 위해 쓰라"고 했다. 그러고는 저녁마다 돈을 쓴 행복감을 점수로 매기도록 했다. 그 결과 참가자 96명 중 자신을 위해 5달러를 쓴 사람들은 매일 조금씩 행복감이 감소했지만, 남을 위해 5달러를 쓴 사람들은 마지막 날까지 주는 기쁨이 변함없었다고 한다.

행복심리학에 '쾌락 적응' hedonic adaptation 이란 말이 있다. 물건을 쓰면

쓸수록 닳아 없어지는 것처럼, 인간의 마음도 처음에는 강했던 기쁨, 행복감이 시간이 지나면서 점차 시들어 간다는 것이다. 그래서 계속 처음처럼 행복하려면 다른 선물을 받거나 더 큰 선물을 받아야 한다고 한다. 받는 행복, 받는 기쁨은 반복되면 될수록 적응이 되어 나중에는 받아도 감사하지 않게 되고, 받고도 행복하지 않게 된다는 것, 이것이 쾌락 적응의 법칙이다. 그런데 이 법칙에 적용되지 않는 것이 바로 '주는 기쁨', '주는 행복'이다. 주는 기쁨, 주는 행복은 아무리 반복되어도 그 기쁨과 행복감이 계속 지속된다는 것이다. 이것이 2018년 〈심리과학 *Psychological Science*〉지에 발표한 에드 오브라이언, 서맨사 캐서러의 실험의 결론이다.

영원히 시들지 않는 기쁨, 영원히 없어지지 않는 행복을 맛보기 원하는가? 받는 기쁨보다 주는 기쁨을 훈련해 보라. 받는 행복보다 주는 행복을 느끼려 노력해 보라. 우리가 어렸을 때는 먹어도 내가 먹어야 행복했고, 입어도 내가 입어야 행복했지만 부모가 되어 자식을 키워 보니 자식이 맛있게 먹는 모습을 보는 것이 더 행복하고, 자식이 새 옷을 입고 즐거워하는 모습을 보는 것이 더 행복하다. 행복감, 기쁨, 보람은 그렇게 성숙해 가는 것이다. 성숙한 사람은 받는 기쁨보다 나누는 기쁨을 아는 사람이다. 성숙한 성도는 받는 행복보다 드리는 행복을 깨달은 성도다. 그래서 월터 헨릭슨Walter Henrichsen은 《훈련으로 되는 제자》네비게이토에서 말했다. "그리스도의 주재권을 인정하는 것은 받기만 하는 것이 아니라 드리는 헌신에 있다. 은혜는 하나님께서 우리에게 자신의 모든 것을 기꺼이 주시는 것을 의미하고 주재권은 우리가 하나님께 우리의 모든 것을 기꺼이 드리는 것을 의미한다."

다윗과 이스라엘 백성은 환난 중에 드리는 기쁨, 드리는 행복을 통해 감격한 성숙한 사람들이었다. 누가 시켜서 한 것이 아니라, 해야만 하니까 억지로 한 것도 아니라, 선물로 받은 인생 그 자체가 감사해서 자원하여 드리면서 기뻐한 사람들, 그래서 행복한 사람들이었다.

1900년 올리버 애비슨Oliver. R. Avison 선교사는 뉴욕 카네기홀에서 열린 선교대회에서 한국 땅에 병원이 필요하다고 호소했다. 한국 땅에 와 본 적도 없었던 한 사업가가 성령의 감동을 받아 병원 건립에 필요한 모든 비용을 헌금했다. 요즘 가치로 약 5,000억 원이었다 한다. 그렇게 지어진 병원이 서대문에 있는 연세세브란스병원이고, 그때 헌신했던 신실한 그리스도인 사업가가 바로 루이스 헨리 세브란스Louis Henry Severance이다. 세브란스는 자신이 평생 번 돈을 다 나누고 드리면서 살다가 떠날 때는 자신의 명의로 된 집 한 채도 없었다. 그가 늘 하던 말이 있다. "받는 당신보다 주는 내가 더 행복합니다."

받은 은혜에만 머물러 있지 말라. 받은 은혜와 감격을 가지고 나아가 사랑하는 이들과 나누며 살라. 하나님께 받은 놀라운 축복과 선물들을 기꺼이 하나님께 다시 올려 드리며, 자원하여 드리는 기쁨, 감사, 행복이 충만한 삶을 살아가게 되기를 기도한다.

성도는 역경 속에 용사가 된다

이스라엘 백성이 약속의 땅 가나안에 들어간 후 우상과 음란으로 죄
악에 파묻혀 살게 되자, 하나님은 은혜의 손길을 거두셨다. 호시탐탐
노리던 주변 부족들이 쳐들어와 그들을 약탈하기 시작했다. 삶이 너무
고달파진 이스라엘 백성이 하나님께 호소했다_삿 6:6.

그때 한 청년이 미디안 사람들 몰래 포도주 틀 속에서 밀을 타작하
던 자리에, 여호와의 사자가 나타나 "큰 용사여 여호와께서 너와 함께
계시도다"_삿 6:12라고 말했다. 이에 대한 청년 기드온의 대답을 쉽게
풀어 보면 다음과 같다. "큰 용사라고요? 말도 안 됩니다. 하나님이 함
께 계신다고요? 하나님이 함께 계시면 우리 형편이 왜 이 모양, 이 꼴입
니까? 애굽에서 우리 조상을 구원해 내셨다던 그 큰 기적은 다 어디 갔
습니까? 하나님이 정말 함께하신다면 왜 우리가 미디안 족속에게 이
토록 고통당하며 살아야 합니까?"_삿 6:13. 항의하는 기드온의 말을 들
으신 여호와께서 친히 대답하셨다. "너는 가서 너의 힘으로 이스라
엘을 미디안의 손에서 구원하라 내가 너를 보낸 것이 아니냐"_삿 6:14.

역경 속에 사명이 있다

《내게 왜 이러세요?》^{두란노}라는 책은 36세에 골수암에 걸려 5년간 고생하다 41세 젊은 나이에 죽은 아내를 가슴에 묻고 지난 36년간 은혜롭게 목회하고 있는 강정훈 목사의 아픈 이야기다. 저자는 이렇게 적었다. "'내게 왜 이러세요?' 하나님께 수도 없이 물었다. 하나님께 많이도 섭섭했다. 어릴 때 비신자 가정에서 태어나서 얼마나 열심히 믿음을 지켜 왔는데 하나님이 나를 이렇게 대접하시다니. 이러시면 안 된다는 마음에 많이도 섭섭했다. 지금도 아주 조금은 진행형이다. 문득 아내가 생각나고 지난날의 고통이 오늘 일처럼 상처에 닿으면 잊어버리고 살다가도 발딱 경기가 일어난다. 그래서 성경 인물 중에 르호보'암'과 여로보'암'을 가장 싫어한다. 책이나 신문을 읽다가도 '암'이라는 단어가 나오면 갱년기처럼 몸이 화끈거린다. 그리고 또 묻는다. '내게 왜 그러셨어요?' 내게 꼭 그러셔야만 했을까?"

아직도 진행형이라면서, 아직도 그렇게 아프다면서 왜 강정훈 목사는 《내게 왜 이러세요?》란 책을 써야만 했을까? 그는 자신과 같이 고통을 가지고 살아왔을 사람들, 지금도 고통을 가지고 살아가는 사람들을 위로하기 위해서라고 했다. 낙방생 엄마에게는 낙방생 엄마의 말이 위로가 되고, 아픈 사람에게는 아픈 사람, 아팠던 사람의 말이 위로가 되기에, 아직도 많이 아프지만, 아직도 여전히 힘들고 어렵지만, 나처럼 고통스럽고 힘들어하는 모든 이를 위해 자신의 아픈 상처를 보이며 위로하고 격려하기 위해 썼다는 것이다. 《상처 입은 치유자》^{두란노}에서 헨리 나우웬이 했던 것과 꼭 같은 말이다.

남보다 많이 배웠는가? 남보다 많이 가졌는가? 하나님이 당신의 지식과 부와 힘을 통해 뭔가를 하라고 주신 사명이다. 혹시 남보다 더 아파하는 문제가 있는가? 육체의 고통이든, 인간관계든 아픔이 너무 극심한가? '왜 하나님이 내게 이토록 고통스러운 것을 주셨을까?' 하고 고민이 되는가? 그것이 사명일 수 있다. 아파 본 사람만이 남의 아픔을 이해할 수 있고, 이혼 당해 본 사람만이 이혼 당한 이의 아픔을 위로할 수 있고, 파산해 본 사람만이 파산한 사업가를 위로할 수 있고, 배우자와 사별한 사람만이 사랑하는 이를 잃은 사람을 위로할 수 있기 때문이다. 고통이 사명일 수 있다. 역경이 사명일 수 있다. 축복 속에서 사명을 찾아야 하는 것처럼, 고통 속에서도 사명을 찾으라.

시각장애인으로 총신대 총장이 되신 이재서 박사는《내게 남은 1%의 가치》토기장이에서 이렇게 썼다. "하나님은 고통과 고통 설명서를 함께 보내는 법이 없다. 고난은 먼저, 설명서는 나중에 온다. 고통은 이메일로 오고, 설명서는 배로 온다. 그래서 우리는 힘들다. 하나님이 이렇게 하시는 까닭은, 고난을 통해서 이루시고자 하는 목적이 있기 때문이다. 고통의 설명서는 나중에 꼭 온다는 것을 명심하라." 이 책을 추천하면서 김장환 목사님은 다음과 같이 적었다. "내게 남은 것이 1%라 할 때, 반응은 두 가지일 것이다. 남은 것이 그 1%밖에 없으니 그것마저 포기해 버리거나, 아직도 1%는 남아 있다는 희망을 가지거나…. 그렇게 1%밖에 남지 않은 열악한 조건 속에서 희망을 가지고 다시 일어나 세상을 밝히는 빛으로 살아가는 사람들의 이야기는 우리에게 큰 감동과 힘을 준다. 그중의 한 분이 이재서 교수이시다."

내게 남은 것이 1%라 할 때 어떻게 하겠는가? 포기하겠는가, 아니면 1%에 희망을 걸겠는가? 요즘 많이 힘든가? 많이 아픈가? 순간순간 "주님, 내게 왜 이러세요?" 하고 불평하고 싶은가? 이해하기 힘들겠지만, 하나님이 허락하신 그 고통 속에 담아 주시는 사명이 무엇인지 찾아보라. 그 사명을 찾아내서, 힘들겠지만 그 사명의 길 끝까지 걸어가려고 노력해 보라. 마침내 강정훈 목사님처럼, 저 므낫세 지파의 청년 기드온처럼 하나님이 주신 사명을 발견하고 그 사명을 이루는 위대한 하나님의 사람이 될 것이다.

너의 힘으로

"하나님이 함께 계신다면 우리 형편이 왜 이렇습니까?"라는 기드온의 질문에 하나님은 대답하셨다. "너는 가서 이 너의 힘으로 이스라엘을 미디안의 손에서 구원하라 내가 너를 보낸 것이 아니냐 하시니라"_삿 6:14. 하나님의 말씀을 다시 잘 읽어 보자. 누구의 힘으로? 하나님은 '너의 힘으로'라고 말씀하셨다. 하나님은 기드온을 계속 놀라게 하셨다. 별 볼 일 없는 그를 "큰 용사여"라고 부르신 데다가, 그 처절한 환경 속에서도 "내가 너와 함께한다"고 하시지 않았던가? 그런데 그 하나님이 이제는 "네 힘으로 이스라엘을 구원하라"고 명령하신 것이다. 기가 막힌 기드온의 탄식이 15절에 이어진다. "오 주여 내가 무엇으로 이스라엘을 구원하리이까 보소서 나의 집은 므낫세 중에 극히 약하고 나는 내 아버지 집에서 가장 작은 자니이다." 기드온의 이 말만 보면 기드온 집안이 정말 미미하고 기드온도 별 볼 일 없는 아들처럼 보이지만, 사실은 그렇지 않다. 기드온의 집안은 성읍의 바알 제단을 관리하는 총책임자의 집이었고, 기드온은 바알 제단을 부수기 위해 10명의 종을 동원할 수 있을 만큼 힘을 가진 아들이었다. 성읍 사람들이 기드온에게 복수하겠다고 달려왔을 때 기드온의 아버지는 그들을 설득해 보낼 만큼 지혜와 설득력이 있었고, 아들 기드온을 사랑하는 아버지였다. 다시 말해, 기드온 집안은 결코 작지 않았고, 기드온도 별 볼 일 없는 자녀가 아니었다.

다만, 문제는 기드온 자신이 가진 낮은 자존감, 뿌리 깊은 불안, 두려움이었다. 정탐꾼 10명의 고백인 메뚜기 자화상이 문제였던 것이다. 자기 장점만 바라보면 돈키호테가 되고, 자기 약점만 바라보면 비겁한 패배자가 된다. 어떤 이들이 말하는 것처럼 우리는 결코 지렁이만도 못한 존재가 아니다. 오히려 우리는 창조주 하나님의 형상대로 지으심을 받은 위대한 존재들이다. "그를 하나님보다 조금 못하게 하시고 영화와 존귀로 관을 씌우셨나이다"_시 8:5. 어려움을 만나거든 너무 쉽게 "나는 아무것도 못해"라고 말하지 말자. 어려운 상대를 만나 너무 가볍게 "나는 메뚜기다"라고 말하지 말자. "나는 아무짝에도 쓸모없다"라고 말하지 말자. 하나님은 분명코 나만이 해야 할 사명을 주어 이 세상에 보내셨다는 사실을 믿자.

'네 힘'의 비밀

하나님은 낮은 자존감, 불안과 두려움으로 떨고 있는 기드온을 향해 말씀하셨다. "내가 반드시 너와 함께하리니 네가 미디안 사람 치기를 한 사람을 치듯 하리라"_삿 6:16. 여기에 기드온의 힘의 근원이 드러난다. "네 힘으로 이스라엘을 구원하라" 하신 말씀에서 '네 힘'의 비밀이 무엇인가? 하나님이 그와 함께하시는 것, "내가 반드시 너와 함께하리니"라는 약속에 힘의 비밀이 숨어 있다. 임마누엘 하나님만이 지혜와 능력과 힘과 승리의 원천이시다. 하나님을 떠나서는 그 어떤 힘도, 능력도, 지혜도 아무것도 아니지만, 하나님이 함께 계신다면 그 어떤 것도 기적의 도구가 될 수 있다.

이런 점에서 하나님이 함께하시면 숫자가 중요하지 않다. 하나님은 물고기 두 마리, 보리떡 다섯 개로 5,000명을 먹이시고도 열두 광주리나 남기셨다. 기름 한 병, 밀가루 한 줌만으로 지독한 가뭄을 이겨 내게 하셨다. 기드온의 300 용사가 미디안 연합군 135,000명을 이겼다. 하나님만 함께하신다면 잘나고 못난 것도 중요하지 않다. 하나님은 모세의 마른 막대기 하나로 이스라엘 백성을 구원해 내셨고, 성질 급했던 베드로를 반석이 되게 하셨다. 그러므로 나의 약점 때문에 기죽지 말자. 어려운 환경이나 받쳐 주지 않는 조건 때문에 꿈을 포기하지도 말자. 전능하신 하나님이 우리와 함께 계심을 잊지 말자. 하나님이 "큰 용사여!" 하고 부르시면 "아멘!" 하고 내가 큰 용사임을 믿으라. 천지를 지으신 하나님이 그렇게 말씀하시면, 그런 것이다. 내 생각과 느낌은 상관없다. 하나님이 "여호와께서 너와 함께 계시도다"라고 말씀하시면 "아멘!" 하고 그런 줄 믿고 담대하라. 하나님이 함께하신다면 도대체 두려울 것이 무엇이 있을까? 하나님이 함께하신다면 불가능한 일이 어디에 있을까? 극복하지 못할 일이 또 무엇일까?

하나님은 이삭에게 말씀하셨다. "내가 너와 함께 있어 네게 복을 주고 내가 이 모든 땅을 너와 네 자손에게 주리라"_창 26:3. 야곱에게도 말씀하셨다. "내가 너와 함께 있어 네가 어디로 가든지 너를 지키며 너를 이끌어 이 땅으로 돌아오게 할지라 내가 네게 허락한 것을 다 이루기까지 너를 떠나지 아니하리라"_창 28:15. 모세에게도 말씀하셨다. "내가 반드시 너와 함께 있으리라"_출 3:12. 여호수아에게도 약속하셨다. "내가 모세와 함께 있었던 것같이 너와 함께 있을 것임이니라 내가 너를 떠나지 아니하며 버리지 아니하리니"_수 1:5. 기드온에게도 말씀하셨다. "내가 반드시 너와 함께하리니"_삿 6:16. 하나님은 사무엘, 다윗, 솔로몬, 하나님을 경외하는 모든 백성에게 똑같은 약속을 하셨고, 단 한 번도 그 약속을 어기신 적이 없다. 오늘도 동일한 하나님이 우리에게 똑같이 말씀하신다. "볼지어다 내가 세상 끝 날까지 너희와 항상 함께 있으리라"_마 28:20. "그가 친히 말씀하시기를 내가 결코 너희를 버리지 아니하고 너희를 떠나지 아니하리라"_히 13:5.

세상 어떤 일을 만나도 결코 두려워하지 말라. 하나님이 우리와 함께 계셔서 우리를 위해 일하고 계심을 온전히 믿고 담대하라. 오늘도 살아 계신 임마누엘 하나님이 오병이어의 기적, 300명으로 135,000명을 쳐부수는 놀라운 승리, 기름 한 병과 밀가루 한 줌만으로 3년 가뭄을 이겨 내는 기적을 우리 삶의 현장에 매 순간 이루어 주시기를 기도한다.

성도는 준비한다

넘사벽 앞에서

죽었다 깨도 뛰어넘을 수 없는 문제나 상대를 흔히 '넘사벽'넘을 수 없는 사차원의 벽이라고 한다. 나의 넘사벽은 무엇인가? 넘사벽을 만나면 어떻게 해야 하는가? 넘사벽을 만나면 대부분 도전하기보다 도망한다. 학생들은 시험에 대한 스트레스 때문에 게임방으로, 어른들은 술집이나, 도박장으로 도피한다. 드라마에 빠지거나 마약, 부정한 남녀 관계를 통해 문제 자체를 잊으려는 사람도 있다. 하지만 문제를 회피하는 것은 오히려 문제를 더 복잡하게 만든다. 가정은 깨지고, 사업은 망하고, 건강과 인생까지 다 망쳐 버리곤 한다.

이스라엘 백성은 엄청난 넘사벽을 만났다. 블레셋 군대와 엘라 골짜기에서 싸움이 붙었는데, 거인 골리앗이 "너희 중에 한 명만 나와 일대일로 붙자. 결과에 따라 전쟁을 끝내자!" 하고 소리를 질렀다_삼상 17:8-9. 키는 2m 90cm, 갑옷의 무게만 57kg이 넘는 거구 골리앗의 위세에 눌린 이스라엘 진에서는 아무도 대응을 못했다. "이스라엘 모든 사람이 그 사람을 보고 심히 두려워하여 그 앞에서 도망하며"_삼상 17:24. 심지어는 사울 왕까지도 놀라 크게 두려워했다_삼상 17:11. 보통 이스라엘 백성보다 머리 하나 더 컸던 사울 왕이 보기에도 골리앗은 너무 컸다. 싸워서 이길 가능성이 애초에 없었다. 그래서 사울은 초장부터 다른 군인들과 함께 덜덜 떨며 숨어 있었다.

그렇게 40일을 일방적으로 밀리던 전쟁터에 십 대 소년 다윗이 나섰다. 그는 군인도 아니었다. 단지 전쟁터에 나간 형님들에게 도시락을 배달하러 갔을 뿐이다. 그런데 그 어린 소년이 사울 왕마저 피하고 있는 거인 골리앗과 싸우겠다고 나섰다. 그런 다윗을 보고 맏형 엘리압이 화를 내며 꾸짖었지만_삼상 17:28, 다윗은 조금도 물러서지 않고 거인 골리앗을 향해 외쳤다. "너는 칼과 창과 단창으로 내게 나아오거니와 나는 만군의 여호와의 이름 곧 네가 모욕하는 이스라엘 군대의 하나님의 이름으로 네게 나아가노라 오늘 여호와께서 너를 내 손에 넘기시리니 내가 너를 쳐서 네 목을 베고 블레셋 군대의 시체를 오늘 공중의 새와 땅의 들짐승에게 주어 온 땅으로 이스라엘에 하나님이 계신 줄 알게 하겠고 또 여호와의 구원하심이 칼과 창에 있지 아니함을 이 무리에게 알게 하리라 전쟁은 여호와께 속한 것인즉 그가 너희를 우리 손에 넘기시리라"_삼상 17:45-47. 그리고는 거인 골리앗을 향해 달려갔다.

맥스 루케이도는 이 장면을《믿음 연습-골리앗을 이기는 19가지 습관》두란노에서 다음과 같이 극적으로 적었다. "형들은 너무도 무섭고 당황스러워 아예 눈을 가렸다. 사울 왕은 히브리 청년 하나가 쓸데없이 객기를 부리다 죽는구나 싶어 깊은 한숨을 내쉬었다. 골리앗은 고개를 젖히고 껄껄 웃었다. 그 바람에 투구가 훌떡 넘어가면서 맨 이마가 손가락 두 마디만큼 드러났다. 다윗은 그 순간을 놓치지 않고 목표를 겨누었다. 골짜기엔 정적만 흐르고, 물매 돌리는 소리만 들렸다. '윙 윙 윙' 마침내 돌멩이가 허공을 가르고 날아가, 골리앗의 머리를 정확하게 강타했다. 거인의 눈동자가 풀리더니 무릎이 꺾이고 통나무 넘어가 듯 쿵 쓰러지더니 그대로 숨을 거두었다. 다윗은 골리앗의 칼집에서 장검을 꺼내 들었다. 그리곤 거인의 목을 내리쳤다." 상상도 못한 기적 같은 승리였다. 그래서 많은 사람이 이 이야기를 책으로 엮어 냈다. 유진 피터슨의 《다윗: 현실에 뿌리박은 영성》IVP, 최광식의 《다윗 대통령》베드로서원, 말콤 글래드웰Malcolm Gladwell의 《다윗과 골리앗》21세기북스 외에도 무수히 많다.

강자를 이기는 약자의 기술 1 : 거룩한 분노

어떻게 소년 다윗이 거인 장수 골리앗을 이길 수 있었을까? 그 많은 책에서 소개하는 소년 다윗의 승리의 비결 중 첫 번째는 거룩한 분노다. 소년 다윗은 골리앗이 하나님 여호와의 이름을 모독하는 소리를 듣고 참을 수가 없었다. 이길 자신이 있어서가 아니었다. 싸우다 맞아죽는 한이 있어도 결코 용서할 수 없고 싸워야만 했던 것, 거룩한 분노, 의분 때문이었다. 골리앗이 얼마나 큰지는 상관없었다. 내가 이길 수 있을지도 몰랐다. 어쩌면 질지도, 그래서 죽을지도 모르지만, 하나님이 모독을 받으시는 것만은 결코 참을 수 없었다. 그래서 다윗은 "이 할례 받지 않은 블레셋 사람이 누구이기에 살아 계시는 하나님의 군대를 모욕하겠느냐"_삼상 17:26, "살아 계시는 하나님의 군대를 모욕한 이 할례 받지 않은 블레셋 사람이리이까 그가 그 짐승의 하나와 같이 되리이다"_삼상 17:36 하고 외쳤다.

내가 모욕당하고, 내가 왕따당하고, 내가 소외받고, 내가 대접받지 못해서 내는 분노는 거룩한 분노가 아니다. 그런 사사로운 분노는 오히려 일을 복잡하게 만들고, 공동체를 무너뜨리고, 해결의 길을 막아 버린다. 참된 거룩한 분노란 하나님의 이름이 모독을 받을 때 내는 분노, 하나님의 뜻이 이 땅에 온전히 이루어지지 못할 때 내는 분노, 악이 성하고 하나님의 말씀이 온전히 나타나지 못할 때 내는 분노다.

하나님은 이 세상을 선하게 지으셨지만 세상이 얼마나 악해졌는가? 윤리와 도덕이 땅에 떨어지고 마음 놓고 살 수 없는 폭력적인 세상이 되었다. 아이들을 어린이집이나 유치원, 학교에 보내기가 겁난다. 오늘날 젊은이들은 가십과 게임과 소비문화 외에 희망과 꿈을 이야기할 수 없고, 기성세대는 권력만 잡으면 반대편을 몽땅 잡아 흔들다 결국 반대편과 똑같은 일을 반복한다. 왜 이렇게 되었는가? 세상만 탓할 일이 아니다. 하나님의 교회들도 마찬가지다. 우리 자신에 대해서도 분노해야 한다. 수십 년 예수님을 믿었는데 내 믿음은, 내 인격은, 내 삶은 왜 이 정도밖에 안 될까? 내가 정말 하나님의 아들이고 딸인가?

다윗은 본래 별 볼 일 없는 시골 목장 주인 이새의 막내아들이었다.

아버지나 형들조차 인정하지 않는 보잘것없는 소년이었다. 하지만 하나님의 명예를 위해 거룩한 분노를 발했던 그를 통해 하나님은 위대한 믿음의 왕국을 일으키셨다. 그러므로 우리는 환경과 조건 때문에 낙심할 필요가 없다. 나이도 문제가 아니다. 막내라고, 배운 것이 없다고, 가진 것이 없다고, 스펙이 좋지 않다고 절망할 필요도 없다. 우리가 참으로 공정과 정직, 공분과 거룩한 분노를 가슴에 품고 하나님을 향한 온전한 사랑을 회복하기만 한다면, 그분을 위하여 결단하고 일어선다면 하나님은 그런 우리를 들어서 세상을 새롭게 하실 것이다. 하나님의 이름이 모독을 받는데도 굴속으로 숨어들어 벌벌 떠는 사울이나 이스라엘 백성처럼 비겁하게 살지 말라. 소년 다윗처럼 거룩한 분노를 가지고 삶의 현장에서, 직장과 동네에서, 교회에서 선한 싸움을 싸우며 살아가는 성숙한 그리스도인들이 되기를 기도한다.

강자를 이기는 약자의 기술 2 : 물매돌 훈련

다윗은 기도만 하지 않았다. "전쟁은 여호와께 속한 것이다"라고 선포한 후 골리앗 앞에 납작 엎드려 있지 않았다. 기도는 이미 했다. 평소에 움직이는 사자와 곰도 명중시킬 만큼 물매돌 던지기 훈련을 해 왔듯, 미리 준비한 돌맹이를 물매에 메겨 있는 힘껏 날려 보냈다.

오늘날 너무 많은 그리스도인이 말로만 헌신한다. 성경은 "선으로 악을 이기라"고 명하지만, 그 말씀이 무슨 뜻인지도 모르고 훈련도 되어 있지 않다. 세상을 이기려면 세상을 알아야 한다. 세상 문화가 얼마나 교묘한지, 세상 속 악의 구조에 얼마나 함정이 많은지, 어떻게 그

속에서 믿음을 지킬 뿐 아니라 이기고 승리할 수 있는지를 배우고 훈련해야 한다.

사업하시는 한 장로님이 "요즘 믿음 좋은 사람을 뽑을지, 실력 좋은 사람을 뽑을지 고민입니다"라 하시기에 "뭘 걱정하세요. 실력 좋고 믿음 좋은 사람을 뽑으면 되지요"라고 말씀드린 적이 있다. 그러자 장로님이 대답하셨다. "그런 청년은 없습니다. 믿음 있는 청년은 실력이 없고, 실력 있는 청년은 믿음이 없습니다." 가슴 아픈 일이다. 그리스도인 청년들이 실력이 없단다. 젊은이들이여, 실력을 키우라. 기도와 말씀을 통해 미래를 향한 위대한 꿈을 꾸는 동시에, 격변하는 세상 속에서 세상을 변화시키는 실력자들이 되도록 노력하라.

빌 게이츠Bill Gates가 1990년대에 《생각의 속도》청림라는 책을 썼지만, 지금은 생각의 속도보다 더 빠르게 세상이 변하고 있다. 트렌드 분석가인 날카로운상상력연구소 김용섭 소장의 책《프로페셔널 스튜던트》퍼블리온를 보면 이런 말이 나온다. "코로나19 팬데믹이 종식되면 위기가 끝난다고 생각하는가? 그런 생각은 너무 순진하다. 실상은 그 반대가 될 것이다. 팬데믹 이후 오히려 더 크고 심각한 진짜 위기가 시작된다. 팬데믹이 로봇, 인공지능, 자율주행, 자동화를 앞당겨서, 당신과 당신의 자녀들의 일자리에 엄청난 영향을 줄 것이기 때문이다."

그는 코로나19 팬데믹으로 4차 산업혁명의 물결이 적어도 5년 이상 앞당겨졌고, 업무 자동화로 10년 안에 우리나라 일자리 30%가 사라질 것이라 예측했다. 물론 새로운 일자리도 생겨나겠지만, 준비하지 못한 사람들에게는 그림의 떡일 뿐이다. 오늘 우리가 가진 물매돌은 무엇인가? 하나님이 주신 재능과 지난 경험 속에서 나의 물매돌을 찾아보라.

그 물매돌 던지는 연습을 시작하라. 수십 수백 번이 아니라, 수백만 번 연습하라. '일만 시간의 법칙'이라 했다. 적어도 한 분야에 10년은 목숨 걸고 매달려야 뭔가를 할 수 있는 법이다. 하나님은 그렇게 준비된 사람을 통해 장차 큰 영광을 받으실 것이다.

강자를 이기는 약자의 기술 3 : 성령 충만

두 가지 비결, 즉 거룩한 분노와 물매돌 던지는 실력만으로 소년 다윗이 골리앗을 이길 수 있었던 것은 아니다. 가장 큰 승리의 비결은 결정적인 순간에 임하신 여호와의 영의 역사였다. "사무엘이 기름 뿔병을 가져다가 그의 형제 중에서 그에게 부었더니 이날 이후로 다윗이 여호와의 영에게 크게 감동되니라"_삼상 16:13.

사울 왕조차 두려워 떨고 있는 순간, 어떻게 어린 소년이 거룩한 분노를 낼 수 있었는가? 어떻게 그 어린 소년이 돌멩이 하나로 거인 골리앗을 단번에 넘어뜨릴 수 있었는가? 여호와의 영의 도우심이 없이는 불가능했다. 다시 말하면, 소년 다윗이 승리한 가장 큰 비결은 하나님의 도우심이었던 것이다. 이것이 바로 실존주의 철학자 키르케고르가 말하는 '신앙의 패러독스역설'이다. 인간의 논리로는 설명할 수 없기에 논리의 비약이요, 초월적 은혜라 하는 것이다. 사실 우리 인생의 실존 자체가 논리만으로 설명할 수 없는 은혜로 충만하다.

3년 동안 예수님을 따라다니면서 말씀을 친히 들었던 제자들만큼 훈련을 철저하게 받은 사람들이 세상에 또 어디 있을까? 그런데도 그들은 온전한 제자가 되지 못했다. 이유가 무엇인가? 단순한 이해와 지식이 사람을 변화시키는 것이 아니기 때문이다. 살아 계신 성령만이 인간을 근본적으로 변화시키실 수 있기 때문이요, 앎이 삶으로 도약하기 위해서는 성령의 특별한 에너지가 필요하기 때문이다. 그래서 오순절 성령의 기름 부음을 받은 후에야 비로소 제자들은 온전히 변화를 받았고, 그렇게 변화받은 제자들을 통해 300년 못 되는 사이 복음이 온 세상에 편만케 되었던 것이다. 성령만이 우리를 바꾸어 주실 수 있다. 성령만이 우리를 온전케 하시고, 우리를 통해 골리앗 같은 세상을 이기게 하신다. 성령이 우리에게 임하시고, 우리가 다윗처럼 골리앗을 향해 당당히 나아가기만 한다면, 믿음의 물매돌, 기도의 물매돌, 복음의 물매돌을 훈련하여 세상을 향해 날리기만 한다면 우리 앞에서 고꾸라지는 무수한 골리앗들을 보게 될 것이다.

오늘 나 자신을 가로막고 있는 골리앗은 무엇인가? 언제까지 그 문제들을 피하며 도망만 다닐 작정인가? 만군의 여호와의 이름으로 그 골리앗들을 향해 크게 외치자. "여호와의 구원하심이 칼과 창에 있지 아니함을 이 무리에게 알게 하리라 전쟁은 여호와께 속한 것인즉 그가 너희를 우리 손에 넘기시리라"_삼상 17:47.

맥스 루케이도는 앞서와 같은 책에서 이렇게 적었다. "당신이 마지막으로 골리앗 같은 상대에게 맹렬하게 돌진해 본 지 얼마나 되었는가? 그동안 너무 쉽게 물러나지 않았는가? 책상 위에 일거리를 산더미같이 쌓아 놓고 그 뒤에 몸을 숨기거나, 사람들의 이목을 피해 술집으로 살금살금 기어들거나, 금지된 사랑을 찾아 유혹의 침대를 파고들었는가? 그렇게 해서 잠시라도 전선을 잊어 보려 했겠지만, 잠시, 또는 하루 동안은, 아니 길면 일 년 정도는 안전감을 느낄지 모른다. 하지만 일은 언젠가 끝나게 되어 있고, 술도 곧 떨어진다. 도피처로 잡은 사랑은 쉽게 떠나 버린다. 그때부터 다시 골리앗의 음성이 들려오고 당장이라도 잡아먹을 듯 허풍을 떤다. 도대체 언제까지 도망만 할 것인가? 하나님 여호와의 이름을 품고 거인을 향해 돌진하라. 이혼이라는 거인아, 넌 절대로 우리 집에 못 들어와! 우울증이란 골리앗아, 평생 덤벼 봐라. 넌 날 결코 이길 수 없어. 술, 고집, 아동학대, 불안감! 내 인생에서 다 사라져 버려라. 물매에 돌멩이를 메겨 거인을 향해 날렸던 게 언제 적 이야기였던가? 너무 까마득해 기억조차 나지 않는가? 그럼 이제라도 소년 목동을 모델로 삼으라. 일어나 기도의 물매에 돌멩이를 메겨 사탄의 이마를 향해 날려라. 넉넉히 이기리라.”

성도는 신뢰한다

주님만 바라보라

한 가정에 심방을 갔는데, 그 집 어린 아들이 안경 쓴 부목사님을 보고 무섭다고 울기 시작했다. 할 수 없이 아이가 보지 못하도록 목사님이 내 뒤에 숨어 찬송하도록 했건만, 아이는 내 뒤에 있는 목사님을 찾아 내 가리키며 또 무섭다고 울었다. 목사님은 할 수 없이 함께 예배를 드리지 못하고 마당으로 쫓겨났는데, 아이는 기어코 마당까지 쫓아가서 목사님을 가리키며 무섭다며 울어 댔다. 결국 목사님은 집에서 쫓겨났다. 무서우면 안 보면 될 텐데 굳이 쫓아가 우는 아이를 바라보면서 우리 인생들도 그런 모습으로 살고 있지 않나 생각해 보았다.

요즘 무엇을 바라보는가? 그것을 바라보는 마음은 평안한가, 불안한가? 요즘 잠을 못 잘 만큼 두렵다면 그 이유가 무엇인가?

모압과 암몬의 연합군이 쳐들어와서 눈 깜짝할 사이에 턱밑 엔게디 앞에 진을 쳤다는 소식이 들려왔다. 믿음 좋은 여호사밧 왕은 두려움에 사로잡혀 급하게 전 국민에게 금식을 선포하고 하나님 앞에 엎드려 기도했다. "우리 조상들의 하나님 여호와여 주는 하늘에서 하나님이 아니시니이까 이방 사람들의 모든 나라를 다스리지 아니하시나이까"_대하 20:6. 이렇게 시작한 기도는 다음과 같이 맺는다. "우리를 치러 오는 이 큰 무리를 우리가 대적할 능력이 없고 어떻게 할 줄도 알지 못하옵고 오직 주만 바라보나이다"_대하 20:12.

턱밑까지 쳐들어온 군대가 어찌 걱정이 되지 않겠는가? 모든 마음과 생각이 온통 그 엄청난 국가적 위기로 쏠리려 하지만, 여호사밧은 자신의 마음과 생각과 눈을 오직 주님께만 향하겠다고 결심했다. "오직 주만 바라보리라. 다른 곳으로는 시선을 돌리지 않으리라. 다른 그어떤 곳에도 내 마음을 빼앗기지 않으리라. 오직 주님만 바라보며 주님만 의지하리라."

제자들이 폭풍 몰아치는 갈릴리 바다 한가운데서 고생할 때, 예수님이 그 폭풍을 뚫고 파도 물결 위를 걸어오셨다. 베드로가 외쳤다. "주여 만일 주님이시거든 나를 명하사 물 위로 오라 하소서"_마 14:28. 예수께서 "오라" 하시자 베드로도 예수님과 똑같이 그 폭풍 속 검은 파도를 딛고 한 발짝, 한 발짝 물 위를 걸었다. 하지만 예수님을 바라보던 눈을 돌려 검푸른 바다 물결을 본 순간, 베드로는 두려움으로 물속에 빠졌다. 그때 예수님이 말씀하셨다. "믿음이 작은 자여 왜 의심하였느냐"_마 14:31.

의심이 무엇인가? 창조주 하나님을 믿지 못하고 두려움으로 세상 물결에 휩쓸리는 것이다. 믿음이 무엇인가? 세상 물결을 보지 않고 창조주 하나님을 바라보는 것이다. 세상 물결에 눈길을 빼앗기는 사람이 믿음이 작은 자다. 예수님을 바라보는 사람이 믿음이 큰 사람이다. 조그만 시련의 물결 앞에서도 하나님을 의심하는 사람이 믿음이 작은 사람이요, 세상 풍파 앞에서도 하나님의 능력을 의심하지 않는 사람이 믿음이 큰 사람이다.

히브리서 기자는 처절한 절망 속에서도 하나님만 바라보며 승리의 길을 걸어갔던 믿음이 큰 사람들을 소개한 후에 다음과 같이 권면했다. "이러므로 우리에게 구름같이 둘러싼 허다한 증인들이 있으니 모든 무거운 것과 얽매이기 쉬운 죄를 벗어 버리고 인내로써 우리 앞에 당한 경주를 하며 믿음의 주요 또 온전하게 하시는 이인 예수를 바라보자"_히 12:1-2. 앞서갔던 신앙의 선배들도 오늘 우리가 겪고 있는 문제들을 다 겪었다. 아니, 어쩌면 지금 우리가 겪는 일들보다 더 힘들고 어려운 일들을 겪었을 것이다. 우리가 두려워하고 근심하고 걱정하는 일들보다 더욱 두렵고 걱정스런 일들을 만났을 것이다. 하지만 그들은 그 모든 것에서 눈을 돌려 오직 전능하신 하나님만 바라보며 전진했다. 그렇게 승리하여 믿음의 전당에 그 위대한 이름들을 올린 것이다.

우리도 오직 전능하신 하나님만 바라보자. 턱밑까지 쳐들어온 연합군들 앞에서 주님만 바라보기로 결심한 여호사밧처럼 나를 두렵게 하고 밤잠 못 자도록 걱정, 근심이 되는 문제 앞에서도 오직 인생의 주인이신 주님, 그 모든 문제의 단 한 분 해결자이신 주님만 바라보자. 주께서 책임져 주실 것이다.

두려워 말라

주님만 온전히 바라본다는 것은 주님을 온전히 믿고, 그 어떤 일에도 두려워하지 않는다는 것이다. 인생을 살아가면서 어떤 경우에도 최선을 다해야 하지만, 아무리 노력해도 안 되는 일을 만났을 때는 어떻게 해야 할까? 운명이라며 포기하고 말까? 그럴 수는 없다. 어떤 경우에도 하나님이 선물로 주신 삶의 기회를 결코 포기해서는 안 된다. 여호사밧은 도저히 어찌 할 수 없는 문제 앞에서 하나님께 부르짖었다. 그때 하나님이 야하시엘을 통해 말씀하셨다. "너희는 이 큰 무리로 말미암아 두려워하거나 놀라지 말라 이 전쟁은 너희에게 속한 것이 아니요 하나님께 속한 것이니라"_대하 20:15. 주만 바라본다는 것은 우리가 직면한 문제보다 하나님이 더 크신 분임을 믿는 것이다. 어떤 방법으로든지 하나님이 그 문제를 풀어 주실 것을 믿기에 두려워하지 않는 것이다. '모든 문제를 합해서 선을 만드시는' 전능하신 하나님을 온전히 의지하는 것이다. "우리가 알거니와 하나님을 사랑하는 자 곧 그의 뜻대로 부르심을 입은 자들에게는 모든 것이 합력하여 선을 이루느니라"_롬 8:28.

왜 우리 마음속에 두려움이 생기는가? 왜 우리가 근심하고 걱정하는가? 천지를 지으신 창조주를 보기보다 밀려오는 파도를 보기 때문이다. 역사의 주인이신 하나님보다는 뉴스 보도와 편향된 기사들의 선동에 흔들리고 있기 때문이다. 담대하라. 두려워하지 말라. 하나님은 지금 이 순간에도 여전히 천지와 역사와 우리 인생들의 주인이심을 잊지 말라. 우리의 살고 죽음이, 흥하고 망함이 다 그분의 손안에 있다. 그분만이 우리 삶의 주관자이시다. 그 하나님이 오늘도 우리에게 말씀하신다. "두려워하지 말라 내가 너와 함께함이라 놀라지 말라 나

는 네 하나님이 됨이라 내가 너를 굳세게 하리라 참으로 너를 도와주
리라 참으로 나의 의로운 오른손으로 너를 붙들리라"_사 41:10.

맞서 나가라

주님을 바라본다는 것은 맞서 나가는 것, 도피하지 않는 것이다. "오직
주만 바라보나이다"라고 기도하는 여호사밧에게 "두려워 말라"고 외
치던 하나님의 사람 야하시엘은 또 외쳤다. "그들이 시스 고개로 올라
올 때에 너희가 골짜기 어귀 여루엘 들 앞에서 그들을 만나려니와 이
전쟁에는 너희가 싸울 것이 없나니 대열을 이루고 서서 너희와 함께
한 여호와가 구원하는 것을 보라 유다와 예루살렘아 너희는 두려워하
지 말며 놀라지 말고 내일 그들을 맞서 나가라 여호와가 너희와 함께
하리라 하셨느니라"_대하 20:16-17.

　주만 바라본다는 것은 세상에서 눈을 돌려 버린다는 뜻이 아니다.
세상은 우리가 피하고 도망쳐야 할 곳이 아니라, 나아가 영적 전쟁을
벌여야 할 전쟁터다. 세상은 하나님의 뜻이 이루어지도록 우리가 힘써
일해야 하는 일터다. 세상은 우리가 소금이 되어 살맛을 내고, 빛이 되
어 어둠을 밝혀야 하는 땅이다. 하나님은 여호사밧에게 "내일 너희는
그들에게로 내려가라"고 말씀하셨다. 우리는 눈을 부릅뜨고 정신 바짝
차려서 세상으로 내려가야 한다. 우리를 위협하는 문제들을 직시하며
그 문제들 속에 담긴 하나님의 뜻을 발견하고, 그 뜻, 그 섭리를 이루기
위해 최선을 다해야 한다. 그리할 때 우리를 위협하던 어려움들이 오
히려 우리를 성숙시키고 하나님께 영광 돌리는 축복의 과정임을 경험

하게 될 것이다.

그러므로 위협하는 문제들, 대적들, 그 세상을 두려워하지 말고 담대하게 맞서 나아가라. 하나님의 이름을 모독하며 호령하던 골리앗을 향해 여호와의 이름을 들고 나아갔던 다윗처럼 하나님의 이름을 선포하며 나아갈 때_삼상 17:45-47 여호와 하나님이 함께하셔서 가는 곳마다 큰 승리를 거두게 하실 것이다.

100% 전적으로 주님만 신뢰하라

오직 주님만 바라본다는 것은 전적으로 주님만 신뢰하는 것이다. "오직 주만 바라보나이다"라고 고백한 여호사밧 왕은 하나님의 명령을 따라 적진을 향해 맞서 나가면서 백성들에게 외쳤다. "유다와 예루살렘 주민들아 내 말을 들을지어다 너희는 너희 하나님 여호와를 신뢰하라 그리하면 견고히 서리라 그의 선지자들을 신뢰하라 그리하면 형통하리라"_대하 20:20.

어떻게 해야 견고히 설 수 있는가? 하나님 여호와를 신뢰하면 견고히 설 수 있다. 어떻게 하면 형통할 수 있는가? 하나님의 선지자들을 신뢰하면 형통할 수 있다. 이처럼 오직 주만 바라본다는 것은 오직 하나님만 100% 신뢰한다는 의미다. 또한 하나님의 종인 선지자들을 신뢰한다는 뜻이다. 어떤 이들은 하나님은 믿지만 목사들은 못 믿겠다 말한다. 하지만 하나님이 당신의 뜻을 전하기 위해 세우신 그분의 종들을 믿지 못한다면, 하나님의 뜻을 어떻게 알 수 있겠는가?

물론 성경에도 거짓 선지자들이 많이 나오고, 현실에도 가짜 목사나이단이 많아서 아무나 함부로 믿거나 아무 설교나 함부로 들으면 안 된다. 분별력을 가지고 진짜와 가짜를 분별해야 할 책임이 평신도들에게 있다. 혹시 가짜라고 의심된다면 그 곁을 과감히 떠나라. 그렇게 해서 자신의 영적 생명을 보존하라. 하지만 믿을 수 있는 목회자라면 100% 전적으로 신뢰하라. 100% 전적 신뢰가 견고함과 형통의 비결이다.

50% 절반 신앙이란 있을 수 없다. 믿으면 믿고 못 믿으면 못 믿는 것이지, 믿기도 하고 못 믿기도 할 수는 없다. 하나님은 우리에게 전적인 믿음, 100% 온전한 믿음을 요구하신다. 야고보는 "오직 믿음으로 구하고 조금도 의심하지 말라 의심하는 자는 마치 바람에 밀려 요동하는 바다 물결 같으니 이런 사람은 무엇이든지 주께 얻기를 생각하지 말라"_약 1:6-7고 말했다.

삶의 환경이 얼마나 힘들고 직면한 문제가 얼마나 어려운지와 상관없이, 인생의 주인이신 하나님이 그 모든 문제의 해결자가 되시고, 전능하신 하나님이 우리를 사랑하시기에 그 모든 문제를 해결해 주실 것을 100% 신뢰할 때, 우리가 경험하게 되는 놀라운 선물이 있다. 바로 평강peace이다. "주께서 심지가 견고한 자를 평강하고 평강하도록 지키시리니 이는 그가 주를 신뢰함이니이다"_사 26:3. 믿음을 가지라. 의심하지 말라. 하나님이 살아 계심을 믿고, 그 하나님이 우리를 사랑하셔서 외아들을 죽이면서까지 우리를 구원하심을 믿고, 아들까지 내어 주신 그분이 어찌 온갖 선물을 아끼시겠느냐는 약속의 말씀도 믿으라. 여호사밧과 백성들은 하나님을 온전히 100% 신뢰했다. 선지자들을 온전히 100% 신뢰했다. 그때 그들의 마음속에 하나님이 주시는 평화, 평강이 넘쳐 났다. 찬송이 저절로 나왔다. 그래서 전쟁터로 향하면서 찬양대가 맨 앞에 서서 나아갔다. 모든 사람이 입을 모아 하나님을 찬양했다. "여호와께 감사하세 그의 인자하심이 영원하도다"_대하 20:21.

도대체 역사상 어느 전쟁터에서 이 같은 전술이 있었단 말인가? 죽을힘을 다해 싸워도 살아남기 힘든 전쟁터에서, 살기등등한 적군들이 기다리는 적진을 향해 나아가면서 평화롭게 "여호와께 감사하세 그의 인자하심이 영원하도다"라고 찬양을 하다니 말이다.

그런데 그때 하나님이 적군을 손보셨다. "그 노래와 찬송이 시작될 때에 여호와께서 복병을 두어 유다를 치러 온 암몬 자손과 모압과 세일산 주민들을 치게 하시므로 그들이 패하였으니 곧 암몬과 모압 자손이 일어나 세일 산 주민들을 쳐서 진멸하고 세일 주민들을 멸한 후에는 그들이 서로 쳐죽였더라"_대하 20:22-23. 이라크 전쟁 때 미군 내에서 안전사고와 오발 사고, 오인 폭격으로 아군끼리 죽인 수가 적군에게 죽은 사람보다 더 많았다는 말이 있다. 현대전에서도 그렇거늘, 하물며 수천 년 전 오합지졸 연합군들은 서로 오인해서 죽이고 죽는 일이 부지기수였을 것이다. 하나님이 두려움과 공포로 서로를 죽이고 죽게 만드신 것이다.

여호사밧과 유다 백성들은 찬송 몇 곡을 부르고 막강한 연합군을 물리쳐 이겼다. "유다 사람이 들 망대에 이르러 그 무리를 본즉 땅에 엎드러진 시체들뿐이요 한 사람도 피한 자가 없는지라"_대하 20:24. 그렇게 전쟁은 끝났다. 하나님이 하신 것이다. 하나님이 하시면 안 되는 일이 도대체 어디 있을까?

삶의 현장이 아무리 힘들고 어렵다 해도 결코 절망하지 말자. '이젠 끝났다'고, '희망이 다 사라졌다'고 너무 쉽게 포기하지 말자. 오직 주님만 바라보기를 결심하자. 두려워 말고, 도피하지도 말고, 하나님이 함께 가실 줄 믿고 담대하게 전진하자. 하나님과 하나님이 들어 쓰시는 종들을 100% 전적으로 믿고 의지하자. 하나님이 주시는 심령의 평안으로 찬양의 제사를 힘차게 하나님께 올려 드리자. 반드시 하나님이 일하실 것이다. 우리 앞에서 우리를 위협하는 골리앗들이 쓰러질 것이다. 우리로 승리하게 하실 것이다. "나의 영혼아 잠잠히 하나님만 바라라 무릇 나의 소망이 그로부터 나오는도다"_시 62:5.

하나님이 지으신 성도의 모습

헨리 나우웬은 《마음의 길》두란노 서문에서 "오늘날 빛의 자녀들이 왜 그렇게도 쉽게 타락하는가? 자기 정체성이 흔들리기 때문이다"라고 말했다. 이 시대 가장 큰 문제는 정체성 상실이다. 자기가 누구인지를 잘 모른다. 부모가 무엇 하는 사람인지, 교사는 또 어떤 존재인지를 모른다. 목사가 무엇 하는 사람인지, 그리스도인이란 또 어떤 존재인지를 모른다. 그래서 제멋대로 산다. 나는 누구인가? 우리는 누구인가?

흙, 버러지^{지렁이}

성경을 보면 첫 번째로 하나님은 우리를 '흙'이라 부르신다. "너는 흙이니 흙으로 돌아갈 것이니라"_창 3:19. 하나님은 또 이스라엘 백성에게 "버러지[지렁이] 같은 너 야곱아"_사 41:14라고 말씀하셨다. '버러지'는 무엇인가? 땅 파먹고 살다가 결국 땅속에 묻혀 썩는 존재다. 코의 숨결만 떨어지면 평생 이루었던 모든 업적, 꿈과 계획이 다 사라져 버리는 허무한 존재다. 버러지가 우리의 모습이라는 것이다. "너는 흙이다. 너는 버러지다"라고 말씀하시는 창조주 앞에서 우리 인생들은 자랑할 것도, 큰소리칠 것도 없다. 우리가 가졌으면 얼마나 가졌고, 알면 얼마나 알까? 건강하면 또 얼마나 건강할까? 그저 티끌일 뿐이다. 흙이고, 버러지고, 잠깐 보이다가 사라지는 안개다. 다윗은 고백했다. "주께서 나의 날을 한 뼘 길이만큼 되게 하시매 나의 일생이 주 앞에는 없는 것 같사오니 사람은 그가 든든히 서 있는 때에도 진실로 모두가 허사뿐이니이다"_시 39:5. 모세 역시 고백했다. "주께서 사람을 티끌로 돌아가게 하시고 말씀하시기를 너희 인생들은 돌아가라 하셨사오니 주의 목전에는 천 년이 지나간 어제 같으며 밤의 한순간 같을 뿐임이니이다"_시 90:3-4.

영원이란 시간 속에서 우리의 한평생은 그저 찰나일 뿐이다. 우주라는 공간 속에서 우리가 차지하는 자리는 없는 것이나 마찬가지다. 하나님 앞에서 겸손해야 한다. 우리를 지으신 창조주 하나님을 두렵고 떨리는 마음으로 경배해야 한다. 하박국은 "오직 여호와는 그 성전에 계시니 온 땅은 그 앞에서 잠잠할지니라"_합 2:20라고 말했다. 잠잠하라. 겸비하라.

질그릇

우리가 누구인가? 성경은 두 번째로 우리가 질그릇이라 말한다. "우리가 이 보배를 질그릇에 가졌으니 이는 심히 큰 능력은 하나님께 있고 우리에게 있지 아니함을 알게 하려 함이라"_고후 4:7. 흙으로 만들어진 그릇, 그래서 깨지기 쉬운 질그릇이 바로 우리 인생들의 모습이다. 우리 인생들은 너무 쉽게 깨진다. 너무 쉽게 절망하고, 남에게 조금만 섭섭한 이야기를 들어도 너무 쉽게 노여워한다. 깨지기 쉬운 질그릇이다.

하지만 그렇다고 낙심하지 말자. 우리는 흙으로 지어진 깨지기 쉬운 질그릇이지만, 우리 안에 계신 분은 우주 만물을 지은 창조주이시다. 우리를 위해 기꺼이 죽으신 사랑의 화신이신 예수님의 영, 성령이시다. 우리가 깨지기 쉬운 흙으로 빚어진 질그릇인 것은 틀림이 없지만, 우리 속에 담긴 보물로 인하여 보물 상자가 되었다는 사실을 기억하라. 우리 속에 계신 그 보물로 인하여 우리는 어떤 어려움을 당해도 망하지 않는다. "우리가 이 보배를 질그릇에 가졌으니 이는 심히 큰 능력은 하나님께 있고 우리에게 있지 아니함을 알게 하려 함이라 우리가 사방으로 욱여쌈을 당하여도 싸이지 아니하며 답답한 일을 당하여도 낙심하지 아니하며 박해를 받아도 버린 바 되지 아니하며 거꾸러뜨림을 당하여도 망하지 아니하고 우리가 항상 예수의 죽음을 몸에 짊어짐은 예수의 생명이 또한 우리 몸에 나타나게 하려 함이라"_고후 4:7-10.

나의 약함 때문에 낙심하지 말자. 절망하지 말자. 내 안에 계신 예수의 영이신 성령으로 인해 담대하고 당당하라. 우리 안에 계신 우주보다 크신 하나님, 예수의 영이신 성령은 질그릇 같은 우리를 통해 세상을 정복하기 원하신다. 통치하기 원하신다. 우리의 약함을 극복하게 하시고, 사탄의 악한 계획을 쳐부수고 승리하기 원하신다. 하나님은 우리를 죄와 사탄에게 패배하며 살도록 세상에 보내지 않으셨고, 우리로 하여금 사탄을 이기고 이 땅에 하나님 나라를 건설하도록 보내셨다. 그러니 담대하라. '나는 비록 약하나 주 예수는 강하시다. 나를 인도하시는 주님 곁에 가리라'는 것을 다짐하며 세상을 이기자.

메뚜기

성경에 나타난 세 번째 우리의 모습은 메뚜기다. 출애굽한 이스라엘 백성들은 드디어 하나님이 약속하신 가나안 땅에 도착했다. 가데스바네아에서 모세가 정탐꾼 12명을 보냈는데 그중 10명이 이렇게 보고했다. "이스라엘 자손 앞에서 그 정탐한 땅을 악평하여 이르되 우리가 두루 다니며 정탐한 땅은 그 거주민을 삼키는 땅이요 거기서 본 모든 백성은 신장이 장대한 자들이며 거기서 네피림 후손인 아낙 자손의 거인들을 보았나니 우리는 스스로 보기에도 메뚜기 같으니 그들이 보기에도 그와 같았을 것이니라"_민 13:32-33. 정탐꾼 10명의 자화상은 메뚜기였다.

오늘날 우리도 그들처럼 날마다 부정적인 자화상을 만들며 절망한다. '저 부자에 비하면 나는 돈이 없어. 나는 메뚜기야.' '저 유식한 사람에 비교하면 나는 너무 무식해. 메뚜기야.' '저 유명하고 똑똑한 사람에 비교하면 나는 완전히 메뚜기네.' '저 잘생긴 사람 좀 봐. 나는 메뚜기만도 못해.' 이처럼 너무나 많은 그리스도인이 메뚜기 자화상을 가지고 자기 자신을 메뚜기로 생각하며 절망한다. 전능하신 하늘 아버지를 잊고 자신의 초라한 모습만 바라보며 낙심한다.

자기를 메뚜기로 그리는 이들에게 못된 버릇이 하나 있다. 비교하는 것이다. 자꾸 비교하다 보면 그 결과는 항상 절망일 수밖에 없다. 왜냐

하면 내가 아무리 잘났다 해도, 언젠가는 나보다 더 잘난 사람을 만나기 때문이다. 내가 아무리 부자라도 나보다 더 큰 부자가 있기 때문이다. 내가 아무리 똑똑해도 세상에는 나보다 더 똑똑한 사람이 반드시 있기 때문이다. 그래서 비교하는 사람은 언제나 메뚜기 의식에 사로잡히게 되어 있다. 언제고 반드시 패배감에 사로잡히게 되어 있다. 그러므로 절대로 비교하지 말라. 자족하는 법을 배우라. 하나님은 공평하시다. 하나님은 모든 사람을 다 특징 있게 지으셨다. 이 사람은 이래서 좋고, 저 사람은 저래서 좋다. 이 사람은 수학을 잘하지만 노래는 못하고, 저 사람은 노래는 잘하지만 영어는 못한다. 그러므로 있는 것에 만족하고 생긴 대로 감사하며 주어진 삶을 당당하게 살아가라. 삶은 선택이다. 계속해서 남과 비교하면서 메뚜기 자아상을 가지고 절망하고 후퇴하고 도망하고 숨을 수도 있지만, 하나님이 허락하신 것들에 감사하며 당당한 모습으로 힘차게 살 수도 있다. 어떻게 살 것인가? 밤낮 비교만 하면서 도망 다니겠는가? 메뚜기 자아상을 버리라. 우리는 하나님의 귀한 아들딸임을 잊지 말고 당당하라.

거룩한 독수리

이사야 40장에 나타난 우리의 네 번째 모습은 거룩한 독수리다. 조국이 멸망한 후, 만리타국 바벨론에서 포로 생활을 하며 고생하던 이스라엘 백성은 "하나님은 우리 형편을 돌아보지 않으셔. 우리 신음조차 듣지 않으셔. 우리를 버리신 것이 아닐까?" 하고 탄식했다. 그런 그들을 향해 이사야 선지자는 선포했다. "야곱아 어찌하여 네가 말하며 이스라엘아 네가 이르기를 내 길은 여호와께 숨겨졌으며 내 송사는 내 하나님에게서 벗어난다 하느냐 너는 알지 못하였느냐 듣지 못하였느냐 영원하신 하나님 여호와, 땅끝까지 창조하신 이는 피곤하지 않으시며 곤비하지 않으시며 명철이 한이 없으시며 피곤한 자에게는 능력을 주시며 무능한 자에게는 힘을 더하시나니 소년이라도 피곤하며 곤비하며 장정이라도 넘어지며 쓰러지되 오직 여호와를 앙망하는 자는 새 힘을 얻으리니 독수리가 날개 치며 올라감 같을 것이요 달음박질하여도 곤비하지 아니하겠고 걸어가도 피곤하지 아니하리로다"_사 40:27-31.

우리는 삶이 조금만 힘들어도 절망한다. 현실이 답답하고 어려워지면 하나님을 원망한다. '하나님이 정말 나를 사랑하기는 하실까? 혹시 나를 잊으신 것 아닌가?' 그러나 하나님은 여호와를 앙망하는 자는 새 힘을 얻으리니 독수리가 날개 치며 올라감 같을 것이며, 달음박질해도 곤비하지 않고 걸어가도 피곤하지 않을 것이라고 말씀하신다. 하나님의 말씀은 이론이 아니다. 희망고문도 아니다. 말씀은 실제며, 약속은 그 자체가 능력이다.

닭은 본래 땅을 걸어 다니며 흙을 파서 지렁이를 잡아먹도록 지어졌으니 나는 것보다는 걷는 것이 편하다. 하지만 독수리는 본래부터 날도록 지어졌기에 독수리가 닭처럼 땅을 걸으며 사는 것은 너무나 힘들고 괴로운 일이다. 큰 날개를 짊어지고 걷는 것이 얼마나 힘들겠는가? 독수리가 걷는 모습을 본 적 있는가? 뒤뚱뒤뚱 걷는 모습은 보기에도 안쓰러울 정도다. 마찬가지로 그리스도인들은 본래 믿음의 날개를 펴서 창공을 날도록 지으심을 받은 존재다. 그런데 남들과 똑같이 땅에서 경쟁하며 살려고 하니 얼마나 힘들겠는가? 믿음이라는 날개가 도움이 안 돼 보이고, 오히려 거추장스럽기까지 하다. 그래서 가끔은 차라리 믿음이 없으면 좋았겠다는 생각까지 든다. 하지만 그 믿음의 날개를 펴 보라. 날개를 짊어지고 뒤뚱거리며 걸어 다니는 삶을 포기하고, 날개를 활짝 펴고 살아 계신 하나님을 향하여 힘차게 날아오르라. 예전에는 상상도 못했던 세상이 눈앞에 펼쳐질 것이다. 같은 새라도 참새는 오직 제 힘으로만 날아서, 참새가 나는 모습을 보고 있노라면 너무 애처롭다. 하지만 독수리는 자기 힘으로 날지 않는다. 불어오는 바람을 맞받아 그 바람을 타고 날아오르기에 나는 폼이 우아하고 멋지다.

그리스도인들은 하나님의 은혜의 바람을 타고 날아오르는 독수리들이기에 은혜의 바람을 타는 법을 배우고 훈련해야 한다. 참새의 날개로는 세찬 바람을 맞받아 날 수 없기 때문에, 독수리의 힘찬 날개가 필요하다. 힘 있는 날개를 갖추기 위해 힘을 길러야 하고, 은혜의 바람을 타고 창공을 나는 법도 배워야 한다. 기억하라. 우리는 창공을 향해 날아오르도록 지어진 거룩한 독수리다. 땅 파서 지렁이를 잡아먹고 사는 닭의 시야는 겨우 좌우 50cm도 안 되지만 독수리는 세상을 굽어보며 날아오른다. 겨우 땅이나 파먹고 살다가 모든 것이 끝나 버리는 존재가 아니라, 믿음의 날개를 활짝 펴고 창공을 날아오르는 거룩한 독수리임을 잊지 말라. 그렇게 당당하고 멋지게 살기 위해 믿음의 날개를 펴고 날아오르라.

5.

결 승 선

푯대를 향하여

요셉의 푯대

히브리서 11장 21절은 "믿음으로 야곱은 죽을 때에"라는 말씀으로 시작한다. 그런데 22절은 "믿음으로 요셉은 임종 시에"라고 다르게 번역하고 있다. 21절에서는 일반적으로 '죽는다'를 의미하는 단어 ἀποθνῄσκων를 썼지만, 22절에서는 '끝내다', '완성하다'는 뜻을 가진 전혀 다른 단어 τελευτῶν를 사용하고 있다. '임종 시에'라는 말은 예수님이 십자가에서 마지막 숨을 거두며 남기신, "다 이루었다"_테텔레스타이, 요 19:30와 동일한 단어다. 또한 이는 사도 바울이 디모데후서 4장 6-7절에서 한 말과도 같다. "전제와 같이 내가 벌써 부어지고 나의 떠날 시각이 가까웠도다 나는 선한 싸움을 싸우고 나의 달려갈 길을 마치고 믿음을 지켰으니."

다시 말해, 이처럼 특별한 단어로 요셉의 죽음을 기록한 것은 요셉이 그저 죽을 때가 되어 죽은 것이 아니라, 사명을 완수하고 죽었다는 점을 강조하기 위함이다. 그래서 요셉의 죽음은 차원이 다르다. 목숨 걸고 사명 완수를 위해 달려간 인생은 그럭저럭 산 인생과 전혀 다르다는 말이다. 103세로 소천하신 고 방지일 목사님은 평소 고백하셨다. "닳아 없어질지언정 녹슬지는 않겠다. 녹스는 것이 두렵지, 닳아 없어지는 것은 두렵지 않다. 맡은 바 일에 열심을 다하여 힘에 넘치게 하라. 주님이 언제 오실지 모른다. 탈진이란 아직 생명이 남아 있는 것이니, 바로 그때가 더 열심히 일할 때다. 탈진 후의 충성이 참 충성이다."

어떻게 살다가 어떤 모습으로 죽고 싶은가? 죽을 때가 되어 죽지 말고, 마지막 순간까지 뛰고 달리며 사명을 완수하다 미련 없이 훌훌 털고 천국 가기를 노력하자.

형통과 사명

요셉은 110년을 살았는데_창 50:26, 어린 시절 가나안에서 17년_창 37:2, 애굽에서 93년을 살았다. 애굽에서 산 93년 중 종살이와 옥살이를 합해 총 13년, 총리로 모두 80년을 살았다. 파란만장한 삶이었다. 일찍 어머니를 잃고 여러 계모들 밑에서 배다른 형제들에게 왕따를 당하면서도 기죽지 않고 살았다. 형들이 그를 팔아넘겨 어린 나이에 만리타국 애굽의 시위대장 집에서 노예가 되었지만 절망하거나 낙심하지 않았다. 안주인의 유혹을 거절했다가 오히려 누명을 쓰고 감옥에 갇혔지만 거기서도 좌절하지 않고 하나님만 바라보며 최선을 다해 모든 사람을 섬겼고, 결국 애굽의 총리가 되었다. 즉 요셉은 인생 초년에는 많이 고생했지만, 말년에는 어려움 없이 살았다.

성경은 요셉의 형통의 비결을 다음과 같이 표현한다. "여호와께서 요셉과 함께하시므로 그가 형통한 자가 되어 그의 주인 애굽 사람의 집에 있으니 그의 주인이 여호와께서 그와 함께하심을 보며 또 여호와께서 그의 범사에 형통하게 하심을 보았더라"_창 39:2-3. 흔히 '형통'success을 돈 많이 버는 것, 높은 자리에 오르는 것, 인기와 명예를 얻는 것이라 생각하지만 성경에서, 그중에서도 요셉의 경우 형통은 '하나님이 함께하시는 것'임마누엘이다. 전능하신 하나님이 함께 계시기에 어떤 역경이나 시련도 모두 형통이라는 것이다.

생각해 보라. 만일 형들에게 미움 받지 않았다면, 그래서 애굽에 노예로 팔리지 않았다면, 시위대장 보디발의 아내가 유혹하지 않았다면, 그것을 거절하지 않았더라면, 억울하게 감옥에 들어가지 않았더라면 가나안 땅 양치기 요셉이 대제국 애굽의 총리가 될 수 있었을까? 절대로 불가능했을 것이다. 그러니 그 모든 시련과 고통은 하나님이 요셉을 이끌어 가신 형통의 길이요, 그 자체가 이미 형통이었던 것이다.

그러므로 어려움을 만났다고 불평하지 말자. 시련과 역경이 너무 가혹하다고 절망하지도 말자. 전능하신 하나님 안에서는 모든 시련과 역경이 다 형통의 길임을 믿고, 끝까지 참고 견디자. 이 글을 읽고 있는 당신도 하나님의 전능하심과 사랑을 믿고, 그 모든 시련을 넉넉히 이겨 내는 믿음의 사람이 되기를 기도한다. 하나님은 당신을 사랑하는 사람들, 곧 그 뜻대로 부르심을 받은 사람들을 위하여 모든 것을 합력하여 가장 좋은 것을 만들어 가고 계신다_롬 8:28.

하지만 요셉의 이야기는 그만의 형통으로 끝나지 않는다. 창세기 45장에서 요셉은 결코 용서할 수 없었던 형들을 용서했다_창 45:5, 7-8. 누가 요셉을 애굽에 팔아넘겼는가? 형들이 아닌가? 형들이 왜 요셉을 팔았는가? 시기, 질투 때문이었다. 그런데도 요셉은 그런 형들의 악행을 복으로 바꾸어 가시는 하나님의 손길을 보았다. 그래서 고백했다. "형들이 나를 보낸 것 같지만, 실은 하나님이 보내신 것입니다. 이 모든 것이 우리 집안을 구원하기 위한 하나님의 섭리였습니다. 내가 이토록 고생하고 어려움을 당한 것도 하나님이 그 섭리를 이루기 위해 내게 주신 사명이었습니다." 요셉은 자신이 겪었던 모든 시련과 역경 속에도, 그 시련을 통해 얻은 애굽 땅에서의 모든 형통 속에도 하나님의 섭리가 있었음을 깨달았다. 그리고 그 모든 과정 속에서 자신이 수행해야 할 사명도 깨달았다.

그러고 보니 요셉이 어려서 꾸었던 꿈, 즉 열한 개의 곡식 단이 요셉의 곡식 단에게 절하고, 하늘의 해와 달과 열한 개의 별들이 요셉에게 절하는 꿈은 단순히 그가 출세하고 성공하는 꿈이 아니었다. 요셉을 형통하게 하셔서 온 집안을 구원하실 하나님의 섭리요, 하나님이 주신 사명이었던 것이다. 그래서 그는 어떤 고난 속에서도 불평하지 않고 매 순간 감사했고, 애굽의 총리가 되고 난 후에도 결코 교만하지 않았고, 애굽의 영광에 눈멀지도 않았다. 오직 하나님만 바라보며, 그 약속만을 붙잡고 살다가 임종 시에 그 약속을 자손들에게 유언으로 남겼다. 마치 예수님이 그리하셨던 것처럼, 사도 바울이 사명을 다하고 홀홀 털고 떠난 것처럼, "다 이루었다.", "이제 제게 주신 사명을 다 이루고 눈을 감습니다. 하나님! 감사합니다. 여한이 없습니다. 테텔레스타이." 한 것이다.

인생에서 가장 위대한 날은 '자신의 사명을 깨닫는 날'이라 한다. 인생에서 가장 행복한 날은 '자신의 사명을 완수한 날'이라 한다. 우리 모두가 이 땅을 떠나는 마지막 날 예수님처럼, 사도 바울처럼, 요셉처럼 "테텔레스타이! 주신 사명 다 이루었습니다. 이제 여한 없습니다. 주님, 사랑합니다."라고 고백하며 미련 없이 떠나 천국 영생을 누리기를 기도한다.

인생이란 본향을 찾아가는 순례자

요셉은 자신에게 주어진 사명을 온전히 이루고 떠나며 두 마디를 남겼다. "애굽을 떠나라." "떠날 때 내 뼈도 챙겨 가라." "믿음으로 요셉은 임종 시에 이스라엘 자손들이 떠날 것을 말하고 또 자기 뼈를 위하여 명하였으며"_히 11:22. '떠남'엑소더스이란 헬라어로 '밖으로 난 길'이란 뜻이다. 다시 말해, 애굽에서 밖으로 탈출하는 것, 출애굽을 말한다.

창세기 50장 24-25절에 이 유언이 더 자세히 나와 있다. "요셉이 그의 형제들에게 이르되 나는 죽을 것이나 하나님이 당신들을 돌보시고 당신들을 이 땅에서 인도하여 내사 아브라함과 이삭과 야곱에게 맹세하신 땅에 이르게 하시리라 하고 요셉이 또 이스라엘 자손에게 맹세시켜 이르기를 하나님이 반드시 당신들을 돌보시리니 당신들은 여기서 내 해골을 메고 올라가겠다 하라 하였더라." 여기서 '돌보시고'란 말은 직역하면 영어로 'visit', 찾아오신다는 말이다. 다시 말해, 하나님이 홀로 내버려 두지 않으시고 때가 되면 반드시 찾아오셔서 약속하신 대로 언약의 땅으로 데려가실 것이라는 말이다.

새번역 성경은 다음과 같이 번역했다. "요셉이 자기 친족들에게 말하였다. '나는 곧 죽는다. 그러나 하나님께서 반드시 너희를 돌보시고,

너희를 이 땅에서 인도하여 내셔서, 아브라함과 이삭과 야곱에게 맹세하신 땅에 이르게 하실 것이다.' 요셉은 이스라엘 자손에게 맹세를 시키면서 일렀다. '하나님께서 반드시 너희를 돌보실 날이 온다. 그때에 너희는 나의 뼈를 이곳에서 옮겨서, 그리로 가지고 가야 한다.'"

요셉은 지금 자손들의 시선이 그의 죽음을 넘어 미래를 향하도록 하고 있다. 죽는 자신만 보면서 죽는 자신 때문에 낙심하지 말라는 것이다. 오히려 장차 찾아오셔서 언약의 땅으로 인도하실 하나님의 약속만을 바라보라고 당부하고 있다. 요셉은 애굽의 위대한 총리였다. 그의 지혜로 애굽은 7년 대흉년에서 벗어날 수 있었다. 애굽 백성은 그를 존경했고, 그래서 아버지 야곱의 장례 때에 애굽 백성도 70일 동안이나 애곡했다. 아버지를 위해 70일을 애곡했으니, 당사자 요셉이 죽었을 때는 어떠했을까? 거의 바로 왕 수준의 삶이요, 죽음이었을 것이다. 그렇다면 어쩌면 요셉은 "내 무덤을 피라미드처럼 크게 만들라. 나의 공적을 기리는 큰 기념비를 내 무덤 앞에 세워라."라고 부탁할 수도 있었을 것이다. 그만큼 애굽은 이제 그와 그의 후손들에게 편안하고 안전한 곳이 되었기에, 다음과 같이 유언할 수도 있었다. "이 부와 재물, 명성을 얻기 위해 내가 얼마나 고생했는지 아니? 내가 이룬 이 모든 것을 힘써 지켜라."

하지만 요셉은 그렇게 하지 않았다. 오히려 간곡하게 당부했다. "이 땅을 떠나라. 이 땅은 결코 우리가 영원히 살 땅이 아니다. 여기에 정 붙이지 마라. 나는 지금 죽어 너희와 함께 가지 못하지만, 이제 때가 되면 하나님이 너희를 찾아오시리라. 그때 너희가 이 땅을 떠나게 되면, 내 뼈도 함께 데려다가 그 언약의 땅에 묻어 다오."

요셉에게 가장 중요한 유산은 무엇이었는가? 재물도, 명성도, 권력도, 편안한 삶도 아니었다. 부모님이 물려주신 하나님께 대한 신앙이었고, 확실한 그분의 언약이었다. 그리고 그 언약의 핵심은 약속하신 땅 가나안이었다. 인생은 고향을 떠나 본향을 찾아가는 순례자다. 아브라함은 고향 땅 우르를 떠나 약속을 믿고 나아갔지만, 낯선 땅 가나안에 죽어 묻혔다. 야곱은 고향 가나안을 떠나 하란에서 살다가 가나안에 정착하지만, 결국은 또다시 타향인 애굽에서 죽었다. 요셉은 가나안에서 태어났지만 애굽으로 팔려 갔다 고향 땅 가나안을 그리면서 애굽에서 죽었다.

어디가 우리 고향인가? 나의 아버님은 평양이 고향이지만, 평생을 강원도에서 살다 타향인 강원도 땅에 묻히셨다. 나도 강원도에서 태어났지만, 어디서 죽어 어디에 묻힐지 모른다. 당신은 아는가? 앞으로 어디서 죽어 어디에 묻힐지…. 고향은 어디고, 타향은 또 어디며, 결국 우리가 갈 마지막 본향은 어디인가?

결국 우리가 돌아갈 본향은 한 군데밖에 없다. "그들이 나온 바 본향을 생각하였더라면 돌아갈 기회가 있었으려니와 그들이 이제는 더 나은 본향을 사모하니 곧 하늘에 있는 것이라"_히 11:15-16. '나온 바 본향'은 우리 육체의 고향이다. '더 나은 본향'은 우리가 돌아갈 영원한 고향이다. 그리스도인들은 눈에 보이는 육신의 고향을 찾기를 포기하고, 눈에 보이지 않는 영원한 본향을 사모하며 찾아가는 사람들이다. 세상에서는 스스로 이방인이라, 나그네라 칭하며 사는 순례자들이다. "이 사람들은 다 믿음을 따라 죽었으며 약속을 받지 못하였으되 그것들을 멀리서 보고 환영하며 또 땅에서는 외국인과 나그네임을 증언하였으니 그들이 이같이 말하는 것은 자기들이 본향 찾는 자임을 나타냄이라"_히 11:13-14.

요시야의 푯대

나부터 개혁

요시야 왕의 첫 번째 개혁 원리는 '나부터'였다. 많은 사람이 개혁을 외치지만, 정작 자신은 대상에서 쏙 뺄 때가 많다. 그러나 요시야는 남을 고치려 하지 않았다. 무엇보다 먼저, 어두운 나라의 현실을 해결하실 수 있는 하나님, 조상들이 만났던 그 하나님을 찾았다.

요시야의 아버지는 아몬 왕이었는데, 즉위 2년 만에 쿠데타를 일으킨 부하들에게 죽었다_대하 33:23-25. 아버지가 부하들에게 죽임당하는 일을 겪고 8세라는 어린 나이에 왕위에 오른 요시야는 세상이 얼마나 겁나고 두려웠겠는가? 세상에 믿을 사람이 아무도 없었을 것이다. 신하들, 백성들 모두 다 살인자 같았을 것이다. 언제 누가 자신을 죽일지 모를 일이었다. 그래서 요시야는 그의 선조 다윗 왕이 의지했던 하나님을 찾기 시작했다.

하지만 그가 하나님을 만나고 싶어 찾아간 성전은 온갖 우상, 목상들과 쓰레기와 먼지로 엉망이었다. 조부 므낫세와 아버지 아몬이 만들었던 바알 신상, 아세라 목상, 일월성신 제단들이 널려 있었다. 요시야는 그 더러운 것들을 측근들과 함께 청소했다. 그 모습을 바라보던 무리들이 몰려와서 함께 힘을 보탰고, 그러다 보니 온 나라에 널린 우상을 치우게 됐다. "아직도 어렸을 때 곧 왕위에 있은 지 팔 년에16세에 그의 조상 다윗의 하나님을 비로소 찾고 제십이년에20세에 유다와 예루살렘을 비로소 정결하게 하여 그 산당들과 아세라 목상들과 아로새긴 우상들과 부어 만든 우상들을 제거하여 버리매16세부터 20세까지 4-5년 동안 무리가 왕 앞에서 바알의 제단들을 헐었으며"_대하 34:3-4.

그러다가 요시야는 성전 폐허 더미에서 율법 책을 발견했고, 그 말씀을 들었다. 그러면서 오늘날 이 나라, 이 백성이 왜 이처럼 어려움을 겪게 되었는지를 깨닫게 되었다. '모든 것이 조상들과 우리가 하나님의 말씀에 불순종했기 때문이구나' 하고 깨달은 순간, 요시야는 옷을 찢으며 회개했다. 온 유다와 예루살렘의 장로들, 백성들을 모아 그 말씀을 듣게 했다. "여호와의 전에 올라가매 유다 모든 사람과 예루살렘 주민들과 제사장들과 레위 사람들과 모든 백성이 노소를 막론하고 다 함께한지라 왕이 여호와의 전 안에서 발견한 언약책의 모든 말씀을 읽어 무리의 귀에 들려주고"_대하 34:30.

요시야 왕에게 처음부터 개혁하겠다는 의도가 있었던 것 같지는 않다. 다만 암담한 현실 앞에 문제를 풀어 주실 하나님을 찾다가 성전을 청소하게 되었고, 그러다 발견한 율법 책의 말씀을 들었고, 옷을 찢고 회개하며 하나님의 긍휼을 구하면서, 그 은혜 받은 말씀을 백성들에게 들려주며 하나님께로 돌아가자고 호소한 것뿐이었다.

개혁은 언제나 나부터다. 내가 변하지 않으면 절대로 남도 변하지 않는다. 하지만 말이 쉽지, 실천하기 어려운 것이 '나 먼저 개혁'이다. 대문호 톨스토이는 "사람들은 세상을 바꾸려 하면서도 자신은 결코 바뀌려 하지 않는다."라고 말했다. 이것이 문제다. 그래서 사람들이 하는 모든 개혁이 실패하는 것이다. 사람이 변해야 세상이 변할 수 있다. 변화된 사람만이 세상을 변화시킬 수 있다. 이런 이유 때문에 하나님은 먼저 내가 바뀌기를 원하시는 것이다.

내가 먼저 빗자루를 들고 청소를 시작해야 한다. 내가 먼저 하나님의 말씀을 듣고, 말씀 앞에 엎드려야 한다. 개혁은 언제나 나부터 시작해야 한다. 개혁은 제도나 관습을 고치기보다, 먼저 마음을 고쳐먹는 것에서부터 시작돼야 한다. 그리할 때 변화된 나를 통해 하나님이 세상을 바꾸실 것이다.

어떤 지혜자의 고백이다. "젊은 시절 나는 기도했다네. '주여, 내게 세상을 변화시킬 힘을 주소서.' 좀 더 나이가 든 다음에 나는 기도를 바꾸었어. '주여, 세상은 말고요, 내가 만나는 사람들만이라도 변화시키게 도와주소서.' 하지만 이제 떠날 날이 얼마 남지 않은 요즘 나는 기도한다네. '주여, 나를 변화시켜 주소서.' 이 기도를 좀 더 일찍 배웠으면 좋았을 것을."

남 먼저 바꾸려 하지 말라. 남 먼저 바뀌기를 기대하지도 말라. 나는 바뀌지 않은 채 하나님을 바꾸려 하지도 말라. 무엇보다 먼저 바뀌어야 할 사람도, 먼저 회개할 사람도 나다. 내가 바뀌면 남들이 달라진다. 나와 남들이 달라지면 세상도 달라진다. **변화된 우리를 통해 우리 가**

정이, 자녀들이, 직장이, 교회가, 세상이 달라지기를 기도한다. "주여, 나부터 변화시켜 주소서."

말씀으로 개혁

요시야의 두 번째 개혁 원리는 '말씀으로'이다. 많은 사람이 개혁을 말하면서도 그 기준이 모호할 때가 많다. 내 모호한 기준으로 남들을 재니 세상에는 다 나쁜 사람들뿐이요, 내 모호한 기준으로 개혁하려니 공정하지도, 정의롭지도 못하다. 하지만 요시야 왕의 개혁 기준은 자기 생각이나 신념이나 주장이 아니라, 오직 성전에서 발견한 율법 책, 하나님의 언약의 말씀이었다.

요시야의 증조부 히스기야 왕도 뛰어난 개혁자였지만, 성전 청결, 우상 척결, 유월절 회복 등 모두 외적인 변화들만 시도했기에 그 개혁의 열매는 오래가지 못했다. 하지만 요시야 왕은 철저히 하나님의 말씀을 듣고, 그 말씀에 순종하며 삶을 고쳤다. 요시야의 개혁은 하나님의 말씀을 들음으로부터 시작되었고, 오직 말씀에 의지하고 말씀대로 살고자 노력한 말씀 개혁이었다. 요시야의 개혁을 거울삼아 실천했던 500여 년 전 종교개혁의 가장 중요한 원리는 '오직 성서로만'Sola Scriptura이었다.

우리 인간들의 기준은 언제나 상대적이다. 각자 자신이 가지고 있는 잣대를 가지고 남을 재고 판단하고 정죄한다. 그래서 나와 맞는 사람은 내 편, 안 맞는 사람은 저 편 등으로 편 가르기, 진영 싸움을 한다. 하지만 도대체 옳고 그름의 기준이 어디에 있는가? 요단강을 건너 여리고 성에서의 치열한 결전을 앞두고 여호수아가 깊이 고민하던 밤,

한 사람이 나타났다. 성경은 그를 '하나님의 군대장관'이라 기록했다. 여호수아가 물었다. "당신은 우리 편이냐, 여리고 편이냐?" 그가 대답했다. "나는 네 편도, 여리고 편도 아니라 하나님 편이다." 너무나 많은 사람이 하나님을 제 편으로 끌어들이려 하고, 하나님이 자기편이라고 착각하지만, 중요한 것은 우리가 하나님 편인가 아닌가 하는 점이다. 자신이 정말 하나님 편에 서 있는지를 날마다 말씀으로 확인하자.

요시야 왕이 성전에서 발견했던 율법 책은 신명기의 일부였다. 그때 요시야 왕이 읽었을 말씀은 신명기 28장 1절이다. "네가 네 하나님 여호와의 말씀을 삼가 듣고 내가 오늘 네게 명령하는 그의 모든 명령을 지켜 행하면 네 하나님 여호와께서 너를 세계 모든 민족 위에 뛰어나게 하실 것이라." 신명기 28장 15절은 또 말씀한다. "네가 만일 네 하나님 여호와의 말씀을 순종하지 아니하여 내가 오늘 네게 명령하는 그의 모든 명령과 규례를 지켜 행하지 아니하면 이 모든 저주가 네게 임하며 네게 이를 것이니." 여기서 중요한 것은 하나님의 말씀을 삼가 조심해서 들어야 한다는 조건이다.

오늘날 주님의 뜻대로 살겠다는 성도들이 주님의 뜻을 알지 못한다. 그러고서도 어떻게 하나님의 은혜 안에 살겠는가? 어떻게 하나님이 주시는 복을 기대할 수 있는가? "진리를 알지니 진리가 너희를 자유롭게 하리라"_요 8:32. "주의 말씀은 내 발에 등이요 내 길에 빛이니이다"_시 119:105. 먼저 진리의 말씀을 삼가 들으며 그 말씀을 사랑하라. 자유하게 될 것이다. 들은 말씀을 온전히 순종하며 그 말씀을 따라 살라. 앞 길이 열릴 것이다.

끝까지 개혁

요시야의 세 번째 개혁 원리는 '끝까지'이다. 유다를 향한 하나님의 마지막 심판 날이 다가오고 있었다. 이는 어느 날 갑자기 예고 없이 들이닥친 재앙이 아니었다. 이미 수백 년 전에 경고하신 말씀이 성취되고 있을 뿐이었다. 그 경고의 말씀을 듣던 요시야는 옷을 찢고 통곡하며 사람을 보내어 여호와께 정말 말씀 그대로 이 백성을 치실 것인지 물었다. 하나님은 여선지자 훌다를 통해 응답하셨다. "내가 이곳과 그 주민에게 재앙을 내리되 곧 유다 왕 앞에서 읽은 책에 기록된 모든 저주대로 하리니 이는 이 백성들이 나를 버리고 다른 신들에게 분향하며 그의 손의 모든 행위로 나의 노여움을 샀음이라 그러므로 나의 노여움을 이곳에 쏟으매 꺼지지 아니하리라"_대하 34:24-25. 미리 경고한 말씀 그대로 심판하겠다고 하신 것이다. 다만, 회개하고 삶을 고치는 요시야를 위해서 잠깐 유예하겠다고 하셨다_대하 34:27-28.

하나님의 심판은 취소되지 않았다. 신명기에서 말씀하신 그 고통스러운 재앙은 이 땅에 임할 것이다. 나라는 망하고, 백성들은 버림받고, 수만 리 타국에 포로로 잡혀가서 오랫동안 고생할 것이다. 그렇다면 이제 와서 회개하고 개혁한들 무슨 소용이 있겠는가? 사실 히스기야 왕이 그토록 열심히 성전을 재건하고 유월절을 다시 시작했지만, 아들 므낫세가 다 망가뜨리고 손자 아몬이 전 국토를 쑥대밭으로 만들었다. 인간은 역사 속에서 아무것도 배우지 못한다. 요시야의 개혁이라고 다를 바가 무엇이겠는가? 아무리 발버둥 치고 노력해서 개혁해도 결국 이 나라는 망하고 말 텐데, 무엇 하러 애써서 말씀을 듣고 회개하고 그 말씀 따라 살려고 노력할까? 듣지도 않으려는 사람들을 괴롭히면서 말씀 교육, 말씀 훈련을 할 필요가 어디 있을까? 그래서 요시야가 포기했는가? 아니다. 그는 포기하지 않고 죽는 날까지 말씀으로 백성들과 함께 살려고 노력했다.

여기 이스라엘 역사 속에서 놀라운 사실을 발견한다. 요시야 왕이 죽고 아들 여호야김이 왕위에 오른 지 3년째 되던 해에, 바벨론이 쳐들어와 백성들을 1차로 사로잡아 갔는데, 그들 중에 다니엘과 세 친구들이 있었다_단 1장. 요시야 왕이 죽은 지 3년 후다. 다니엘과 세 친구가 "죽어도 왕의 음식으로 몸을 더럽히지 않겠다"고 뜻을 정한 그 믿음이 어디에서 나왔을까? 누가 그들을 믿음과 지혜가 뛰어나고 용감한 소년들로 길렀을까? 변화된 요시야 왕과 그 백성들이 말씀 훈련, 말씀 교육으로 그들을 키워 낸 것이다. 그래서 다니엘과 세 친구를 '요시야 아이들'이라 부르기도 한다.

요시야의 종교 개혁은 나라가 망하는 것은 막지 못했지만, 그 이후 바벨론에 포로로 잡혀가서도 70년 고통의 세월을 버티고 살 믿음의 사람들, 그 어둠의 계절에 오히려 찬란하게 빛나는 별처럼 살아갈 믿음의 용사들을 길러 낸 것이다. 철저한 말씀 개혁 운동이 있었기에 혹독한 환경 속에서도 "죽으면 죽으리이다"_에 4:16 했던 에스더, 폐허 더미 위에 나라를 재건한 스룹바벨, 에스라, 느헤미야 같은 인물들이 나온 것이다.

오늘날 교회에 대한 어두운 소식들이 많이 들린다. 신앙 회복 운동과 교회 개혁에 대한 노력이 다 소용없다는 한숨 소리가 높아진다. 하지만 우리 하나님은 무너진 잿더미 위에서도 새 생명을 꽃피우는 생명의 하나님이시다. 이방인의 손길을 통해서도 택한 백성을 회복시키는 역사의 주인이시다. 우리가 하나님 앞에 바로 서기만 한다면, 우리 아이들을 말씀으로 올바르게 잘 가르치기만 한다면, 우리는 절대로 망하지 않을 것이다. 혹시 망한다 할지라도 하나님이 회복시켜 주실 것이다. 그러므로 조국의 멸망을 눈앞에서 보면서도 끝까지 말씀으로 자신과 백성들을 훈련했던 요시야처럼 말씀을 사랑하자. 말씀 그대로 실천하며 순종하자. 그 말씀으로 자녀들을 훈련하고 키우자. 하나님이 반드시 열매를 거두게 해 주실 것이다. 우리 아이들 중에 다니엘과 세 친구 같은 일꾼들이 나올 것이다. 에스더, 스룹바벨, 에스라, 느헤미야 같은 인물들이 일어날 것이다.

"내일 지구가 멸망하더라도 오늘 한 그루 사과나무를 심겠다." 이 말은 흔히 네덜란드 철학자 스피노자Baruch Spinoza의 말로 알려졌지만, 사실은 그보다 100년 전에 종교 개혁자 마르틴 루터Martin Luther의 노트에 쓰여 있던 말이다. 루터는 1501년, 15세에 부모님을 떠나 아이제나흐에 있는 라틴어 학교를 다녔는데, 그가 머물던 아이제나흐 2층 집 앞에는 지금도 사과나무 한 그루와 이 글귀가 새겨진 비석이 있다. "그리고, 내일 세상이 멸망함을 알지라도 나는 오늘 사과나무를 심겠다. - 마르틴 루터"

내가 심었다고 꼭 내가 그 열매를 먹어야만 하겠는가? 나는 맛도 볼 수 없어도 내 아들, 내 딸, 내 손자와 손녀들이 먹으면서 행복해할 모습을 그려 보며 한 그루, 한 그루 믿음의 나무를 심어 가는 우리가 됐으면 좋겠다. 우리 부모님이 굶으면서도 꿈꾸며 뿌리신 열매로 오늘 우리가 살듯이, 조금 힘들더라도 우리가 열심히 뿌린 씨앗의 열매를 따 먹으며 행복해할 후손들을 위해 열심히 씨를 뿌리자. 나부터 개혁하고, 말씀으로 개혁하고, 끝까지 개혁하자.

에스라의 푯대

이해인 님의 "어떤 결심"이란 시가 있다. "마음이 많이 아플 때 꼭 하루씩만 살기로 했다 / 몸이 많이 아플 때 꼭 한순간씩만 살기로 했다 / 고마운 것만 기억하고 사랑한 일만 떠올리며 / 어떤 경우에도 남의 탓을 안 하기로 했다 / 고요히 나 자신만 들여다보기로 했다 / 내게 주어진 하루만이 전 생애라고 생각하니 / 저만치서 행복이 웃으며 걸어왔다"
《희망은 깨어 있네》, 마음산책

 참 좋은 시다. 그런데 읽다 보면 이런 생각이 든다. '좋은 결심들이긴 한데, 결심한다고 될까?' 우리가 결심한 대로만 살 수 있다면 얼마나 좋을까? 실로 마음이 많이 아플 때는 하루 사는 것도 힘들고, 몸이 너무 아프면 그 순간을 넘기기도 힘들다. 그래서 좋은 결심이 사흘을 못 가고, 결심 몇 번 하다 결심하는 것조차 포기할 때가 많다. 그럼에도 분명한 것은, 결심도 노력도 없이 저절로 되는 일은 세상에 아무것도 없다는 것이다. 그래서 '결심해도 소용없다'는 생각이 들 때에도 우리는 또다시 결심해야 한다. 요즘 무엇을 결심했는가? 그래서 삶이 얼마나 달라졌는가?

학자요 제사장이었던 에스라는 바벨론에서의 오랜 포로 생활에서 돌아와 폐허가 된 조국 땅을 밟으며 세 가지를 결심했다. "에스라가 여호와의 율법을 연구하여 준행하며 율례와 규례를 이스라엘에게 가르치기로 결심하였었더라"_스 7:10. 첫째, 율법을 연구하기로 결심했고, 둘째, 연구해서 깨달은 말씀 그대로 준행하기로 결심했고, 셋째, 백성들에게 그 말씀을 가르치기로 결심했다.

율법 연구

첫째, 에스라는 율법을 연구하기로 결심했다. 율법이 무엇인가? 하나님이 주신 언약의 말씀이다. 이스라엘이 어찌하여 앗수르와 바벨론에게 망했는가? 하나님이 주신 언약의 말씀을 아는 것에 게을렀고, 그 말씀에 불순종했기 때문이다. 호세아 선지자는 말했다. "내 백성이 지식이 없으므로 망하는도다 네가 지식을 버렸으니 나도 너를 버려 내 제사장이 되지 못하게 할 것이요 네가 네 하나님의 율법을 잊었으니 나도 네 자녀들을 잊어버리리라"_호 4:6.

전능하신 하나님의 백성이 어떻게 망할 수 있는가? 명하신 말씀에 무식하여 불순종하면, 망할 수밖에 없다. 하나님과 맺은 언약인 율법을 잊고 제멋대로 사니까, 하나님도 그 백성과 그 자녀들을 잊겠다고 하신 것이다. 이를 잘 알고 있던 에스라는 이 백성이 살 길은 오직 하나님의 율법밖에 없다는 사실을 느꼈기에, 무엇보다 율법, 하나님의 언약의 말씀을 연구하기로 결심했다. 여기서 '연구하다'는 히브리어로

'다라쉬'인데 '조사하다, 찾다'는 뜻으로 말씀의 참뜻을 알기 위해 힘써 수고하고 노력하는 것이다. 학자요 제사장이었던 에스라에게도 율법의 참뜻을 배워 가는 일은 쉽지 않았기에 마음 굳게 먹고 결심해야 했다. 그러나 오늘의 이 시련과 역경을 이겨 낼 수 있는 단 하나의 비결인 율법에 있기에 율법 연구가 아무리 힘들고 어려워도 만사 제쳐 놓고 목숨 걸고 연구하기로 결심한 것이다.

아마도 에스라는 200여 년 전 선포되었던 호세아의 말씀을 기억했을 것이다. "오라 우리가 여호와께로 돌아가자 여호와께서 우리를 찢으셨으나 도로 낫게 하실 것이요 우리를 치셨으나 싸매어 주실 것임이라 여호와께서 이틀 후에 우리를 살리시며 셋째 날에 우리를 일으키시리니 우리가 그의 앞에서 살리라 그러므로 우리가 여호와를 알자 힘써 여호와를 알자 그의 나타나심은 새벽 빛같이 어김없나니 비와 같이, 땅을 적시는 늦은 비와 같이 우리에게 임하시리라"_호 6:1-3.

하나님의 말씀을 몰라서 망하는 사람은 이스라엘 백성만이 아니다. 오늘날 하나님의 백성이라 자처하는 우리도 하나님의 말씀을 몰라서 망하고, 불순종해서 망한다. 그래서 이스라엘 백성에게만 아니라 오늘날 우리에게도 지난날의 허물과 죄를 용서받고 회복과 치유를 경험할 수 있는 유일한 길은 그 말씀을 힘써 아는 것이다. 여호와 하나님께로 돌아가는 것이다. 여호와 하나님을 힘써 배우는 것이다. 우리를 치료하시고 회복시켜 주실 하나님께 돌아가자. 어떤 희생을 치르고라도 언약의 말씀을 배우기로 결심하자. "복 있는 사람은 … 오직 여호와의 율법을 즐거워하여 그의 율법을 주야로 묵상하는도다 그는 시냇가에 심은 나무가 철을 따라 열매를 맺으며 그 잎사귀가 마르지 아니함 같으니 그가 하는 모든 일이 다 형통하리로다"_시 1:1-3. "사람이 떡으로만 살 것이 아니요 하나님의 입으로부터 나오는 모든 말씀으로 살 것이라 하였느니라"_마 4:4.

하나님의 말씀을 사랑하자. 교회에서 할 일이 정말 많지만, 먼저 성경 공부에 목숨을 걸자. 하나님의 세미한 음성 듣기를 사모하며 매일 매일 하나님이 주시는 말씀을 묵상하자. 우리의 영혼이 살 것이다. 마음이 강건해지고 육신 또한 힘을 얻을 것이다. "내가 주께 범죄하지 아니하려 하여 주의 말씀을 내 마음에 두었나이다"_시 119:11.

말씀 준행

에스라가 두 번째로 결심한 것은 연구한 그 말씀대로 준행하는 것이었다. '준행'은 히브리어로 '아싸', '행동하다, 만들다, 실천하다'라는 뜻이다. 하나님의 율법은 지식을 위해 주신 것이 아니라, 지켜 행하기 위해 주신 것이다. 앎이 아니라 삶을 위해 주신 것이다. 그런데도 많은 사람이 그 말씀을 지켜 행하기보다는 그 말씀들로 남들을 정죄하고 심판한다. 자신의 지식이나 의를 자랑하는 도구로 사용한다. 그래서 많은 사람이 성경 지식은 해박한데, 도무지 제대로 성숙하지 못했다. 말은 잘하는데, 삶은 엉망이다.

우리 주님은 말씀하셨다. "누구든지 나의 이 말을 듣고 행하는 자는 그 집을 반석 위에 지은 지혜로운 사람 같으니 비가 내리고 창수가 나고 바람이 불어 그 집에 부딪치되 무너지지 아니하나니 이는 주추를 반석 위에 놓은 까닭이요 나의 이 말을 듣고 행하지 아니하는 자는 그 집을 모래 위에 지은 어리석은 사람 같으리니 비가 내리고 창수가 나고 바람이 불어 그 집에 부딪치매 무너져 그 무너짐이 심하니라"_마 7:24-27. 하나님의 말씀을 잘 듣는 것, 들은 말씀의 뜻을 깨닫는 것도 중요하지만, 가장 중요한 것은 듣고 깨달은 말씀을 준행하는 것이다.

오늘날 한국 땅에는 은혜롭고 능력 있는 말씀들이 홍수를 이룬다. 하루 종일 수많은 목회자가 전하는 하나님 말씀이 쏟아지고 있다. 하지만 벌써 오래전에 아모스 선지자가 "보라 날이 이를지라 내가 기근을 땅에 보내리니 양식이 없어 주림이 아니며 물이 없어 갈함이 아니요 여호와의 말씀을 듣지 못한 기갈이라"_암 8:11라고 외친 것처럼, 오늘날도 말씀이 없어 기근이 아니다. 말씀은 차고도 넘치는데, 그 말씀을 듣는 사람들이 은혜만 받을 뿐 실천이 없다. 생각도 바뀌지 않고, 삶은 더더욱 변화되지 않는다.

하나님의 말씀을 왜 듣는가? 지키지도 않을 성경 공부는 무엇 하러 그렇게 열심히 하는가? 듣기는 하지만 깨달음은 없고, 혹 깨달음은 있지만 삶의 변화는 없기에, 오늘날 대부분의 설교가 잠시 마음에 감동만 주고 끝나 버리는 꽹과리가 되고 말았다. 주님은 "너희는 나를 불러 주여 주여 하면서도 어찌하여 내가 말하는 것을 행하지 아니하느냐"_눅 6:46라고 말씀하셨다.

말씀을 들었으면 행해야 한다. 배웠으면 실천해야 한다. 주님이 "사랑하라" 하시니 사랑해야 한다. 주님이 "용서하라" 명령하시니 우리는 용서해야 한다. 주님이 "기다리라" 하시니 기다려야 한다. 들은 말씀대로, 깨달은 말씀 그대로 준행하기를 결심하라. 그리할 때 하나님이 앞 길을 열어 주실 것이다.

말씀 교육

에스라는 세 번째로 자신이 먼저 연구하고 준행해 본 말씀을 가르치기로 결심했다. '가르치다'의 히브리어 '라마드'는 '익숙하게 하다, 숙달시키다, 훈련하다'라는 뜻으로, 단순히 성경 지식을 전달하거나 이해시키는 것이 아니라, 그 말씀을 따라 익숙하게 살아가도록 숙달시키고 훈련한다는 뜻이다. 그것도 자신부터 실천하여 모범을 보임으로써 따라 하도록 하는 것이 가르치는 것이다. 부모들이 먼저 모범을 보여야 하고, 믿음의 선배들이 본을 보여야 한다.

말씀을 간절히 사모하며 연구하고, 깨달은 말씀대로 살아 준행하는 모습을 보이면서 우리 자녀들과 후배들을 가르쳐야 한다. 우리의 믿음은 결코 내 대에서 끝나면 안 된다. 우리에게 전수되어 온 이 믿음을 우리도 미래 세대에 반드시 전수해야 한다. 기독교 신앙은 나 혼자 예수 믿고 천당 가는 것이 목표가 아니다. 내 자녀들, 후배들 그리고 하나님을 몰라 방황하는 수많은 영혼에게 말씀을 전해야 한다. 세상 모든 사람이 참된 삶, 영원한 소망을 맛보며 살도록 도와야 한다. 단지 죽어서 가는 천국만이 아니라 하나님이 허락하신 이 땅, 여기서 사는 동안에도 세상의 빛으로, 소금으로 살아서 나 때문에 조금이라도 따뜻하고, 나 때문에 조금이라도 살맛 나는 세상으로 만들기 위해 노력하는 것, 이것이 바로 우리가 받은 신앙이다. 그래서 하나님의 말씀은 나만 알아서는 안 된다. 내 자녀들, 후배들, 내가 만나는 모든 이에게 기회가 있을 때마다 부지런히 가르치기로 결심해야 하고, 결심만 할 것이 아니라 그 결심대로 지켜 행하려고 노력해야 한다.

"오늘 내가 네게 명하는 이 말씀을 너는 마음에 새기고 네 자녀에게 부지런히 가르치며"신 6:6-7라는 말씀에서 '네 자녀'는 내 핏줄, 내 자식만을 가리키지 않는다. 유대인 공동체에서는 모든 아이가 모든 부모의 교육과 가르침의 대상이었다. 공동체 어른들은 공동체 안의 모든 아이를 보살피고 가르쳐야 할 책임이 있었다. 물론 그중에서도 자녀에 대한 부모의 교육은 가장 앞선 것이었다.

이제 내 자녀들 앞에서 내가 하나님의 말씀을 연구하고 준행하는 본을 보이며 그들을 가르치기로 결심하라. 적어도 우리 교회에서 자라는 우리 아이들만큼은 우리가 책임지고 말씀을 연구하고 준행하는 본을 보임으로 우리가 가르치기로 결심하라. 그리할 때 우리 교회를 통해 다니엘, 에스겔, 에스더, 에스라, 스룹바벨, 느헤미야가 나올 것이다.

하나님의 말씀을 연구하기로, 깨달은 말씀대로 준행하기로, 그런 모범을 보임으로 우리 자녀들을 가르치기로, 바로 오늘 결심하자.

느헤미야의 푯대

따뜻한 마음

느헤미야는 페르시아 아닥사스다 왕의 최측근으로 황제를 모시고 호화로운 겨울 궁전 수산궁에 휴양차 왔다. 무엇 하나 부족한 것이 없었으나, 마음은 조금도 편하지 못한 까닭은 망한 조국과 그 땅에 남아 있는 동포들의 어려움 때문이었다. "내 형제들 가운데 하나인 하나니가 두어 사람과 함께 유다에서 내게 이르렀기로 내가 그 사로잡힘을 면하고 남아 있는 유다와 예루살렘 사람들의 형편을 물은즉 그들이 내게 이르되 사로잡힘을 면하고 남아 있는 자들이 그 지방 거기에서 큰 환난을 당하고 능욕을 받으며 예루살렘성은 허물어지고 성문들은 불탔다 하는지라"_느 1:2-3.

　망해 버린 고국 땅에 겨우 살아남은 형제들이 큰 환난을 당하고 능욕을 받으며 산다는 것과 예루살렘성은 허물어지고 성문들은 불탔다는 소식을 들은 느헤미야는 목 놓아 울었다. "내가 이 말을 듣고 앉아서 울고 수일 동안 슬퍼하며 하늘의 하나님 앞에 금식하며 기도하여"_느 1:4. 황제를 모시는 꽤 높은 신분의 고위 관리가 체면 불고하고 퍼져 앉아 울었다. 수일 동안 금식하며 하나님께 부르짖었다. "하늘의 하나님 여호와 크고 두려우신 하나님이여 주를 사랑하고 주의 계명을 지키는 자에게 언약을 지키시며 긍휼을 베푸시는 주여 간구하나이다"_느 1:5.

느헤미야는 황제의 겨울 궁전에서 잘 먹고 잘 지낼 수 있었지만, 힘들고 어려운 고국 땅의 동포들 생각에 며칠 동안 통곡했다. 약자들을 향한 따뜻한 마음, 아픈 자와 함께 아파하고, 슬픈 자와 함께 슬퍼하는 공감sympathy, 내가 배부를 때 배고픈 자를 생각하고, 내가 등 따실 때 추운 이들을 기억하는 느헤미야의 마음이야말로 리더가 품어야 할 가장 아름다운 덕목이자 첫 번째 덕목이다. 느헤미야는 가슴이 따뜻한 리더였다.

맹자의 4단론 "인의예지" 중 첫째는 '인'으로 "측은지심惻隱之心은 인지단야仁之端也"라 풀린다. '측은히 여기는 마음이 인仁의 시작이라'라는 뜻이다. 우물가에 갓난아이가 위험하게 걸터앉아 잘못하면 우물에 빠져 죽을 수 있는 그 상황에 어느 누가 달려가 아이를 붙잡지 않겠느냐는 마음이 측은지심이고, 그것이 인의 시작이다. 그래서 '어질다'는 것은 어려움을 당한 이들을 불쌍히 여기며 도와주는 것이라고 풀었다. 마음이 어진 사람이 지도자가 되면 세상은 따뜻한 세상, 복된 세상이 된다는 것, 이것이 맹자가 말한 정치의 핵심인 '인의 정치'다.

요즘 돌아보면 대부분의 정치인들이 정의를 외치면서 서로 다른 칼로 상대방을 공격하기에 바쁘다. 점점 살벌한 세상이 되어 가고, 남을 불쌍히 여기는 측은지심은 찾아볼 수 없다. 따뜻한 마음들, 어진 마음들이 식어 가고 있다. 식은 정도가 아니라 차갑고 사나운 세상이 되고 말았다. 2,000년 전 디모데는 예언했다. "너는 이것을 알라 말세에 고통하는 때가 이르러 사람들이 자기를 사랑하며 돈을 사랑하며 자랑하며 교만하며 비방하며 부모를 거역하며 감사하지 아니하며 거룩하지 아니하며 무정하며 원통함을 풀지 아니하며 모함하며 절제하지 못하며 사나우며"_딤후 3:1-3.

사나운 세상에서 정말 필요한 것은 돈이나 권력, 특별한 재주, 기술이 아니라, 따뜻한 마음, 측은지심, 누구라도 품을 수 있는 넓은 가슴, 누구와도 함께 울고 웃을 수 있는 공감 능력이다. 너무나 힘들고 마음 아픈 이들이 많은 이 시대에 정말 필요한 사람은 똑똑한 사람, 돈 많은 사람, 힘 있는 사람보다는 따뜻한 가슴을 가진 사람, 언제나 찾아가 가슴에 얼굴을 파묻고 통곡해도 괜찮을 친정 엄마 같은 사람이다. 우리 교회에, 우리 사회에 그런 어른들이 많이 있었으면 좋겠다. 그래서 너무 힘들고 고통스러워 스스로 목숨을 끊는 이들이 빨리 줄었으면 좋겠다. 배운 것 없고, 아는 것 없고, 가진 것 없어도 친정 엄마의 품은 따뜻한 법이다. 친정 엄마같이 가슴이 따뜻한 리더가 되기를 축복한다. "즐거워하는 자들과 함께 즐거워하고 우는 자들과 함께 울라"_롬 12:15.

솔선수범

느헤미야를 통해 배울 리더십의 두 번째 덕목은 솔선수범이다. 느헤미야는 백성들을 법으로 이끌지 않았고, 호통과 힘으로 통치하지도 않았다. 언제나 자신이 앞장서서 행함으로 백성들의 본이 되었다. 그는 바벨론에서 온 후 여독이 풀리지도 않은 사흘째 밤에, 그 땅의 형편을 살피기 위해 아무도 몰래 혼자 곳곳을 다니면서 살폈다. 총독이라면 부하도 많고 믿을 만한 수종도 있었을 텐데 자신이 직접 살펴보았다.

느헤미야는 백성들에게 "기도하라" 하지 않고, 먼저 기도했다. 백성들에게 "일하라" 하지 않고 앞장서서 일했다. 지도자들에게 "구제하라" 하지 않고 자신이 먼저 총독의 녹을 받지 않고 나누었다. "아닥사스다 왕 제이십년부터 제삼십이년까지 십이 년 동안은 나와 내 형제들이 총독의 녹을 먹지 아니하였느니라 나보다 먼저 있었던 총독들은 백성에게서, 양식과 포도주와 또 은 사십 세겔을 그들에게서 빼앗았고 또한 그들의 종자들도 백성을 압제하였으나 나는 하나님을 경외하므로 이같이 행하지 아니하고 도리어 이 성벽 공사에 힘을 다하며 땅을 사지 아니하였고 내 모든 종자들도 모여서 일을 하였으며"_느 5:14-16.

느헤미야는 솔선수범으로 백성들을 섬기는 참된 리더였다. '솔선'率先은 '남보다 앞장서다'라는 뜻이고, '수범'垂範은 '모범을 보이다'라는 의미다. 말 그대로 남보다 앞장서서 모범을 보이는 것이 솔선수범이다. 자기가 하고 싶지 않은 일을 남에게 시키지 않을 뿐 아니라 스스로 나서서 하는 것이다. CEO리더십연구소의 김성회 소장은 〈이코노믹 리뷰〉에 실은 "솔선수범, 리더의 가장 강력한 명령"이라는 글에서 이렇게 말했다. "리더는 큰 것을 약속하기에 앞서 작은 것부터 행동으로 증명해 보여야 한다. '…하라'로 조직은 변화되기 힘들다. '하자' 하면 조금 움직일까 말까이고, 리더가 '내가 할게'를 해야 비로소 변화의 불씨가 옮겨붙기 시작한다." 알버트 슈바이처 박사는 "모범을 보이는 것은 남에게 영향을 미치는 좋은 방법이 아니라, 유일한 방법이다"라고 말했다. 교육의 힘은 언행일치에서 나온다.

이제는 말이 아니라 행동으로 보여 줄 때다. 간단히 말해서, 삶으로 말할 때다. 정치도, 교육도, 신앙생활도, 세상에서의 봉사와 섬김도 모두 마찬가지다. 사랑한다 말하기 전에 먼저 사랑하라. 용서한다 말하기 전에 용서하라. 아이들에게 독서하라 강요하지 말고 책을 읽고 감동하는 모습을 보여 주라. 아이들에게 TV, 스마트폰을 너무 보지 말고 게임도 너무 많이 하지 말라 하기 전에 먼저 TV를 끄라. 스마트폰을 멀리하고, 아이들의 눈을 보며 대화를 나누라. 먼저 기도하라. 먼저 성경 읽고 묵상하고, 말씀대로 살아가려고 몸부림치는 모습을 보여 주라. 그러면 아이들은 걱정할 필요 없다. 아이들은 다 잘할 것이다. 아니, 우리보다 훨씬 더 잘할 것이다. 아이들을 어떻게 가르칠까 고민할 필요 없다. '아이가 이렇게 컸으면' 하는 모습을 우리가 먼저 보여 주기만 하면, 아이들은 틀림없이 그보다 훨씬 훌륭하게 클 것이다. 예수님은 제자들에게 "돌격 앞으로!" 하지 않으시고, "나를 따라오라 내가 너희를 사람을 낚는 어부가 되게 하리라"_마 4:19라고 말씀하셨다. 먼저 철저히 본을 보이시고, 따라오는 우리를 당신의 제자로 삼아 주시는 것이다. 바울은 "내가 그리스도를 본받는 자가 된 것같이 너희는 나를 본받는 자가 되라"_고전 11:1고 말했다.

경외심

느헤미야를 통해 배우는 리더의 세 번째 덕목은 경외심이다. '경외'는 한자로 '공경 경'敬, '두려워할 외'畏로, '두려운 마음으로 공경한다'는 뜻이다. 사전에서는 '신이나 어떤 대상을 두려워하며 우러러보는 마음'이라고 풀었다.

느헤미야는 하나님께 깊은 경외심을 품고 대했다. 그가 하나님을 만나는 장면을 묵상해 보라. 그가 하나님께 올려 드리는 기도의 내용을 주의 깊게 묵상해 보라. 그 자신도 세상에서는 꽤 높은, 적어도 페르시아 황제의 최측근으로 잘나가던 사람이었지만, 하나님 앞에서는 최상의 겸손과 극도의 낮은 모습으로 나아갔다. "하늘의 하나님 하나님은 하늘에 계시고, 나는 땅에 있습니다 앞에 금식하며 기도하여 이르되 하늘의 하나님 여호와 크고 두려우신 하나님이여 하나님은 만만하게 대할 분이 아니시다. 페르시아의 황제는 비교도 할 수 없는 엄위하신 분이다"_느 1:4-5. "이제 종이 주의 종들인 이스라엘 자손을 위하여 … 종의 기도를 들으시옵소서 당신은 주인이시고, 우리는 종입니다"_느 1:6. "이제 청하건대 기억하옵소서"_1:9. "우리 하나님이여 들으시옵소서 우리가 업신여김을 당하나이다"_느 4:4. "내 하나님이여 내가 이 백성을 위하여 행한 모든 일을 기억하사 내게 은혜를 베푸시옵소서"_느 5:19.

우리 인생들이 경외심을 품는 첫 번째 대상은 당연히 창조주 하나님이시지만 경외심으로 대할 존재는 꼭 하나님만은 아니다. 보이지 않는 하나님의 보이는 권위인 부모나 스승에게도 경외심을 품어야 하고, 하나님이 지으신 아름다운 자연과 생명도 경외심을 품고 대해야 한다. 하나님께 경외심을 품은 사람들은 늘 기도한다. 부모에게 경외심을 품은 자녀들은 효도한다. 경외심을 품고 스승을 대하는 제자들은 지식과 실력은 물론, 인격과 인품도 뛰어나게 된다. 자연과 생명에 경외심을 품은 사람들은 함부로 자연을 훼손하거나 작은 생명도 쉽게 해하지 않는다. 모든 이에게 경외심을 품고 살아가는 사람들이 리더가 될 때 그 공동체, 그 나라, 그 직장, 그 교회, 그 동네는 행복하고 따뜻해진다.

그런데 오늘날 세상은 하나님께 대한 경외심을 잃었다. 마땅히 공경해야 할 부모도, 스승도 경시하고 함부로 대한다. 심지어 사랑해서 만난 부부간에도 서로 경외심을 잃고 함부로 대한다. 요즘의 시대는 경외심이 사라진 시대다. 정작 두려워해야 할 대상을 두려워하지 않고, 두려워하지 말아야 할 것을 두려워한다. 권위주의와 함께 권위마저 버리면서 조심스러운 대상이 점차 줄어들었다. 친하다는 생각으로 편하게 대하고, 그러다가 가볍게 대하고, 그리고 마침내 무례하게 대한다. 목욕물을 버리다가 어린아이까지 버리는 것처럼, 권위주의의 상처로부터 벗어나려다 섬겨야 할 권위마저 모두 잃어버린 것이다.

왜 이렇게 되었는가? 피조물 된 인생들이 창조주, 인생의 주인이신 하나님께 대한 경외심을 잃어버렸기 때문이다. 하나님께 대한 경외심이 사라지니 부모도, 스승도 함부로 대하게 되고, 위대한 작품이나 가치에 대해서도 존경을 표할 줄 모르게 됐다. 그래서 권위는 땅에 떨어졌고, 인간성도 품격도 예절도 배려도 다 사라져 버렸고, 그저 싸움질을 잘하는 사람들만 살아남은, 그야말로 사나운 세상이 되고 말았다.

토마스 왓슨Thomas Watson은 《하나님을 경외하는 사람》규장에서 말했다. "이성이 없으면 사람이라고 할 수 없듯, 하나님을 경외하는 마음이 없으면 기독교인이라고 할 수 없다. 신자의 마음에는 거룩한 두려움이 있어야 한다. 경외란 '거룩한 두려움', 즉 거룩하신 하나님을 우러러보고 존중하는 마음을 뜻한다. 항상 하나님의 거룩하신 눈길 앞에 우리 자신을 적나라하게 드러내는 태도, 그것이 바로 경외다." 그는 또 말했다. "경건한 자들은 자식이 아버지를 경외하듯이 하나님을 경외하고, 사악한 자들은 죄인이 재판관을 두려워하듯이 하나님을 두려워한다."

당신은 어느 쪽인가? 나라든 교회든 리더를 뽑을 때 어떤 사람을 세워야 하는가? 따뜻한 마음을 가진 사람, 솔선수범하는 사람, 하나님을 두려워할 줄 아는 사람을 선택해야 한다. 내가 원하든 원하지 않든 나이가 들면 후배들이 내 뒤를 따라온다. 그렇게 우리는 좋든 나쁘든 리더가 되면서 살고 있다. 어떤 리더가 되어야 하는가? 무식해도, 돈이 없어도 마음이 아플 때 찾아가서 가슴에 얼굴을 파묻고 실컷 울 수 있는 친정 엄마의 따뜻한 가슴을 가진 리더, 잘 못하지만 자신이 먼저 해보려고 노력하는 리더, 아무리 작은 생명체에서도 창조주 하나님의 입김을 발견하고 소중히 여기며 늘 경외심을 품고 사는 리더가 되라. 자신의 똑똑한 머리, 재주에 도취되지 않고 매 순간 하나님 앞에 겸손히 엎드려 기도하는 경건한 사람이 되라.

푯대를 향하여

삶의 푯대를 확인하라

수영 선수 플로렌스 채드윅Florence Chadwick이 태평양의 한 섬 카타리나에서 캘리포니아 해변까지 수영해서 건너겠다고 언론에 발표했다. 그러고는 16시간이나 쉬지 않고 수영하다 중도에 힘에 부쳐 포기하고 말았다. 그런데 구조선을 타고 막상 육지에 도착해 보니, 기권한 곳이 육지까지 500m도 안 되는 거리였다. 안개 때문에 코앞에 있는 육지를 보지 못했던 것이다. 채드윅은 아쉬워하며 기자들에게 말했다. "제 눈에 육지가 보였더라면, 나는 어떻게든 도착했을 것입니다. 힘이 모자란 것이 아니라, 안개 때문에 보지 못해서 실패했습니다." 장장 16시간을 험한 파도를 헤쳐 왔다. 500m는 단 5분도 안 되는 거리였다. 하지만 안개에 가려 육지가 보이지 않으니 포기할 수밖에 없었다. 목표가 보이지 않아 힘을 잃었기 때문이다.

우리 인생도 마찬가지다. 삶의 푯대를 잃으면 살아갈 할 힘을 잃게 된다. 그래서 삶에 지쳤을 때 우리가 가장 먼저 해야 할 중요한 일은 푯대를 확인하는 것이다. 내가 살아야만 하는 이유와 목적을 다시 확인하는 것이다. 혹시 삶에 대하여 회의가 느껴지는가? 무엇보다 먼저 삶의 푯대를 다시 확인해 보라.

사도 바울은 "그러므로 나는 달음질하기를 향방 없는 것같이 아니하고 싸우기를 허공을 치는 것같이 아니하며"_고전 9:26라고 말했다. 그에게는 분명한 푯대가 있었다. 그래서 그는 방황하지도, 주저하지도 않았다. 그 푯대를 향해 올곧게 쉼 없이 달려갔다. 역사가 아놀드 토인비Arnold Toynbee는 "바울을 싣고 가는 배는 유럽을 싣고 가는 배였다"라고 말했다. 목표 있는 삶은 흔들리지 않는다. 푯대가 분명한 인생은 힘이 넘쳐 난다. 하지만 푯대가 없는 인생, 목적이 분명하지 않은 인생은 방황하고 표류하게 되어 있다. 술에 매이고 게임과 쾌락에 중독되어 인생을 낭비하게 된다.

힘찬 삶을 살기 원하는가? 평생을 달려도 피곤하지 않은, 활기찬 인생을 살고 싶은가? 푯대를 확인하라. 나는 지금 어디로 가고 있는가? 어디로 갈 것인가? 열심히 달리는 것보다 더 중요한 것은 어디로 달릴지 목표를 정하는 것이다. 먼저 푯대를 확인하라.

흔들리지 않는 푯대

푯대라고 다 같은 푯대가 아니다. 흔들리는 푯대는 푯대일 수 없다. 어느 학교에서 제식 훈련을 하고 있었다. "앞으로 가!" 했는데, 아이들이 가는 줄이 삐뚤빼뚤했다. 선생님이 아무리 똑바로 가라 해도 아이들은 계속 삐뚤게 걸어갔다. 그래서 선생님이 맨 앞에 있는 아이에게 무엇이든 앞에 있는 것을 푯대로 정해 놓고 그것만 보면서 똑바로 가라고 말했다. 그런데 이상하게도 줄이 이전보다 더욱 삐뚤어졌다. 선생님이 아이에게 물었다. "너 푯대를 정했니?" 아이는 분명히 푯대를 정했다고 대답했다. "저 언덕에 풀 뜯어 먹고 있는 소를 푯대로 정했습니다."

움직이는 푯대는 없는 것이 차라리 낫다. 잠깐 후에 사라져 버릴, 찰나적인 푯대는 참된 푯대가 될 수 없다. 다시 말하면, 참된 푯대는 영원한 것이어야 한다. 시간이라는 시험대 앞에서도 빛이 바래지 않는 것이어야 한다. 히브리서 기자는 말했다. "예수 그리스도는 어제나 오늘이나 영원토록 동일하시니라"_히 13:8.

사도 바울이 좇아간 푯대는 잠시 있다 사라지는 재물이 아니었다. 덧없는 인기나 명예도 아니었다. 잠깐 후에 남에게 넘겨줄 권력도 아니었다. 사도 바울이 좇아간 푯대는 우리 인생들을 사랑하셔서 기꺼이 죽으러 오신 예수 그리스도였다. 모든 인생의 죄를 짊어지고 죽으신 예수, 죽으실 뿐 아니라 믿는 자들에게 영생을 주기 위해 다시 부활하신 예수였다. "수고하고 무거운 짐 진 자들아 다 내게로 오라 내가 너희를 쉬게 하리라"_마 11:28라고 약속하시고, "너희는 마음에 근심하지 말라 하나님을 믿으니 또 나를 믿으라"_요 14:1라고 위로하시고 격려하신 예수, "가서 너희를 위하여 거처를 예비하면 내가 다시 와서 너희를 내게로 영접하여 나 있는 곳에 너희도 있게 하리라"_요 14:3라고 재림을 약속하신 예수, 그 예수님이 바로 사도 바울이 목숨 걸고 좇은 흔들리지 않는 푯대였다.

많은 이들이 너무나 사소한 것에 목숨을 건다. 술 한 잔에 목숨을 걸고, 돈 몇 푼에 평생 쌓은 명예를 걸고, 게임 한 판에 인생을 건다. 결코 지혜롭지 못한 선택이다. 당신은 지금 무엇에 목숨을 걸고 좇아가고 있는가? 과연 그럴 만한 가치가 있는 것인가? 지난날은 어떠했든지, 앞으로는 무엇을 인생의 참된 목표로 삼고 살아가려는가? 인생은 '공수래공수거', 빈손 들고 왔다가 빈손 들고 가는 것이라 했지만, 생각해 보면 우리 인생은 올 때는 빈손으로 와도 갈 때는 빈손으로 가지 않는다. 우리는 떠날 때 반드시 뭔가 흔적을 남긴다. 냄새나고 추한 흔적이든, 성실하고 아름다운 흔적이든 우리가 떠난 자리에는 언제나 흔적이 남는다. 어떤 흔적을 남기고 떠나겠는가?

위대한 시성 타고르Rabindranath Tagore는 말했다. "죽음의 신이 당신의 문을 두드릴 때 당신의 생명 광주리 안에 무엇을 담아 그 앞에 놓을 것인가?" 삶의 목적을 확인하라. 무엇 때문에 사는가? 왜 사는가? 무엇을 위해 남은 삶을 살 것인가? 마지막 숨결을 몰아쉬는 순간에 하나님 아버지 앞에 무엇을 내어놓겠는가? 존 웨슬리John Wesley는 다음과 같이 말했다. "우리가 장차 하나님 앞에 설 때 세 가지 질문을 받을 것이다. '네게 준 시간을 어떻게 썼느냐?', '네게 준 돈을 어떻게 썼느냐?', '네게 준 자녀를 어떻게 가르쳤느냐?'" 이 질문들에 어떻게 대답하겠는가?

2001년 화재 현장에서 순직한 고 김기석 소방교는 평소 이런 말을 했다 한다. "누군가를 위해서 내 목숨을 바쳐 죽을 수 있다면, 그런 직업은 성직이라 할 수 있다." 목사만 성직이 아니다. 설교하는 것만 거룩한 일도 아니다. 하나님이 주신 경영의 달란트로 세상 속에서 기업을 일으켜 많은 이에게 직장을 주고, 하나님이 주신 재능으로 의술을 발전시켜 많은 생명을 구해 내고, 하나님이 주신 지혜로 과학기술을 개발해 많은 사람이 안전하게 살도록 돕는 일 등 하나님이 주신 사랑의 마음으로 고통 속에서 신음하는 사람들을 구해 내는 일이라면, 그 모든 것이 다 성직이다.

하나님이 주신 시간과 재물과 재능을 하나님이 원하시는 목적을 위해 최선을 다해 사용하고 있다면, 지금 가장 거룩한 성직을 수행하고 있는 것이다. 그러므로 무슨 일을 하든 하나님이 주신 일에 최선을 다하라. 우리 모두가 마지막 한 호흡까지, 우리를 위해 피 한 방울까지 내어 주셨던 주 예수님을 바라보며 온전히 살기를 기도한다.